中国投资银行竞争力研究报告

（2014）

济南大学金融研究院
中国投资银行评价研究中心

中国金融出版社

责任编辑：肖丽敏
责任校对：刘　明
责任印制：程　颖

图书在版编目（CIP）数据

中国投资银行竞争力研究报告．2014（Zhongguo Touzi Yinhang Jingzhengli Yanjiu Baogao. 2014）/济南大学金融研究院，中国投资银行评价研究中心编．—北京：中国金融出版社，2014. 8
ISBN 978 - 7 - 5049 - 7620 - 8

Ⅰ. ①中…　Ⅱ. ①济…②中…　Ⅲ. ①投资银行—市场竞争—研究报告—中国—2014　Ⅳ. ①F832. 33

中国版本图书馆 CIP 数据核字（2014）第 174396 号

出版发行　中国金融出版社
社址　北京市丰台区益泽路 2 号
市场开发部　(010)63266347，63805472，63439533（传真）
网 上 书 店　http：//www. chinafph. com
(010)63286832，63365686（传真）
读者服务部　(010)66070833，62568380
邮编　100071
经销　新华书店
印刷　保利达印务有限公司
尺寸　185 毫米 ×260 毫米
印张　13. 25
字数　296 千
版次　2014 年 8 月第 1 版
印次　2014 年 8 月第 1 次印刷
定价　45. 00 元
ISBN 978 - 7 - 5049 - 7620 - 8/F. 7180
如出现印装错误本社负责调换　联系电话（010）63263947

“中国投资银行竞争力研究”课题学术委员会

主任委员：夏　斌

委　　员（以汉语拼音为序）：

曹凤岐：北京大学
贺　强：中央财经大学
何　杰：深圳证券交易所
胡金焱：山东大学
胡汝银：上海证券交易所
林义相：中国证券业协会副会长
刘瑞波：山东财经大学
马庆泉：中国人民大学
施光耀：中国上市公司市值管理中心主任
王松奇：中国社会科学院
吴晓求：中国人民大学
夏　斌：国务院发展研究中心
朱武祥：清华大学

“中国投资银行竞争力研究”课题组成员

课题组负责人：孙国茂

课 题 组 成 员：孙国茂　李泽祥　陈国文　任启平
冯　琳　孙同岩　闫付荣　刘敬富

目　　录

第1章　2013年中国宏观经济运行分析

2013年既是贯彻落实十八大精神的开局之年，也是新一届政府管理宏观经济、实施宏观调控的第一年。2012年底，中央经济工作会议将2013年经济工作的思路确定为“保持调控定力，坚持底线思维，用辩证思维和底线思维指导经济发展”，一是防范增长速度滑出底线，在世界经济低迷和国内经济结构调整难度增大的形势之下，科学进行宏观调控，保持政策定力的同时，使宏观调控精准发力，经济总体稳中有进；二是扎实推进改善民生，做好社会政策的托底保障，既重视解决民生问题，又实事求是地调整过高承诺，防止“民生陷阱”。在十二届人大一次会议答记者问时，国务院总理李克强指出：“关键在推动经济转型，把改革的红利、内需的潜力、创新的活力叠加起来，形成新动力，并且使质量和效益、就业和收入、环境保护和资源节约有新提升，打造中国经济的升级版。”

总体而言，2013年我国宏观经济政策基调仍然是“稳中求进”。正如李克强总理所说：“要努力实现2020年的目标，需要年均增长7.5%的速度”。但是，2013年政策目标的顺序却由2012年的“稳增长、转方式、调结构”，变成“稳增长、调结构、促改革”，这既表明中央政府重视“调结构”，同时也显示了“促改革”的决心和信心。“稳增长”的内涵包含两层意思，一是要在经济层面巩固稳中向好的发展态势，二是要在社会层面促进大局稳定。2013年11月，举世瞩目的十八届三中全会召开，会议通过了《中共中央关于全面深化改革若干重大问题的决定》，为中国未来的改革发展指明了方向。十八届三中全会提出全面深化改革的总目标是完善和发展中国特色社会主义制度，推进国家治理体系和治理能力现代化。经济体制改革是全面深化改革的重点，使市场在资源配置中起决定性作用。

回顾2013年的世界经济，由于国际金融危机的持续效应依然存在，全球经济仍呈现缓慢复苏的态势。根据国际货币基金组织（IMF）按照购买力平价法估计，2013年全球GDP增长3.0%，比上年下降0.1个百分点；而世界银行（World Bank）按汇率法计算的结果是，2013年全球GDP经济增长2.4%，比上年下降0.1个百分点。2013年，美国经济增长1.9%，比上年下降0.9个百分点。日本经济增长1.6%，比上年增加0.2个百分点。英国共识公司（Consensus Forecasts）公布数据显示，2013年欧元区经济下降0.4%，降幅比上年扩大0.2个百分点；俄罗斯、印度和南非经济分别增长1.6%、4.7%和1.9%，增速分别比上年下降1.9个、0.3个和0.6个百分点；巴西经济增长 2.4%，比上年增加 1.4 个百分点。与其他发达经济体相比，美国得益于再工业化进程和多轮量化宽松政策刺激，经济增长在发达国家中表现较好，加之在良好的经济基本面推动下，美国股市年内不断创出历史新高，引领全球市场，道琼斯、标普 500 指数和纳斯达克指数年内分别上涨 26.5%、29.6%、38.3%。欧元区 2013 年开始走出负增长“泥潭”，出现复苏曙光，但各国经济形势分化明显。2012 年底，日本新一届右翼政府上台，提出实施量化宽松的货币政策、增加公共投资的财政政策以及刺激民间投资等经济刺激政策，日本经济出现反弹，连续四个季度实现正增长。安倍政府通过日元贬值使日本出口显著增加，缓解了长达 10 年的通缩困局。但是，“安倍经济学”并没有解决日本面临的一系列根深蒂固的社会矛盾和经济问题，诸如人口老龄化、消费需求低迷等问题，如果不从根本上进行改革，日本经济难以真正恢复活力。

尽管当前全球经济开始复苏，但由于受地缘政治和地区冲突的影响，以及金融危机的影响尚未完全消除，世界经济形势依然错综复杂。同时，虽然中国经济仍然保持了较快的增长势头，但因处于结构调整阵痛期、前期刺激政策消化期叠加的阶段，仍然面临困难和挑战。例如，部分地方政府负债较高并对土地财政依赖加深；“影子银行”产品规模较快增长的同时流动性风险管控能力却不足；实体经济中企业的各种要素综合成本上升较快，部分企业经营压力增大；部分地区房地产供需严重不匹配；“用工荒”与大学毕业生就业困难状况并存；环境与食品安全问题凸显，影响居民健康等。未来一段时期，我国经济发展中的“不平衡、不协调、不可持续”问题依然存在，经济平稳运行的基础还不稳固，内生增长动力有待增强。在“稳中求进、提质增效”的新阶段，不少问题的解决将有赖于改革开放步伐的加快，要加快转变经济发展方式，推进改革创新，释放内需潜力、创新动力和市场活力。

1.1 2013 年经济运行的回顾与评价

1.1.1 潜在增长率下降，经济增速进入换挡期

国家统计局统计公报显示，自 2012 年以来，我国经济开始进入 7%—8% 的增长区间，表明我国经济已经从高速增长转入中高速增长阶段。2013 年我国国内生产总值（GDP）达到 568845 亿元，比上年增长 7.7%，超过年初确定的 7.5% 的预期目标，与 2012 年增长水平相当，经济整体进入稳定增长通道。改革开放 30 多年来，中国经济以将近 10% 的年平均增速“奇迹”般增长，目前已经成为世界第二大经济体。经济增长的经验表明，潜在经济增长率是未来现实经济增长的基准。近几年我国经济下行压力较大，源于潜在经济增长率的下移，即由于制约经济发展的资源、能源、土地、环境和劳动力等要素条件的约束，我国潜在经济增长率进入了下移过程。据中国社会科学院宏观经济运行实验室的预测结果，2011—2030 年，中国的潜在增长率将会呈现不断下降的趋

势（见表 1 - 1）。①

表 1 - 1　　中国潜在增长率预测　　单位:%

年份	潜在增长率	资本增长率	劳动增长率	技术进步份额	节能减排冲击效应
2011—2015	7.8—8.7	10—11	0.8	0.2	-1
2016—2020	5.7—6.6	9 - 10	-1	0.3	-1
2021—2030	5.4—6.3	8 - 9	-0.5	0.4	-0.5

资料来源：中国社会科学院宏观经济运行实验室。

对经济总量进行结构性分析发现，我国第一产业增加值为 56957 亿元，增长 4.0%；第二产业增加值为 249684 亿元，增长 7.8%；第三产业增加值为 262204 亿元，增长 8.3%。2013 年内各季度 GDP 增速在 7.5% ~7.8% 的区间内“先抑后扬”小幅波动，其中第一至第二季度连续小幅回落，第三季度回升，第四季度又有小幅回落（见图 1 - 1）。

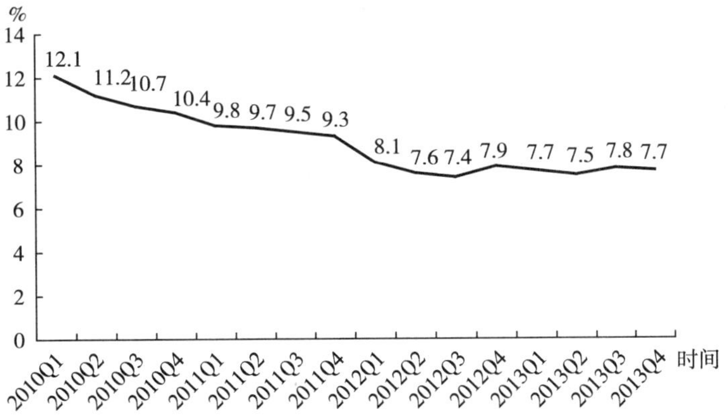

资料来源：国家统计局，公司金融研究中心。

图 1 - 1　国内生产总值季度同比增速（2010—2013 年）

在 2013 年的 GDP 增长构成中，资本形成总额贡献占 54.4%，最终消费支出贡献占 50%，货物与服务净出口贡献为 -4.4%（见图 1 - 2）。自 2013 年第二季度起，资本形成总额再度超过最终消费支出，成为经济增长的主要贡献者。在外需复苏尚待时日，国内消费受到居民收入增长放缓压制的背景下，中国经济若要保持一定的增速，当前投资依然是“稳增长”唯一可行的手段。尽管新一届政府将结构转型作为政策的主基调，但结构转型需要时间，在结构转型的同时仍需要将经济增速维持在决策层所认可的合理区间这一约束下，投资对于中国经济增长的重要性仍然不容忽视，这也是 2013 年底中央经济工作会议强调消费的基础作用、投资的关键作用、出口的支撑作用的良苦用心所在。

工业增加值增速有所回落。2013 年 12 月，规模以上工业增加值同比实际增长

① 李扬. 2014 年中国经济形势分析与预测［M］. 北京：社会科学文献出版社，2013：4 - 5.

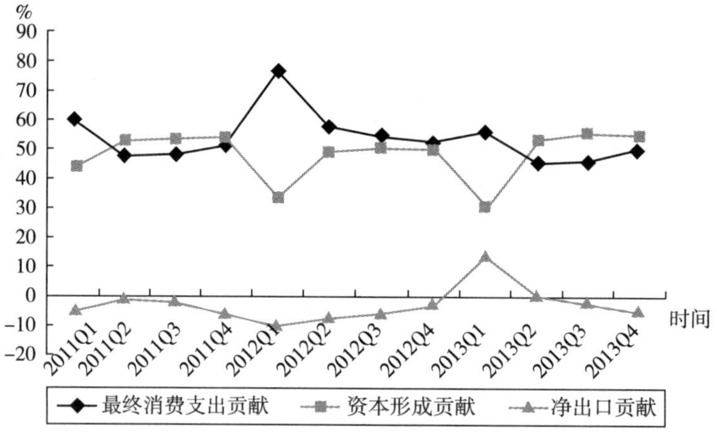

资料来源：Wind资讯，公司金融研究中心。

图1－2 三大需求对GDP增长的贡献率（2011—2013年）

9.7%，比11月回落0.3个百分点；从环比看，12月比上月增长0.71%。2013年1—12月，规模以上工业增加值同比增长9.7%，与2012年全年10.0%的增速略微回落0.3个百分点。在经济类型中，2013年12月国有及国有控股企业增加值同比增长8.3%，集体企业增长3.4%，股份制企业增长10.8%，外商及港、澳、台商投资企业增长8.9%。从三大门类看，2013年12月采矿业增加值同比增长5.4%，制造业增长10.7%，电力、热力、燃气及水生产和供应业增长6.0%。

1.1.2 物价指数低于宏观调控目标

在“控通胀”宏观调控措施和经济平稳增长的影响下，2013年全年各月居民消费价格指数（CPI）涨幅在2.0%—3.2%的区间内小幅波动，CPI全年上涨2.6%，涨幅与上年持平，远低于政府提出的3.5%的年度调控目标。进入秋冬季以后，物价进入小幅的上行通道，CPI涨幅在9月、10月、11月连续3个月均超过3.0%，12月同比上涨2.5%，环比上涨0.3%，比11月下降0.5个百分点（见图1－3）。总体来看，2013年CPI没有给我国经济造成困扰，物价维持低速可控。

但是，与CPI相比，工业品出厂价格指数（PPI）仍处于低迷期。2013年PPI累计下降1.9%，仍然处于负增长区间。但从2013年下半年开始，PPI开始呈现止跌企稳态势。2013年12月，PPI同比下降1.4%，较11月－1.42%的水平上涨0.2个百分点；环比持平于0（见图1－4）。至此，中国PPI自2012年3月起连续22个月负增长。工业生产者出厂价格中，生产资料价格同比下降1.8%，影响全国工业生产者出厂价格总水平下降约1.35个百分点，采掘工业价格、原材料工业价格等大项均同比下降；出厂价格中，生产资料出厂价格环比持平，其中，采掘工业价格持平，原材料工业价格上涨0.2%，加工工业价格下降0.1%。生活资料价格环比持平，生产者物价水平仍处于弱势。

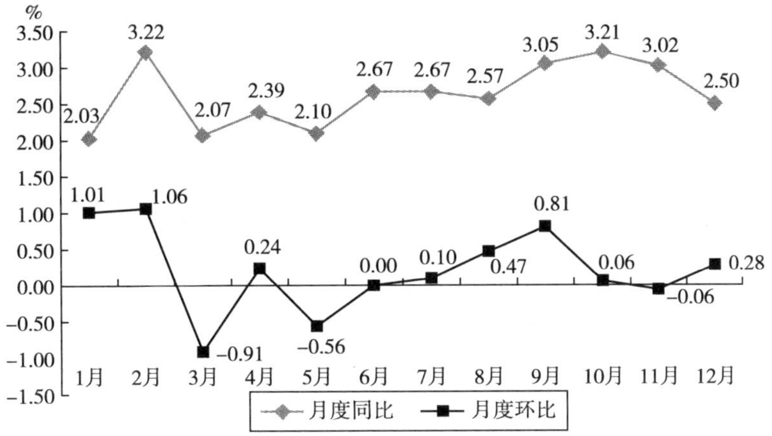

资料来源：Wind资讯，公司金融研究中心。

图1-3　CPI月度变化图（2013年）

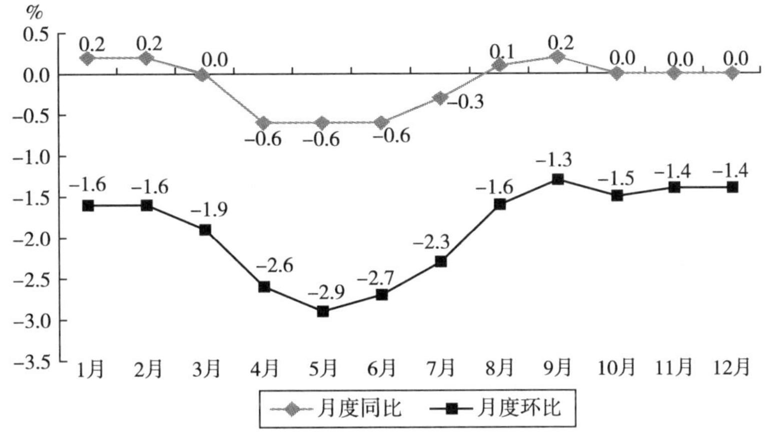

资料来源：Wind资讯，公司金融研究中心。

图1-4　PPI月度变化图（2013年）

1.1.3　消费增长提速，内需拉动有力

消费稳定增长。2013年我国社会消费品零售总额实现稳步增长，截至12月，我国社会消费品零售总额达23.44万亿元，同比增长高达13.1%，且同比增幅逐月放宽，从1月的12.6%一路攀升，除7月外，其他月份均实现了稳定增长（见图1-5）。其中，城镇消费品零售额为20.25万亿元，比上年增长12.9%；乡村消费品零售额为3.19万亿元，增长14.6%，乡村消费增速快于城镇消费增速。

拉动内需政策行之有效。为稳定内需，2013年我国相继出台多项促进消费的稳定和增长措施。在《金融支持经济结构调整和转型升级指导意见》（国办发〔2013〕67号）中，第五条着重强调进一步发展消费金融促进消费升级，以及国务院部署加快发展节能

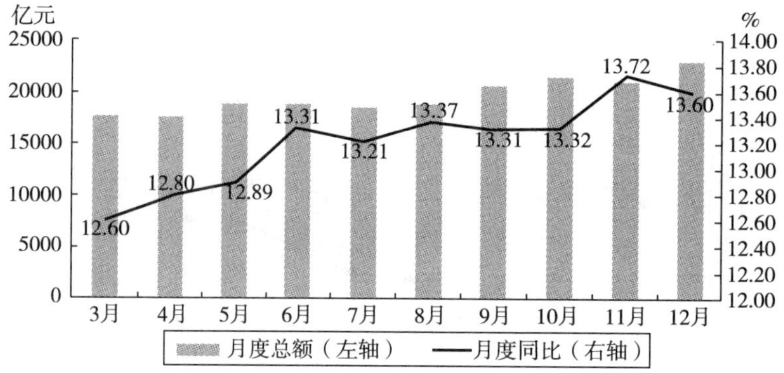

资料来源：Wind资讯，公司金融研究中心。

图1-5 社会消费品零售总额月度变化（2013年）

环保产业，促进信息消费，拉动国内有效需求，推动经济转型升级的相关事项。此外，稳定就业、增加可支配收入以及扩大社会保障覆盖面和提高保障水平也有力地促进了社会消费的稳步提高。

2013年消费增速呈现三大特点：第一，“三公消费”压缩对整体消费增速的压制。2013年消费低于市场预期的一个重要的因素是新一届政府推出的一系列反腐败政策，直接抑制以高端消费为主的限额以上餐饮企业消费增速。限额以上企业①餐饮收入在12月同比下降3.3%（见图1-6），对整体消费产生了负面的影响。第二，汽车、住房类消费的稳定增长。汽车类消费的景气成为今年消费的亮点，住房类消费虽然呈现月间的波动，但增速持续高于整体水平，成为消费的支撑力量。以2013年11月为例，社会消费品零售总额同比名义增长13.7%，比上月加快0.4个百分点，创年内月度最高增速。乘用车销量增速为16.08%，同比加快7.3个百分点（见图1-7）；家电、家具销售额分别增长16.2%、14.6%，同比加快16个和6.5个百分点（见图1-8）。第三，信息消费活跃、网络消费快速增长对传统零售企业的带动作用进一步加强。中国电子商务研究中心（100EC.CN）监测数据显示，截至2013年12月，中国网络零售市场交易规模达18851亿元，较2012年的13205亿元同比增长42.8%。截至2013年12月，中国网络零售市场交易规模占到社会消费品零售总额的8.04%，而该值在2012年仅为6.3%。近年来，伴随网络购物市场日益规范，越来越多的人加入到网络购物队伍当中。另外电商企业在一二线城市发展稳定后，逐渐向三四线城市延伸，推动了网络购物市场的扩大。2013年移动购物成为一股力量，推动了网络购物的进一步发展。

① 限额以上企业是指年主营业务收入2000万元及以上的批发业企业、500万元及以上的零售业企业、200万元及以上的住宿和餐饮业企业。

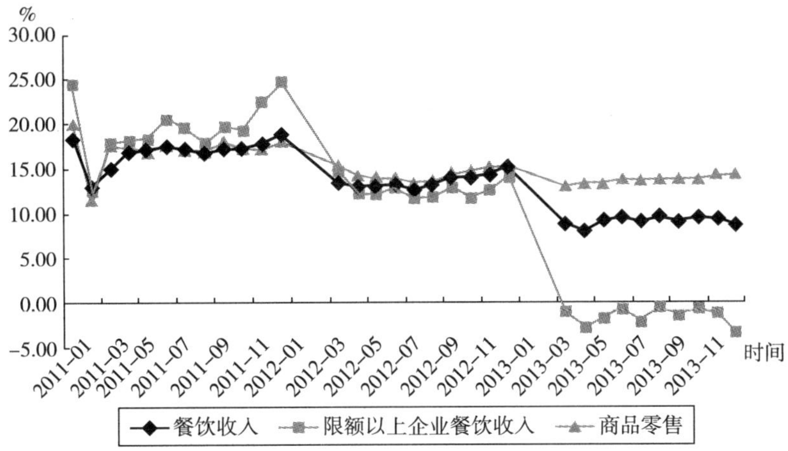

资料来源：Wind资讯，公司金融研究中心。

图1-6　餐饮收入和商品零售当月同比变化（2011—2013年）

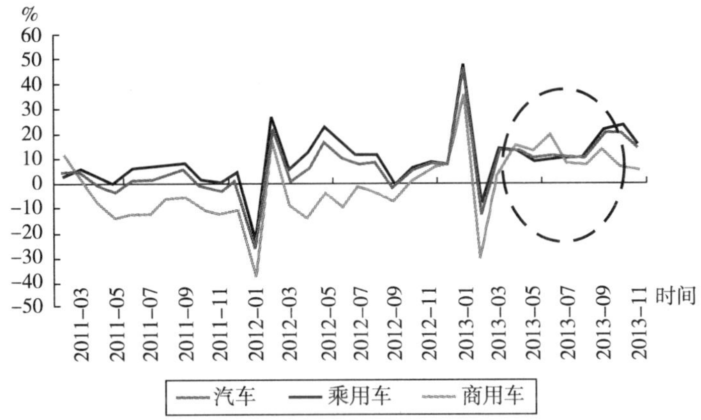

资料来源：国家统计局，公司金融研究中心。

图1-7　汽车销售同比增速（2011—2013年）

1.1.4　投资增长稳定，速度稍有放缓

固定资产投资同比增幅逐月收窄。2013年我国固定资产投资（不含农户）累计完成436528亿元，同比增长19.6%，扣除价格因素实际增长19.2%，实际增速比上年略微回落0.1个百分点。2013年6月以前，固定资产投资完成额稳步增长，但在6月发生回落，在9月恢复攀升，年末稍有下降（见图1-9）。2013年我国民间投资为274794亿元，比上年增长23.1%，占全部投资的比重为63%。分地区看，东部地区投资比上年增长17.9%，中部地区增长22.8%，西部地区增长23.0%。分产业看，第一产业投资增长32.5%，第二产业投资增长17.4%，第三产业投资增长21.0%，第一、第二和第三

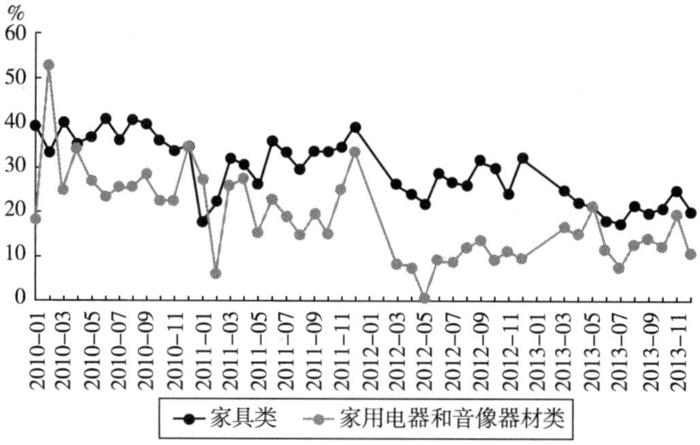

资料来源：国家统计局，公司金融研究中心。

图1-8　住房类销售同比增速（2010—2013年）

产业的增长趋势与总固定资产投资完成额相同。2013年，我国新开工项目计划总投资比上年增长14.2%；基础设施（不包括电力、热力、燃气及水生产和供应）投资比上年增长21.2%。2013年全国固定资产投资同比增幅逐月收窄，于6月、7月达到低值20.1%，8月、9月有所回升，但是10月继续进入下行通道，12月全国固定资产投资完成额累计增长率为19.6%，自2003年以来首次年度跌破20%。

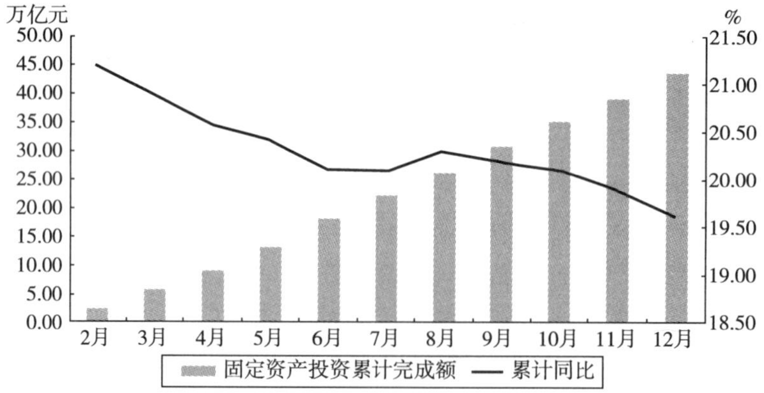

资料来源：Wind资讯，公司金融研究中心。

图1-9　固定资产投资累计完成额和累计同比变化（2013年）

国家限制对产能过剩行业投资。我国部分产业产能过剩矛盾突出，比如钢铁、水泥、电解铝等传统行业。2013年6月，不仅制造业新订单指数与生产指数两者差距达到2.8个百分点，而且与此相应的产成品库存指数创下今年新高，达到52.3%。6月的国务院常务会议要求，为改善市场供需关系、调整经济结构、实现节能环保要求，各银行不得再对产能严重过剩行业及违规建设项目提供新增授信，同时对整合过剩产能的企业定向开展并购贷款，以鼓励化解过剩产能。根据国家要求减少对钢铁、水泥等产能过剩产业投资同样造成了固定资产投资额的下降。

1.1.5　各国复苏进程有异，进出口贸易增速放缓

进出口形势复杂严峻，进出口增速放缓，且外贸增速低于 8% 的预定目标。我国 2013 年实现进出口总值 25.83 万亿元人民币，折合 4.16 万亿美元，首次突破了 4 万亿美元的关口，与 2012 年的 3.87 万亿美元相比增长了 7.59%，扣除汇率因素同比增长 7.6%，比 2012 年提高 1.4 个百分点，其中，出口 2.21 万亿美元，实现了 7.9% 的增长；进口 1.95 万亿美元，增长 7.3%；贸易顺差折合 2597.5 亿美元，扩大 12.8%。从图 1－10 可以看出，自 2004 年以来，我国进出口总额实现了稳步增长，2009 年的下降是因为受金融危机影响，全球经济出现问题，但 2012 年、2013 年进出口形势复杂严峻，进出口增速明显放缓。《2013 年国民经济和社会发展计划草案》中将全年外贸增速预定为 8%，外需市场震荡严重，由于 12 月增速回落，原本在 11 月看起来似乎能够圆满实现的年度目标最终在 12 月落空。

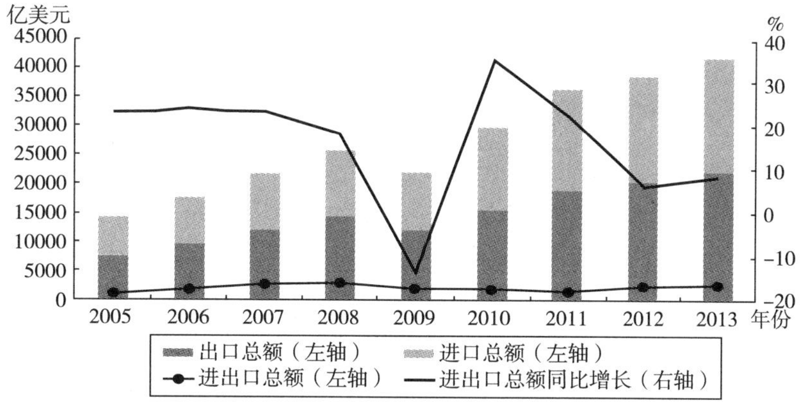

资料来源：Wind 资讯，公司金融研究中心。

图 1－10　进出口总额及其同比增长速度变化（2005—2013 年）

2013 年中国贸易状况反复是多方面因素影响的结果。第一，年初增速虚高，或因香港金融套利影响。进出口总额第一季度同比增速高达 13.4%，4 月继续走高，达到了 15.7%，但这一走势与国内外经济形势不符。进出口总额数值的虚高是因为内地对香港贸易超常增长。2013 年 1—4 月，内地与香港双边贸易总值为 1505.9 亿美元，同比增长 66%，其中 3 月增长甚至高达 92.9%，创下了 18 年以来的最高纪录。这种异常可能是因为内地与香港之间贸易存在着金融套利行为，但随着国家外汇管理局加强对金融机构外汇头寸下限管理以及加大对外贸企业的货物进出口和贸易收支总量匹配审核，内地与香港贸易数据中的这部分水分被挤出到以后季度。第二，遏制套利，年中增速骤降。4 月下旬国家外汇管理局连续出台了《外债登记管理办法》、《关于加强外汇资金流入管理有关问题的通知》等 6 个文件遏制套利贸易后，5 月进出口增速仅为 0.3%，6 月甚至降为 －2%。这是自 2012 年以后首次出现“双降”，出口增速更创下 44 个月以来的新低。

第三，第三季度进出口增速出现回升，达到了6%，但9月仍出现了反复。7月，国务院办公厅颁布《关于促进进出口稳增长、调结构的若干意见》（国办发〔2013〕83号），为促进进出口稳增长、调结构保驾护航，但进出口总额增速在7月、8月恢复性增长后在9月又下降至3.3%。虽然进出口总额增速在第四季度有所回升，但仍不能力挽狂澜，达到全年增长8%的目标。2013年中国进出口总额的具体变化见图1－11。

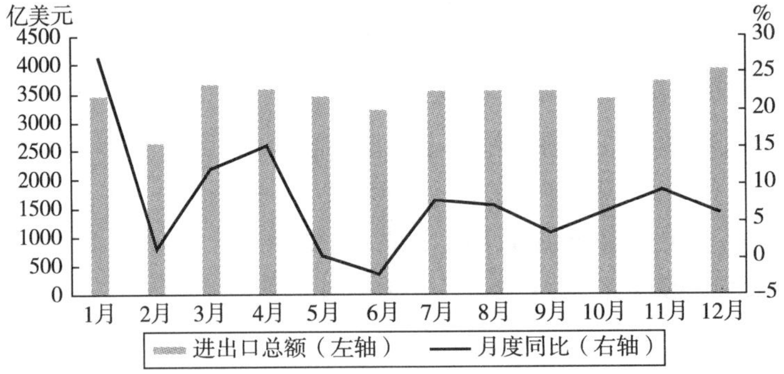

资料来源：Wind资讯，公司金融研究中心。

图1－11 月进出口总额及当月同比变化（2013年）

各个国家不同的复苏进程也对我国进出口贸易产生较大的影响，主要体现在以下几个方面。

1. 欧洲金融危机有所缓解，双边贸易恢复增长

2013年初，欧元区受困于债务危机，爱尔兰、希腊等政府面临破产。所以2013年上半年欧盟市场需求低迷，我国与欧盟双边贸易金额累计同比下降，2013年6月达到低点，累计同比下降了3%。但随着欧元区国家财政改革以及救助机制的完善，欧债危机对于重债国家和欧元区整体经济的直接威胁已经大为降低。第三季度，欧元区经济开始缓慢复苏，2013年第一和第二季度GDP同比下降分别为1.80%和0.50%，而第三季度，欧元区国内生产总值GDP不变价格增长率为0，实现了缓慢增长。所以随着欧洲经济的复苏，第三季度以来，我国对欧盟进出口金额累计同比稳步增长，12月累计同比增加了2.1%（见图1－12）。

2. 美国经济复苏，经济好转迹象明显

2013年，美国经济在QE3的作用下趋向好转，就业率、固定资产投资以及私人消费等指标显示美国经济正在稳健复苏，财富效应正在迅速增大。第三季度美国GDP增长达到2.8%。2013年以来，美国就业率一直处于下降通道，失业率以1月的7.9%高开，一路下降，于11月自2009年以来首次达到7%的预期值，而12月更是降至6.7%。2013年中国对美国的进出口总额一直维持着稳定增长，累计同比在年初高开后迅速回落，在7月以5.6%触底后缓慢恢复，于12月达到同比7.5%。

3. 安倍政治影响对华贸易

安倍政府上台后推行“安倍经济学”，压低日元汇率，削弱了中国产品在日本市场

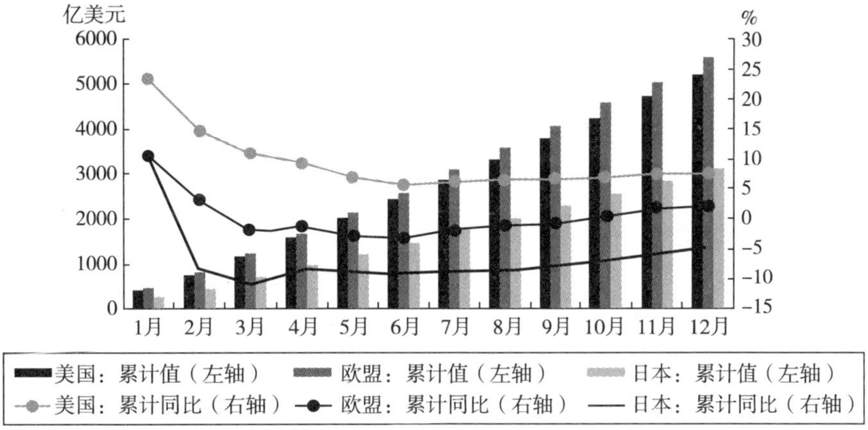

资料来源：Wind 资讯，公司金融研究中心。

图 1－12　中国与发达国家进出口总额及累计同比变化（2013 年）

上价格和成本的竞争优势；另外，由于日本“购岛”闹剧及参拜靖国神社，中日政治上的争端对双边贸易产生明显影响，2013 年我国对日本的贸易额为 3125.5 亿美元，下降 5.1%。除了 2013 年 1 月，中国与日本的进出口贸易总额在 2013 年全年都显示出负增长，3 月甚至达到 −10.7%。

4. 与东盟贸易加速增长

中国与东盟自由贸易区进出口总额在 2013 年保持了稳定增长，双边贸易总额达 4436.11 亿美元，与 2012 年相比增长 11%，其中出口额为 2441.33 亿美元，同比增长 19.39%，进口额为 1994.78 亿美元，同比增长 11.22%。我国与东盟进出口总额在 1 月出现井喷，同比增长达 42.9%，并在以后月份维持了 10% 以上的增长率（见图 1－13）。与欧、美、日相比，中国与东盟的贸易增长更为迅速，占中国贸易总额比重从 2004 年的 9.17% 一路攀升至 2013 年的 10.66%，已成为除欧、美外的第三大贸易伙伴。

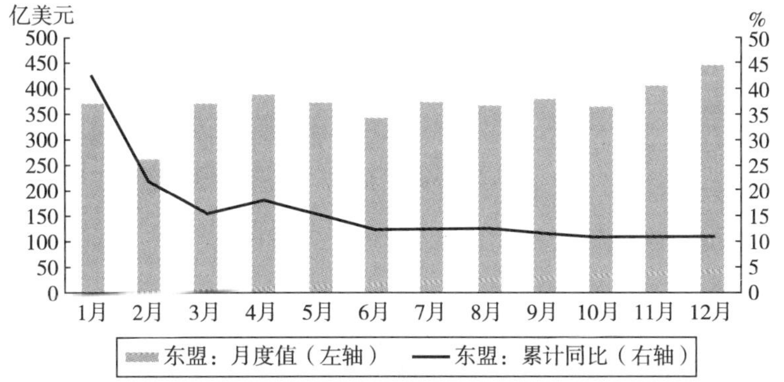

资料来源：Wind 资讯，公司金融研究中心。

图 1－13　中国对东盟进出口总额及累计同比变化（2013 年）

1.2 财政政策与货币政策的实施效果

十二届全国人大一次会议《政府工作报告》明确提出，2013 年继续实施积极的财政政策和稳健的货币政策，保持政策的连续性和稳定性，增强前瞻性、针对性和灵活性。

1.2.1 积极的财政政策效果堪忧

积极的财政政策必然要求扩大财政赤字和国债规模。2009—2012 年，我国已经连续 4 年实施积极的财政政策。2013 年我国财政赤字规模为 1.2 万亿元，比上一年度增加 50%（见图 1－14），财政赤字占 GDP 比重达到 2.11%。尽管财政赤字规模远低于美国和欧盟的水平，也低于 3% 这一国际公认的“安全警戒线”，但由于近年来我国财政收入一直保持两位数的增幅，这可能会导致地方政府的公共支出预期异化和财政预算软约束。我国目前的财政体系架构源自 1994 年的财税体制改革。为了平衡日益失衡的中央与地方财政收入结构，1994 年实行了中央与地方分税体制，对各种不同的税种中央与地方分成比例进行了重新界定，增强了中央财政转移支付的能力。但由于土地收入不计入地方财政预算收入，中央财政无法分成，2009 年以后，面对日益增长的财政支出，地方政府土地出让收入快速增长，使中央收入占优的平衡结构再次打破。而在土地收入快速增长的同时，地方投资和地方民生支出也快速增长，致使地方财政赤字不断攀升，2012 年突破 4.6 万亿元，比 2011 年增长 15%。

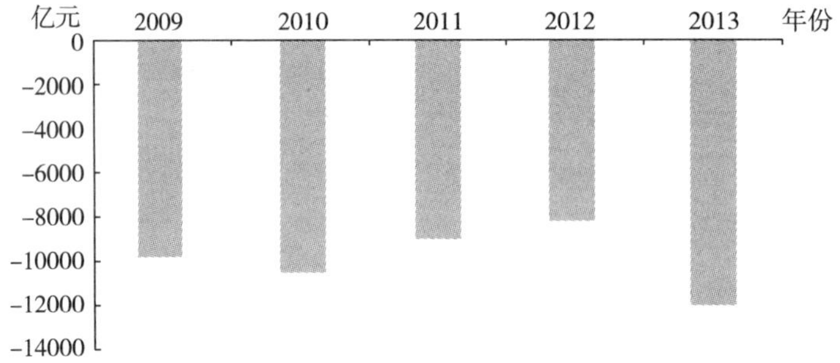

资料来源：Wind 资讯，公司金融研究中心。

图 1－14 中国财政赤字情况（2009—2013 年）

由于 2013 年在建和新开工项目需要继续投入大量资金，增加低收入群体收入，加强“三农”、教育、科技、社会保障和就业、医疗卫生、保障性住房、节能减排等经济社会发展关键环节，以及对民族地区、边疆地区的支持，因而需要进一步加大财政投入。主要政府只能加大财政赤字规模和增加国债规模。根据中国社科院《中国国家资产负债表 2013》公布的数据①，截至 2012 年末，我国中央政府债务和地方政府债务总额达 27.7

① http://data.eastmoney.com/report/20140102/hg，c811866e－9a41－433f－7c08－1516eebd3ecc.html.

万亿元，占 GDP 的比重为53%。其中，地方政府债务为19.94 万亿元，而地方政府债务主体部分来自地方政府融资平台，债务余额接近 14 万亿元。全社会债务规模已经达到111.6 万亿元，占 GDP 的 215%。其中，非金融企业债务率为 113%、政府债务率为53%、金融部门债务率为 31%。尽管总体杠杆率与发达经济体现阶段水平相比偏低，但杠杆率上升过快，非金融部门杠杆率从 2005 年的 150% 上升至 194%，阶段性债务风险激增。企业融资成本接近经济增长上限，债务可持续性快速下降，因此，须高度警惕债务风险。

在 2013 年 4 月和 5 月两次国务院常务会议上，李克强总理都强调了防控地方政府债务风险问题。2013 年 12 月召开的中央经济工作会议又进一步把“着力防控债务风险”作为2014 年的重要任务，提出对于地方债务要加强源头规范，明确责任落实，强化教育和考核。从三中全会《中共中央关于全面深化改革若干问题的决定》到中组部的干部考核指标体系，均一再强调地方债务风险的防范。显然，随着资金成本的不断上涨和地方政府债务规模的持续扩张，中央对于地方政府资金链的担忧越来越强烈。

1.2.2　货币政策紧而不紧

根据中国人民银行 2013 年第四季度《货币政策执行报告》公布的数据，2013 年末，广义货币供应量 M2 余额为 110.7 万亿元，同比增长 13.6%，增速比上年末略低 0.2 个百分点；狭义货币供应量 M1 余额为 33.7 万亿元，同比增长 9.3%，增速比上年末高2.8 个百分点；流通中货币 M0 余额为 5.9 万亿元，同比增长 7.1%[①]。研究表明，中国目前是世界上经济货币化程度最高的国家之一[②]，2013 年末，M2/GDP 为 194.55%，在此情况下，M2 的增长幅度远高于 GDP 增幅，达到 13.6%，所以，货币政策难言从紧。但是，从 2013 年第二季度开始，银行间市场的资金面一改上半年异常松的格局，多个期限的回购利率于6 月 20 日创下历史最高纪录。第三季度以来，尽管中央银行重启逆回购操作，但是市场投资者的情绪依然非常脆弱，资金利率易涨难跌，整体波动中枢远高于6 月“钱荒”[③] 之前的平均水平，这可能意味着中国已经进入一个常态化“结构性偏紧”的货币环境。现实而言，中国货币存量并不少，但期限错配、结构错配和方向错配不仅导致资源配置扭曲，也产生了大量的不良资产、闲置资产和沉淀资产，这是中国经济最大的风险和结构失衡所在。在新的货币金融环境下，必须重新定位金融的功能和作用，必须创新货币调控新思路，加大金融体制和功能创新，真正提高金融资源的配置效率。[④]

2013 年资金利率的大幅波动，一方面来自外部流动性的大起大落，另一方面则源于内部流动性监管的加强超出了大部分投资的预期，资金面前景的不明朗使得机构态度趋

---

① http://www.pbc.gov.cn/publish/zhengcehuobisi/4098/2014/20140208185232067532405/20140208185232067532405_.html.

② 李斌，伍戈．理解 M2/GDP：一个新的政策框架及政策含义［D］．中国金融 40 人论坛资助论文．

③ 由于流通领域内货币相对不足而引发的一种金融危机。2013 年 6 月，大型商业银行加入借钱大军，隔夜头寸拆借利率一下飙升 578 个基点，达到 13.44%，与此同时，各期限资金利率全线大涨，“钱荒”进一步升级。

④ http://sd.ifeng.com/cj/jinrongjie/detail_2013_12/26/1647358_0.shtml?_from_ralated.

于谨慎。从外部流动性来看，外汇占款自2012年末开始回暖，2013年前四个月则超预期地大幅流入，尤其是1月的单月增量达到6837亿元的历史新高，造成上半年大部分时间国内的流动性异常“充裕”。然而从5月开始，受美国经济强劲复苏、美联储退出QE预期明显升温等因素的影响，以印度卢比、泰铢等为首的新兴市场国家货币竞相进入贬值通道，国际投机资金大幅回流美国。尽管人民币成功避免了大幅贬值，汇率相对稳定，但外汇占款规模自5月开始依然大幅回落（见图1－15）。与此同时，5月以来国家外汇管理局连续发文加强对违规跨境套利贸易的监管力度，进一步导致资金外流加速，其中6月和7月的外汇占款更是下滑到负增长的水平。不可否认，2013年以来外汇占款单月增量的巨幅变化是导致国内资金利率异常波动的关键因素之一。

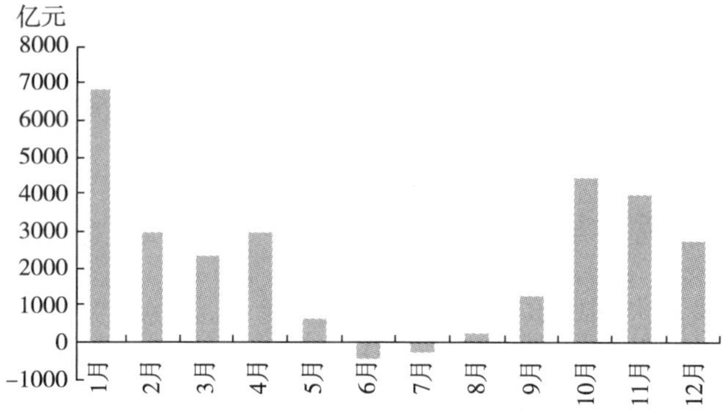

资料来源：Wind资讯，公司金融研究中心。

图1－15　月度新增外汇占款变化（2013年）

而从内部流动性来看，2013年上半年社会融资总量大幅增长，但是传统的表内信贷融资与总融资规模之间的差距持续扩大，表明2013年以来金融“脱媒”化有加速的趋势（见图1－16）。在银行表外理财中，非标资产的快速增长、代持现象的日趋常态化、

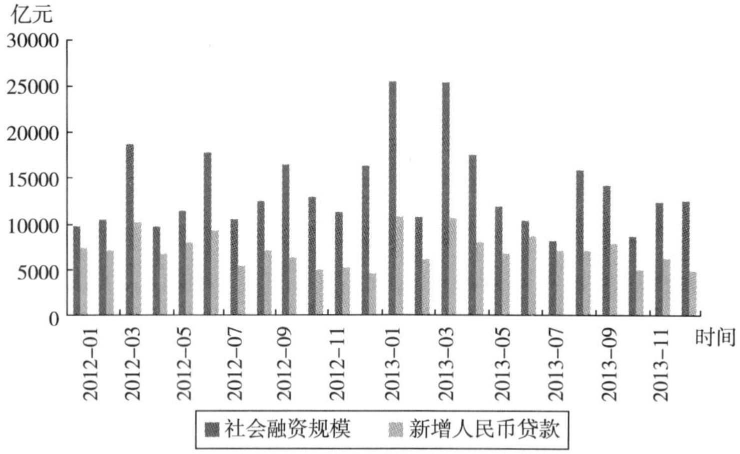

资料来源：Wind资讯，公司金融研究中心。

图1－16　社会融资总量增长情况（2012—2013年）

同业资产负债期限错配的不断创新以规避监管等行为逐渐引起监管机构的高度重视。从银监会 8 号文整顿“非标理财”开始，到债市监管风暴、规范同一金融机构法人不同账户间交易，再到中央银行要求商业银行加强资产负债管理以降低期限错配问题等，都充分体现出监管层建立审慎监管以防范系统性金融风险的管理思路。

1.3　影响经济增长的主要原因分析

2013 年我国宏观经济运行的主要特征是，第三产业占 GDP 比重首次超过第二产业（见表 1－2）。尽管自 2010 年以来我国经济增长率持续回落，但 2013 年回落态势明显趋缓（见图 1－1）。2012 年第二季度以来至 2013 年底，我国经济已经连续 7 个季度运行在 7%—8% 的区间内。众所周知，经济增长是由多种因素以某种方式组合起来共同发生作用的结果，此即经济增长的结构问题。在支撑经济增长的诸结构中，最重要者当推生产要素结构和产业结构，正是这些结构的变化，使得中国经济增长进入了新的时期。

表 1－2　　三次产业基本情况（2012—2013 年）　　单位：亿元

年份	第一产业			第二产业			第三产业		
	产值	占比（%）	增速（%）	产值	占比（%）	增速（%）	产值	占比（%）	增速（%）
2012	52373.60	10.08	4.50	235162.00	45.27	7.90	231934.50	44.00	8.10
2013	56957.00	10.01	4.00	249684.40	43.89	7.80	262204.80	46.09	8.30

资料来源：Wind 资讯，公司金融研究中心。

1.3.1　产业结构的变化导致经济增长速度下滑

过去 30 余年，中国产业结构变化的基本趋势是第一产业比重下降，第二产业（特别是制造业）比重迅速提高，第三产业份额缓慢增长。这种变化趋势对应的是我国的工业化过程。中国过去 30 多年产业结构变化的实质是大量的劳动人口和资源从劳动生产率较低的第一产业即农业、种植和养殖业等产业中，向劳动生产率较高的第二产业即制造业和建筑业转移。由于第二产业的劳动生产率远高于第一产业（在中国，制造业的劳动生产率相当于农业的 10 倍），这种转移便意味着经济整体的劳动生产率日益提高，经济增长速度因之加快。但是，经过 30 余年的发展，我国第二产业已趋饱和，一个明显的事实就是产能过剩。人口和资源开始向以服务业为主的第三产业转移。然而，研究显示，中国服务业的劳动生产率远远低于制造业（在劳动生产率最高的上海，前者只相当于后者的 70%）。基于这样的差异，当越来越多的人力和资源从制造业转移到服务业之时，中国经济整体的劳动生产率必将下降，由之决定的经济增长速度也必然下滑。2013 年，我国三次产业分别实现 5.69 万亿元、24.96 万亿元、26.22 万亿元，同比增长 4%、7.8% 和 8.3%，与 2012 年同期 4.5%、7.9% 以及 8.1% 的水平相比，第一产业和第二产业分别下降 0.4 个和 0.1 个百分点，第三产业增长 0.2 个百分点。其中，第三产业年度产值首次超过第二产业。三次产业占 GDP 的比例分别为

10.01%、43.89%和46.09%，与2012年相比，第一、第二产业占比下降，第三产业占比上升（见表1-2）。我国三次产业产值首次出现“三、二、一”的排列格局，第三产业产值和比重迅速增加，将带动劳动力和人均收入由第一和第二产业向第三产业大量转移，这在使我国经济增长速度下滑的同时，也显示出我国经济结构及经济增长方式正在悄然发生积极变化。

1.3.2 生产要素结构变化的影响

劳动、资本和技术进步是支撑经济发展的主要生产要素。在改革开放以来的30多年里，每年高达1000万人的劳动投入增长是支撑我国高速增长的主要因素。但是，随着转移人口日趋下降以及人口老龄化日趋严重，劳动投入的增长率将趋于下降，摩擦性失业和结构性失业也将长期并存。就资本投入而言，过去30余年，中国的资本投入增长率是逐年提高的，然而，近年来人口日趋老龄化，传统工业化接近尾声，加上消费率的缓慢提高，已经导致中国几十年高悬的储蓄率趋于下降，这使得无通货膨胀的资本投入也呈逐渐下降之势。此外，技术进步的动态仍然令人失望。资本回报率低、技术进步缓慢一直是我国经济的痼疾，至今未见显著变化。总之，劳动力和资本投入增长率下降、技术进步缓慢这些因素叠加，导致未来我国的经济增长趋于下降。

1.3.3 发展环境变化和刺激性政策退出也是经济增幅下降的重要原因

2003—2007年，我国经济年均增长11.6%；2008—2011年，年均增长9.6%；2012年增长7.7%。经济增长率出现逐级下降的主要原因在于外部环境变化和城市承载力的瓶颈制约，发达国家经济遭国际金融危机重创，国际贸易水平明显降低。2003—2007年，世界货物贸易出口额年均增长16.6%，2008—2012年年均增长3.2%；与之相对应，我国出口增长率由29.2%降低到9.4%，外需对经济增长的支持力度明显减弱。从国内看，城镇体系发展粗放，不协调、不均衡。人口、产业等经济要素重点向一二线大城市集中，这些城市对此缺少预见和必要的准备，承载能力严重不足。突出表现之一就是越来越明显地抑制了以住、行为主的消费结构升级。近年来一二线大城市堵车现象越来越严重，表明其承载能力已难以支持汽车进入家庭活动的快速发展。限制购车的城市不断增加，汽车市场快速发展的势头受到抑制。2002—2010年，我国汽车销量年均增长24%，2011—2012年，降低到3.4%。房地产方面主要表现为供地瓶颈制约。由于买房需求集中在一二线城市，房地产业发展也集中于此，随着其快速发展，这些城市的房屋建设用地供给越来越不足。土地约束直接抑制了住房供给增长，为了稳房价，政策重点集中于管理买房需求，最终必然使房地产市场需求水平下降。2002—2010年，城镇商品住宅销售面积年均增长18.7%，2010—2012年，年均增长仅为2.7%。2012年下半年以来，房地产销售形势明显好转，但总体是恢复性的。在一二线城市供地制约和稳定房价背景下，房地产市场快速扩大的时期已经结束。

出口高增长和国内消费结构升级是2003年以来经济持续高增长主要的市场需求动

力，这两个方面需求水平下降，必然使经济增长的需求动力减弱。城市承载能力不足，还使城市劳动力成本提高，房租、物流等成本提高，这些都降低了企业的利润率，减弱了企业的发展动力和能力。市场需求和要素成本条件变化是我国经济增长率下降的主要原因。

金融危机后的2008—2011年，我国经济增长率之所以保持9%以上，主要是应对国际金融危机“一揽子”计划的作用。其防止了外部环境剧烈变化与国内发展环境变化作用的叠加，防止了经济增长率大幅回落。但是，我们也应该认识到，“一揽子”刺激计划依靠财政政策、货币政策刺激内需增长，在政府债务和通货膨胀方面的压力会快速扩大，其及时退出不可避免。随着“一揽子”刺激计划退出，经济增长率必然会进一步回落。

1.3.4 支持经济高速增长的条件分析

我国经济在经历改革开放初期阶段较大波动以后，从20世纪90年代中期以后，总体进入平稳较快发展态势，经济增长率一直在7%以上。其基本原因是工业化、城镇化的快速推进。改革开放使市场机制配置资源的能力不断增强，范围不断扩大，人民创业活力增强和生活水平提高从生产和市场需求两个方面推动了工业化、城镇化快速推进。而我国巨大的人力资源优势、高储蓄带来的资金优势、对外开放和自主创新结合形成的技术供给优势，有力地保障了工业化、城镇化的快速推进。这些基本条件目前仍然存在，没有发生本质的改变。

从供给方面看，人口红利消失、制度决定的技术创新能力减弱、资源环境约束增强，是担心经济增速进一步下降的重要依据。2012年我国劳动年龄人口9.3亿人，在城镇就业的3.7亿人，农民工1.63亿人，这些数据表明我国目前不存在劳动力资源不足。“招工难”、“招工贵”主要是产业布局和城市承载能力问题使劳动力进城难，在城市留下来难上加难。此外，教育制度、择业偏好、产业升级等问题使劳动力供给结构与需求结构错位。技术创新方面，我国正处于从简单引进到学习、消化吸收再创新、原始创新的转换阶段，支持技术创新的制度在现实需要日益强劲的推动下，通过改革正在逐步孕育成长，制度决定的技术创新能力在逐步增强。这些尤其是在东部地区和劳动技术密集的产业中正日益明显地表现出来。资源节约和环境保护方面的成效表明，我国正在逐步走上一条可持续发展的道路。这些事实表明，我国潜在经济增长率不会因为这些问题而出现持续下降。从制度方面看，改革的深化正在适应发展的要求，进一步消除了制约生产力解放的体制、机制弊端。

1.4 经济运行面临的主要问题与风险

1.4.1 产能过剩仍然严重

2012年以来，国内经济增速放缓，国际市场持续低迷，我国工业领域产能过剩问题更加突出。当前的产能过剩不是单纯经济周期性波动导致的产能过剩，而是增长阶段转换与体制机制缺陷共同作用的结果；也不同于以往的结构性、短期性过剩，当前的产能过剩是全面性、长期性的过剩。

从2006年开始，国家统计局通过全国3万多家工业企业网上问卷调查统计计算工业产能利用率，2012年扩大到6.5万家工业企业。根据国家统计局的测算，2013年前三个季度工业产能利用率分别为78.2%、78.6%和79.6%，呈现逐季回升的态势，但仍低于2006年建立产能利用调查以来的平均水平（80.1%）和经济危机之前2006—2007年的平均水平（81.8%）。中国工业部门产能过剩涉及的行业和领域广泛，呈现全方位产能过剩的新特点。产能过剩涉及的行业非常广泛。钢铁、水泥、平板玻璃、煤化工、造船、工程机械等传统行业产能大量过剩；铜、铝、铅、锌冶炼等有色行业生产形势低迷，产能过剩问题凸显；多晶硅、风电设备等新兴产业领域的产品也出现了严重的产能过剩。

中国经济与世界经济进入深度调整期，是导致本轮产能过剩的直接原因，并使得本轮产能过剩呈现长期性的新特征：一是中国国民经济已进入增长阶段转换期，增长动力和经济结构都将面临比较大的调整，许多传统重工业产品需求峰值已经或即将到来，这些行业将在较长一段时间里面临较为严峻的产能过剩态势。中国经济经历了30余年高速增长以后，随着要素成本的上升、环境与资源约束的强化、投资效率的下降和全要素生产率的恶化，以往过度依赖投资拉动、粗放式规模扩张与要素驱动的增长方式将难以为继，经济增长方式将不得不更为依赖消费拉动、创新与效率驱动。随着投资对于工业增长拉动的效力逐渐减弱，投资实际增速逐渐下降，钢铁、水泥、平板玻璃、有色金属、普通机床等传统重工业产品需求增速显著放缓，这些行业将会在较长一段时期面临较为严峻的产能过剩态势以及产能调整压力。二是世界经济格局正在发生深远变化，中国传统（低成本）竞争优势正在减弱，传统出口制造业将在很长一段时间内面临产能过剩的压力。世界经济已由危机前的快速发展期进入深度转型调整期，低速增长态势仍将延续；全球需求结构正在发生深刻变化，国际市场需求将长期低迷；而在劳动密集型产品、“两高一资”产品[①]市场，随着劳动力成本、土地成本、资源与环境成本的快速上升，中国低成本优势面临越来越严峻的挑战；第三次工业革命的发展与发达国家的再工业化，将进一步削弱中国制造业的国际竞争优势。因此，中国传统出口制造业将面临长期产能过剩的压力。

1.4.2 地方政府债务存在较大风险

2013年12月，国家审计署公布了全国政府性债务的审计结果。统计结果显示，截至2013年6月底，全国各级政府债务共计30.27万亿元，其中中央政府债务12.38万亿元，地方政府债务17.89万亿元。全国各级政府负有偿还责任、担保责任和可能承担一

① “两高一资”产品为高耗能、高污染、资源性产品。

定救助责任的债务分别为20.70万亿元、2.93万亿元和6.65万亿元。总体来看，公布的政府性债务规模要低于市场预期，从各项风险指标看，我国债务风险整体可控。地方政府债务中，政府负有偿还责任的债务达10.89万亿元，负有担保责任的债务为2.67万亿元，可能承担一定救助责任的债务为4.34万亿元。虽然政府或有债务在正常情况下无须政府承担偿债责任，但在刚性兑付条件下，以及系统性风险情形下仍为地方政府负有偿付责任的债务，政府负有偿还责任的债务和或有债务合计达17.89万亿元。这个数字代表了宽口径下的广义地方政府债务规模，虽然从总量上看没有超过市场预期，但具体分析地方债务问题仍存在以下风险：

一是地方债务增长速度较快。政府负有偿还责任的债务较2010年增长4.17万亿元，年均增长率为21.34%；受基础设施和城市开发建设起步较晚，土地收入和税收收入不足以覆盖投资所需资金的原因影响，县级政府债务增速最快，2013年6月底，县级政府负有偿还责任的债务为3.96万亿元，较2010年底的2.195万亿元增长80.29%，所占比例从32.7%上升至36.35%。

二是流动性风险、借新还旧的问题更为突出。2010年底，有22个市级政府和20个县级政府的借新还旧率超过20%，2012年底，有2个省级、31个市级、29个县级、148个乡镇借新还旧率超20%；同时从债务未来偿还的计划看，在现存负有偿还责任的债务中，2014年、2015年分别需偿还2.38万亿元和1.86万亿元，占债务总额的38.9%，若考虑2013年7—12月偿还的2.49万亿元存在部分借新还旧以及新增融资中，期限为1—2年的融资品种占比较高，未来两年债务偿还总额应该在5万亿元至6万亿元。

三是仍然存在对土地出让收入依赖性较高的问题。2013年6月末，省、市、县三级政府承诺以土地出让收入偿还的债务余额为3.49万亿元，占比为37.23%，2010年末占比为37.96%。

四是新的举债方式层出不穷。融资结构同样发生较大变化，银行贷款占比从79.01%下降至56.56%，发行债券从7.06%上升至10.32%，直接融资占比上升。但规避监管的新举债方式层出不穷，BT① 和信托融资分别占比8.25%和7.97%，另外融资租赁、垫资施工、集资等方式也为地方政府提供了部分资金，而这部分债务的透明度低，风险更难把握。

五是2014年仍然是偿债高峰期。根据审计结果，2013年下半年、2014年政府负有偿还责任的债务分别占22.92%和21.89%，从数据上看偿债高峰期是在2013年下半年，但需要注意，2013年下半年需偿还的债务中包括逾期债务1.15万亿元，假设在2013年末仍有超过1万亿元的逾期债务需要在2014年偿还，则2014年负有偿还责任的债务占比超过30%，2014年地方政府的偿债压力只增不减。

六是地区偿债能力分化严重。与2010年底相比，政府负有偿还责任的债务率高于

---

① BT是Build（建设）和Transfer（转让）两个英文单词的缩写，其含义是政府通过合同约定，将拟建设的某个基础设施项目授予企业法人投资，在规定的时间内，由企业法人负责该项目的投融资和建设，建设期满，政府按照等价有偿的原则向企业法人协议收购的商业活动。

100%的地区增多，新增3个省级，市级增加21个，而县级则飙升96个，2011年以来，县级政府债务余额增速最快，达到25.75%，但偿债能力最弱，值得警惕。

1.4.3 实体经济缺乏金融支持

2013年信贷总量和社会融资规模均有较大的增长，2013年全年人民币贷款增加达8.89万亿元，社会融资规模为17.29万亿元，是年度历史最高水平，但并没有对实体经济形成有力的拉动。这种背离表明，金融改革与实体经济的需求存在错位，同时在经济增长回升乏力的情况下，银行业贷款利率却整体上移，2013年第一季度超过50%的贷款利率有所上浮，这显示出银行业的相对强势。

在经济增速放缓的情况下，企业债务负担更显沉重。标准普尔（Standard & Poor）颁布的报告显示，截至2013年底，中国非金融企业债务规模达到14.2万亿美元，超过了世界上其他任何国家，包括拥有13.1万亿美元企业债务的美国。标准普尔在比较中国公司与全球其他8500家上市公司财务状况之后，发现中国公司的现金流及财务杠杆状况在2009年要好于世界上其他国家的公司，但是在最近几年，中国公司的财务状况在变差。

出口企业承受人民币升值压力大。2013年12月人民币名义有效汇率指数为114.21，环比上升0.7%，也创下该数据自1994年公布以来的新高。而在金砖五国中，2013年全年，实际有效汇率只有中国出现大幅升值，升幅达7.9%，其他四国都出现不同程度的回落，印度和南非的汇率回落幅度较大，南非兰特实际有效汇率贬值12.75%。当前中国经常项目顺差已比以往年度大幅减少，近几年贸易条件明显下滑，人民币的过度升值已经明显侵蚀了中国的贸易竞争力。受劳动力价格上涨、人民币升值以及融资成本、环保成本增加因素的影响，我国劳动密集型产品的竞争力出口有所减弱，而周边国家国际竞争力在明显提升，这将会丧失一部分我国产品在国际市场上的份额，抑制我国外贸出口增长的空间，而这反过来又会使出口企业经营更加困难。

1.4.4 国有企业改革困难重重

根据国家财政部公布的《全国国有及国有控股企业经营运行情况》，2013年全国国有及国有控股企业①主要经济效益指标同比保持增长，但实现利润增幅继续回落。2013年，全国国有企业全年累计实现营业总收入464749.2亿元，同比增长10.1%；全年累计发生营业总成本448969.8亿元，同比增长10.3%，其中销售费用、管理费用和财务费用分别同比增长12.2%、6.9%和8.6%；全年累计实现利润24050.5亿元，同比增长5.90%。对于2013年国有企业经营情况，财政部认为，虽然主要经济效益指标同比都在增长，但实现利润增幅仍在回落。事实上，国有企业经营效率下降已经持续多年。十八届三中全会对国有企业改革提出了具体要求："必须毫不动摇巩固和发展公有制经济，

---

① "国有企业"包括中央部门所属的国有及国有控股企业及113户中央管理企业，36个省、自治区、直辖市、计划单列市国有及国有控股企业，均不含国有金融类企业。

坚持公有制主体地位，发挥国有经济主导作用，不断增强国有经济活力、控制力、影响力。……完善国有资本经营预算制度，提高国有资本收益上缴公共财政比例，2020 年提到百分之三十，更多用于保障和改善民生。”国有企业改革之所以成为我国新一轮改革的重点之一，原因在于新一届国家领导人把国有企业改革作为激活经济的突破口。十八届三中全会提出来的国有企业改革，从本质上说，就是通过市场化方式改造国有企业，包括实行混合所有制。这意味着，国有企业和国有资产监管部门要进行一次彻底的自我革命。[①] 但是，从现实来看，如果无法落实国有企业改革的责任，那么改革的目标势必难以实现。

造成国有企业改革困难的主要原因有两个：一是国有企业无法真正做到政企分开，二是国有企业难以从竞争性领域完全退出。其实，早在十五大时，中央决议就已经明确提出国有企业必须退出竞争性领域。1999 年，十五届四中全会通过的《中共中央关于国有企业改革和发展若干重大问题的决定》又提出“对企业及企业领导人不再确定行政级别”。2003 年十六届三中全会通过的《中共中央关于完善市场经济体制若干问题的决定》已经为国有企业改革作了顶层设计：“对垄断行业要放宽市场准入，引入竞争机制；实行政企分开、政资分开、政事分开；深化行政审批制度改革，切实把政府经济管理职能转到主要为市场主体服务和创造良好发展环境上来。”但是，中央提出的这些重大改革措施并没有被执行。一个突出现象是，几乎所有大型央企都在利益驱使下涉足房地产这个竞争性领域，即使国资委下达禁令和退出令也难以阻止，而这一切都与国有企业政企不分有着本质的联系。

---

① 陈曦，袭祥．国企改革难题：要国资委革自己的命能成功吗［J］．中国企业家，2014（3）．

第2章　2013年中国证券市场基本状况

2013年的中国证券市场经历了由原有改革思路到现有改革思路的平稳过渡，完成了在新股发行体制改革、多层次资本市场建设、投资者保护等关键的政策出台。十八届三中全会通过的《中共中央关于全面深化改革若干重大问题的决定》明确提出要“健全多层次资本市场体系，提高直接融资比重，鼓励金融创新，丰富金融市场层次和产品”，从而将金融改革和资本市场建设推升到新高度。从股市的表现来看，2013年，A股市场第一、第二季度股市走势呈下降的趋势，第三季度以来，股市企稳回升，2013年10月，上证综指在2150点到2250点间震荡，全月平均收盘点数为2186.71点，较8月的2073.82点上升112.89点；深证成指10月平均收盘点数为8575.23点，较8月的8201.24点上升373.99点，这间接说明了国家的一系列金融改革措施取得了一定效果。这一方面为证券市场的建设带来了制度红利，成为证券行业的机遇之年；另一方面，金融体系的市场化改革方向为有目标、有准备的券商提供了巨大的发展平台。

伴随着政策的出台，证券行业监管部门也加快了放宽审批证券公司分支机构条件、允许非现场开户等新政实施，这为证券行业的创新实践创造了良好的外部环境。随之而来的是传统经济业务转型提速，融资融券、股票质押式回购等类贷款业务增长迅猛，为证券行业自身收入来源的多元化创造了更多机会。

本章主要从2013年证券市场一级市场及二级市场的概况、中国企业的兼并与收购状况、“新三板”的总体运行状况以及证券市场的监管状况等方面来进行阐述。

2.1　2013年中国证券市场一级市场状况

2.1.1　股票一级市场

2013年是IPO暂停发行的一年。受此影响，全年共有2家公司上市（2013年12月IPO重启），无首发募集资金（见图2－1）。上市的2家上市公司分别为“浙能电力”和“美的集团”。前者是“东电B股”实现B股转A股，浙能电力股份有限公司吸收合并浙江东南发电股份有限公司，实现“浙能电力”在上海证券交易所上市；后者是“美的集团”通过换股吸收合并“美的电器”，实现整体在深圳证券交易所上市①。

---

① 资料来源于2014年《证券行业发展报告》。

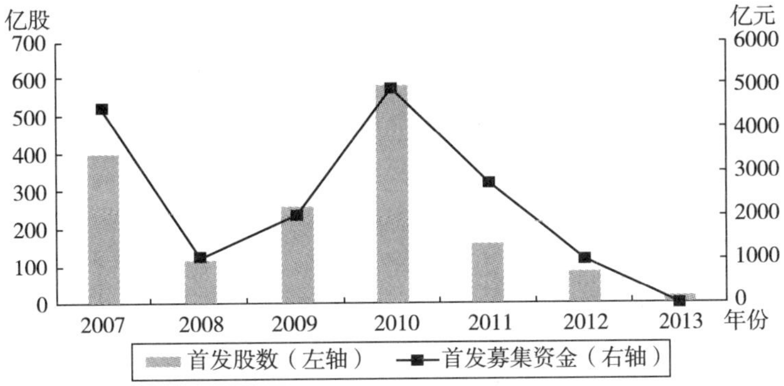

资料来源：Wind 资讯，公司金融研究中心。

图 2－1　一级市场首发股数及首发募集资金（2007—2013 年）

相比 IPO 市场的低迷，国内一级市场增发配股规模大幅增加。根据 Wind 资讯统计数据显示，全年共有 291 家企业完成增发和配股，相比 2012 年增加了 116 家；从募集资金总额来看，全年增发募集资金为 3598.35 亿元，同比增加 3.4%，配股募集资金为 475.73 亿元，同比增加 293.17%。从一级市场增发规模来看，全年增发家数为 278 家，比 2012 年的 158 家增加了 120 家，增发募集资金为 3598.35 亿元，同比增长 3.41%（见图 2－2）；增发股数为 537.13 亿股，同比增加 21.85%。

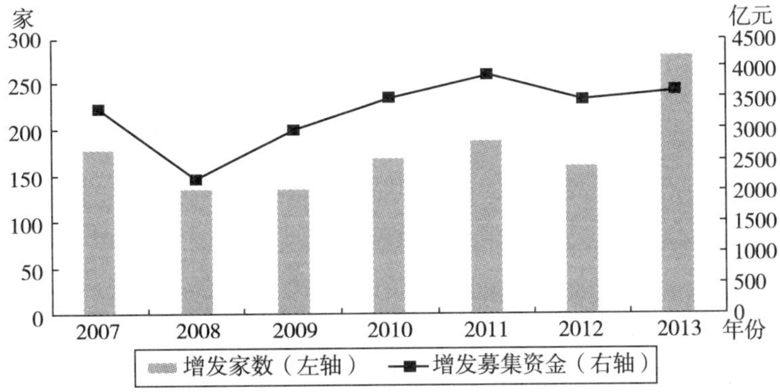

资料来源：Wind 资讯，公司金融研究中心。

图 2－2　一级市场增发家数及增发募集资金（2007—2013 年）

从一级市场配股规模来看，全年配股家数为 13 家，比 2012 年的 7 家增加了 6 家，配股募集资金为 475.73 亿元，同比增长幅度高达 293.17%（见图 2－3），2013 年配股股数为 58.26 亿股，同比增加 108.61%。

2013 年 1—5 月，从证监会获得增发核准的上市公司有 84 家，6 月只有 7 家上市公司的增发和配股拿到核准，由于 6 月份 A 股持续低迷，因此证监会放行的再融资相对较少，再融资总额不到 80 亿元；2013 年 7 月，共有 24 家公司获得增发以及配股的核准，总融资规模超过了 500 亿元。在这些获准发行的公司当中，除中国铝业（601600）等少

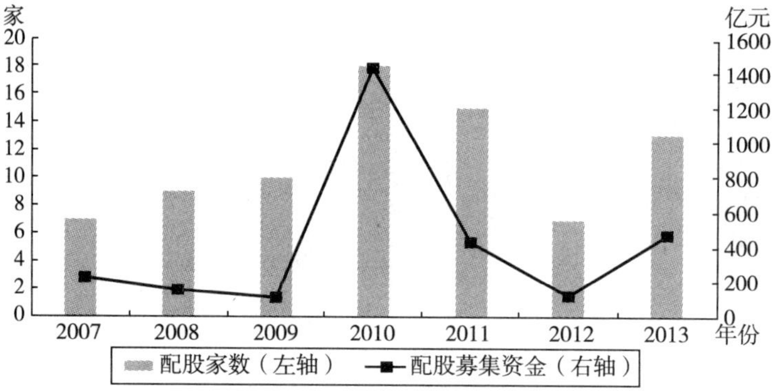

资料来源：Wind资讯，公司金融研究中心。

图2-3 一级市场配股家数及配股募集资金（2007—2013年）

数公司因股价倒挂而无法在有效期内实际启动再融资之外，大部分上市公司在拿到核准批文的第一时间就开始启动再融资。

2.1.2 债券一级市场

从国际环境看，伴随着美国、欧洲经济日益明显的复苏态势，美联储逐渐退出量化宽松政策影响了国内债券市场。从国内的宏观环境看，中国经济继续保持弱复苏态势，债券市场收益率整体提升了一个较大的台阶，债券市场年度发行总量增速放缓。

债券市场全年共发行各类债券（含中央银行票据）87016.27亿元，较2012年增加7218.72亿元，同比增长9.05%，相比2012年增速下降了2.61个百分点。其中在中央结算公司登记新发债券1150只，发行量共计56453.94亿元，占债券市场发行总量的64.88%；上海清算所登记新发债券2000只，发行量共计27845.02亿元，占债券市场发行总量的32%。交易所发行公司债和中小企业私募债共计331只，发行量2717.30亿元，占债券市场发行总量的3.12%（见表2-1）。

表2-1 债券市场发行情况（2013年） 单位：亿元，只

债券发行	发行量	发行数
全市场	87016.27	3481
中央结算公司登记托管的债券	56453.94	1150
上海清算所登记托管的债券	27845.02	2000
中证登①登记托管的债券	2717.30	331

资料来源：中国债券信息网，上海清算所网站，Wind资讯，公司金融研究中心。

中央结算公司新增债券的券种主要是政策性银行债和记账式国债。2013年国债发行13374.40亿元，同比增加11.15%；企业债券发行4752.30亿元，同比下降26.88%；政

① 全称为中国证券登记结算有限公司，是依据《中华人民共和国证券法》和《中华人民共和国公司法》组建，为证券交易提供集中登记、存管与结算服务，不以盈利为目的的法人。

策性银行债发行 19960. 30 亿元，同比下降 6. 73%；商业银行债发行 1117. 00 亿元，同比下降 71. 60%。政策性银行债和国债在发行规模中占据主要地位，二者发行量合计约占发行总量的 59. 05%（见图 2－4）。

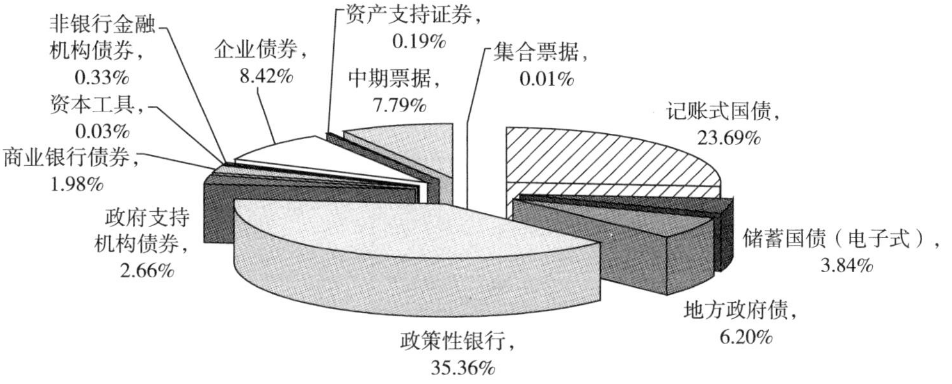

资料来源：中国债券信息网，公司金融研究中心。

图 2－4　中央结算公司各券种累计发行量占比（2013 年）

从中央结算公司新发债券的期限结构来看，3—10 年中长期品种发行量占比达到 56. 30%，0—3 年短期品种和 10 年以上长期品种发行量占比分别为 39. 40% 和 4. 30%（见图 2－5）。

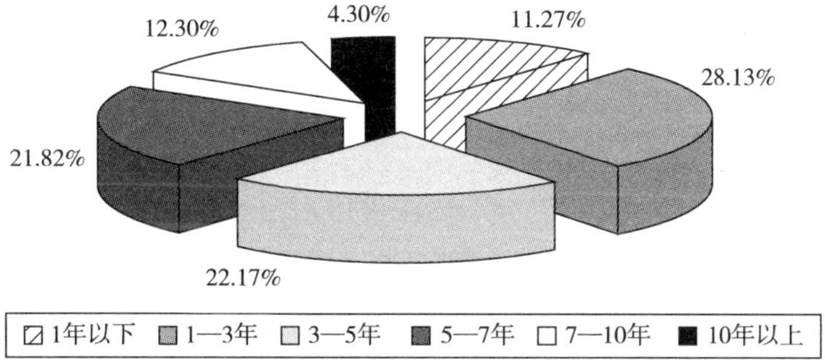

资料来源：中国债券信息网，公司金融研究中心。

图 2－5　中央结算公司各期限债券发行量占比（2013 年）

无论从发行总量还是发行额来看，2013 年债券一级市场都取得了一定程度的发展。从发行总量上来看，各类债券的累计发行数量为 3656 只，比 2012 年 2971 只增加了 685 只。其中，利率债（国债、地方政府债和金融债）发行数量为 523 只，比 2012 年增加了 206 只；信用债（企业债、公司债和中期票据等）发行数量为 3095 只，比 2012 年增加 446 只。此外，从债券发行额来看，各类债券累计发行额为 90272. 27 亿元，比 2012 年增加 9311. 23 亿元，同比增长 11. 5%，2013 年共发行 3656 只，比 2012 年增加了 685 只。其中，利率债（国债、地方政府债和金融债）发行金额为 44291. 69 亿元，同比增长 3. 43%，信用债（企业债、公司债和中期票据等）发行金额为 39733. 77 亿元，同比增长4.64%。需要指出的是，我国的资产证券化水平在2013年取得了较快的进展。ABS、ABN、CDO[①]和可转债发行只数为71只，相比2012年增加了20只；发行总额为816.51亿元，同比增长83.5%（见表2-2）。

表2-2　　2012—2013年债券发行统计（按债券类型）　　单位：亿元

类别	2013年				2012年			
	发行只数	只数比重（%）	发行额	面额比重（%）	发行只数	只数比重（%）	发行额	面额比重（%）
国债	70	1.91	16944.01	18.77	61	2.05	14362.26	17.74
地方政府债	24	0.66	3500.00	3.88	18	0.61	2500.00	3.09
金融债	429	11.73	23847.68	26.42	238	8.01	25959.10	32.06
企业债	374	10.23	4752.30	5.26	484	16.29	6499.31	8.03
公司债	365	9.98	1699.10	1.88	295	9.93	2623.31	3.24
中期票据	539	14.74	6978.59	7.73	611	20.57	8559.32	10.57
短期融资券	1208	33.04	19040.70	21.09	952	32.04	14753.47	18.22
定向工具	534	14.61	5491.38	6.08	249	8.38	3759.30	4.64
政府支持机构债	12	0.33	1500.00	1.66	12	0.40	1500.00	1.85
资产支持证券	63	1.72	271.70	0.30	46	1.55	281.42	0.35
ABS	29	0.79	73.98	0.08	12	0.40	31.80	0.04
ABN	18	0.49	40.00	0.04	20	0.67	192.62	0.24
CDO	16	0.44	157.73	0.17	14	0.47	57.00	0.07
可转债	8	0.22	544.81	0.60	5	0.17	163.55	0.20
合计	3656	100.00	90272.27	100.00	2971	100.00	80961.04	100.00

注：2013年数据还包括中央银行票据和同业存单，发行的只数分别为20只和10只，发行额分别为5362亿元和340亿元。

资料来源：Wind资讯，公司金融研究中心。

此外，证券公司2013年在交易所市场承销债券总额达4082.07亿元，同比增加94.34%。其中，公司债的承销占比最大，约占78.88%；可转债承销额增长最快，为2012年的3.61倍；中小企业私募债作为创新融资产品，在2013年发展迅速，共募集资金310.85亿元，为2012年的3.32倍（见表2-3）。

---

① 我国资产证券化尚处于起步阶段，主要品种包括CDO、ABS以及ABN三类。CDO，担保债务凭证（Collateralized Debt Obligation，CDO），它的标的资产通常是信贷资产或债券，是资产证券化中重要的组成部分；ABS，资产支持证券（Asset Backed Securities），通常是指将银行贷款、企业应收账款等有可预期稳定现金流的资产打包成资产池后向投资者发行债券的一种融资工具；ABN（Asset Backed Medium－term Notes），非公开定向发行资产支持票据，本质跟ABS一样，只是非公开定向向投资者募集资金，期限相对较短。

表2-3　　证券公司交易所市场债券承销规模和结构　　单位：亿元

名称	2012年	2013年
公司债	1854.20	3219.97
可转债	152.55	551.31
可分离债	0.00	0.00
中小企业私募债	93.75	310.85
合计	2100.5	4082.07

资料来源：Wind资讯，公司金融研究中心。

2.2　2013年中国证券市场二级市场状况

2.2.1　股票二级市场

根据Wind数据，截至2013年收盘日，在统计的全球72个指数中，上证综指和深证成指以6.75%和10.91%的年度跌幅分别位列倒数第六名和倒数第四名。继2010年、2011年、2012年之后，A股在全球主要市场当中再度垫底，这也是A股连续第四年跑输全球股市，但境外股市却创出历史的新高。根据Wind数据，在全球TOP20股票指数主要分布在中东和美洲等国家，其中委内瑞拉以480.47%的涨幅位列第一，阿联酋和阿根廷分别以107.69%和88.87%的涨幅位列第二名和第三名。在涨跌幅排名前二十的股票指数中，属于美国的股票指数有7个，属于日本的股票指数有4个，两个国家的股票指数占比达到了55%（见表2-4）。

表2-4　　全球TOP20股票指数收盘价及涨跌幅（2013年）　　单位：%

排名	简称	所属国家	收盘价（点）	涨跌幅
1	委内瑞拉IBC	委内瑞拉	2736.58	480.47
2	阿联酋DFM综指	阿联酋	3369.81	107.69
3	阿根廷MERV	阿根廷	5391.03	88.87
4	日本纳斯达克股票指数	日本	103.02	87.11
5	纳斯达克生物技术指数	美国	2369.53	65.61
6	阿联酋ADX综指	阿联酋	4290.30	63.08
7	日经225	日本	16291.31	56.72
8	东证指数	日本	1302.29	51.46
9	尼日利亚综指	尼日利亚	41329.19	47.19
10	东证二部指数	日本	3569.85	44.19
11	纳斯达克指数	美国	4176.59	38.32
12	罗素2000指数	美国	1163.64	37.00
13	纳斯达克100	美国	3592.00	34.99
14	爱尔兰综指	爱尔兰	4539.43	33.64
15	标普500	美国	1848.36	29.60
16	希腊ASE综指	希腊	1162.68	28.06
17	道琼斯工业指数	美国	16576.66	26.50
18	芬兰OMX全指	芬兰	7336.98	26.47
19	费城制药指数	美国	286.62	25.87
20	沙特全指	沙特阿拉伯	8535.60	25.50

资料来源：Wind资讯，公司金融研究中心。

全球证券交易所的股票市值在2013年有较显著的增长，上海证券交易所成为排名前十的证券交易所中唯一一家市值出现负增长的证券交易所。2013年，全球TOP20证券交易所市值总和为592554.89亿美元，同比增长19.44%（2012年市值总和为496091.64亿美元）；纽约证券交易所以其179498.84亿美元的股票市值名列榜首，同比增加27.43%；位列第二名和第三名的分别为纳斯达克证券交易所和东京证券交易所集团；上海证券交易所以其25472.04亿美元的市值位列第七名，其股票市值仅为纽约证券交易所的1/7，在所有排名前十的交易所中是唯一一所股票市值出现负增长的交易所（见表2-5）。

表2-5　全球TOP20交易所股票市值（2012—2013年）　单位：亿美元

排名	交易所名称	2012年	2013年	同比（%）
1	纽约证券交易所①	140859.44	179498.84	27.43
2	纳斯达克证券交易所②	45823.89	60849.70	32.79
3	东京证券交易所③	34788.32	45431.69	30.59
4	伦敦证券交易所	33965.05	44289.75	30.40
5	纽约泛欧证券交易所（欧洲）	28321.89	35839.00	26.54
6	香港交易所	28319.46	31007.77	9.49
7	上海证券交易所	25472.04	24969.90	-1.97
8	多伦多证券交易所	20588.39	21138.22	2.67
9	德国交易所	14863.15	19361.06	30.26
10	瑞士证券交易所	12334.39	15407.00	24.91
11	深圳证券交易所	11501.72	14521.54	26.26
12	澳大利亚证券交易所	13868.74	13659.58	-1.51
13	纳斯达克—OMX集团北欧交易所	9957.19	12692.14	27.47
14	韩国交易所	11794.19	12345.49	4.67
15	孟买证券交易所	12633.35	11388.34	-9.85
16	马德里交易所	9950.88	11165.61	12.21
17	印度国家证券交易所	12344.92	11129.52	-9.85
18	巴西证券商品期货交易所	12274.47	10204.55	-16.86
19	约翰内斯堡证券交易所	9077.23	9428.12	3.87
20	台湾证券交易所	7352.93	8227.07	11.89%

注：此处指的是所有在交易所上市的本国国内股票的总市值，非证券交易所的上市市值。

资料来源：Wind资讯，公司金融研究中心。

① 在此指的是纽约泛欧证券交易所集团（美国）。纽约泛欧交易所集团（NYSE Euronext）由纽约证券交易所集团（总部位于纽约）和欧洲证券交易所（总部位于巴黎）合并组成，于2007年4月4日在纽约证券交易所和欧洲证券交易所同时挂牌上市。

② 在此指的是纳斯达克—OMX集团美国交易所。2007年5月，美国纳斯达克证券交易所并购北欧证券交易所瑞典OMX集团，并购后的新集团将命名为纳斯达克—OMX集团（NASDAQ OMX Group）。

③ 2013年1月4日，由日本两大证交所东京证券交易所（Tokyo Stock Exchange）和大阪证券交易所（Osaka Securities Exchange）合并成立的控股公司“日本交易所集团”（jpx，全称Japan Exchange Group）正式在东京证券交易所主板市场上市。

自 2008 年之后，美国、英国、法国、德国和日本的证券化率水平一直处于稳健上升的态势，而中国的证券化率却处于不断下降的趋势。美国由 2008 年的 79.74% 上升至 2013 年的 114.92%，英国由 2008 年的 68.9% 上升至 121.96%，德国的证券化率在六个国家中处于最末，2012 年为 43.36%。相比较而言，中国的证券化率水平自 2008 年国际金融危机之后一直处于下降的态势，由 2007 年的 178.2% 下降至 2012 年的 44.94%（见图 2－6）。根据 Wind 数据统计，2013 年中国的证券化率水平为 40.6%，创近五年的最低水平，在中国 GDP 不断增加的同时，中国的证券化率却在不断下降。这也充分说明了中国资本市场亟须进行改革。

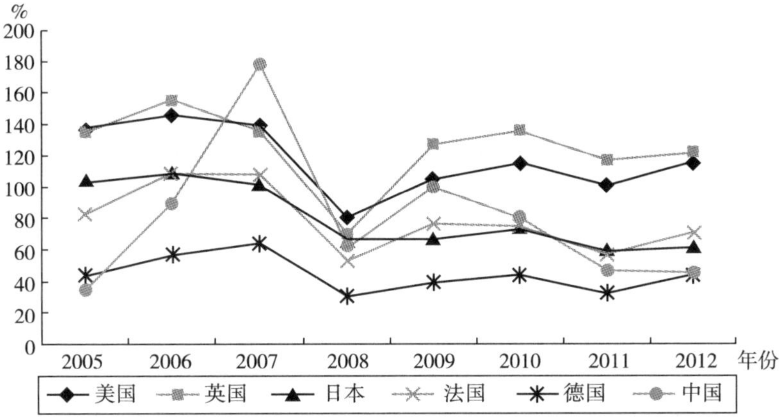

注：2013 年部分国家上市公司股票总市值缺失，因此未计算 2013 年各国证券化率。

资料来源：Wind 资讯，公司金融研究中心。

图 2－6　各国证券化率比较（2005—2012 年）

尽管 A 股市场在全球市场中垫底，但是如果纵向比较，不论是成交数量还是成交金额，2013 年 A 股市场的表现都要好于 2012 年。全年 A 股共成交 46.4 万亿元，同比上升 48.4%，仅次于 2009 年和 2010 年的成交金额，其中沪市成交 22.8 万亿元，深市成交 23.6 万亿元。2013 年 A 股成交量为 4.77 万亿元，较 2012 年增加 46.5%（见图2－7）。年度日均股票交易额达到了 1951.43 亿元，较 2012 年的增幅达到了 50%，日均成交量和成交额最

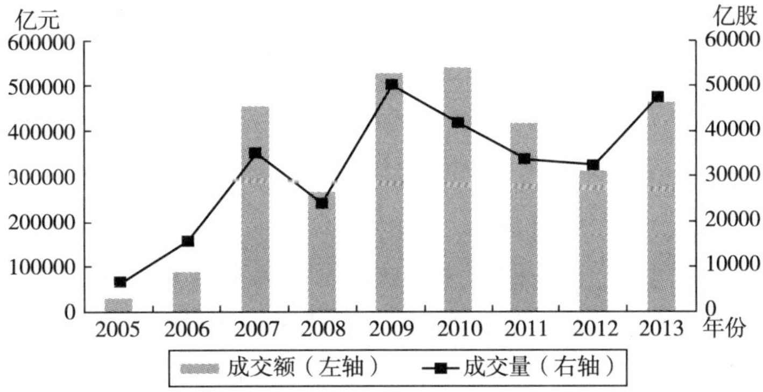

资料来源：Wind 资讯，公司金融研究中心。

图 2－7　股票二级市场 A 股成交额与成交量（2005—2013 年）

高的是9月，分别达260.79亿股和2447.68亿元。

全年小盘股领涨，大盘股领跌。上证指数以2289.51点开盘，于2013年12月31日收为2115.98点，年内跌幅为7.58%，相比2012年年底收盘点位2269.13点累计下跌6.75%。全年最高收盘指数为2444.80点（2013年2月18日），全年最低收盘指数为1849.21点（2013年6月15日），最高点与最低点相差599.59点。6月的“钱荒”使沪市创下了1849点的新低，创下3年半来最大的单月跌幅，单月下跌14%。中小板指以4979.86点收盘，累计涨幅16.84%；创业板指从2012年底收盘的713.86点一路上涨到1423.97点，创出历史新高（见表2-6）。截至2013年最后一个交易日，报收于1307.99点，涨幅达到83.23%，年内有交易的355只创业板个股中，实现上涨的达到327只，占比92.11%。

表2-6　A股市场主要指数月度交易特征（2013年）　单位：点，%

月份	上证综指			创业板指			中小板指		
	收盘价	涨跌幅	换手率	收盘价	涨跌幅	换手率	收盘价	涨跌幅	换手率
1	2385.42	5.13	19.49	767.00	7.73	142.11	4471.13	5.54	48.93
2	2365.59	-0.83	13.32	836.06	9.00	90.05	4656.51	4.15	31.31
3	2236.62	-5.45	16.96	826.65	-1.13	114.22	4614.60	-0.90	39.12
4	2177.91	-2.62	10.92	836.88	1.24	73.62	4481.20	-2.89	27.4
5	2300.60	5.63	16.74	1007.51	20.39	176.48	5131.98	14.52	55.64
6	1979.21	-13.97	11.31	929.80	-7.71	128.98	4456.56	-13.16	37.75
7	1993.80	0.74	15.66	1041.33	11.99	207.93	4623.88	3.75	57.61
8	2098.38	5.25	17.96	1088.74	4.55	195.51	4861.34	5.14	59.83
9	2174.67	3.64	21.56	1229.59	12.94	139.35	5234.51	7.68	53.19
10	2141.61	-1.52	17.05	1138.23	-7.43	154.25	4889.05	-6.60	53.13
11	2220.50	3.68	15.62	1291.71	13.48	158.41	5121.59	4.76	44.88
12	2115.98	-4.71	14.70	1243.96	-3.70	163.81	4979.86	-2.77	41.53

资料来源：Wind资讯，公司金融研究中心。

年中17个行业板块的涨跌幅度不一，金融业板块的区间涨幅为负。从各板块涨幅来看，卫生和社会工作板块涨幅最大，区间涨幅达94.47%，但成交金额仅为1.46亿元；其次是文化、体育和娱乐业，区间涨幅为77.05%；信息传输、软件和信息技术服务业与文化、体育和娱乐业不分伯仲，区间涨幅为72.45%；2013年金融业跌幅为7.73%；采矿业跌幅最大，为20.46%。从成交金额来看，制造业以901.33亿元的成交额名列榜首，占比为55.8%；其次是金融业，以202.43亿元的成交额排名第二，占比为12.5%；排名第三的是信息传输、软件和信息技术服务业，成交额为104.45亿元，占比为6.47%（见图2-8）。

2013年股票、基金累计成交额为482857.50亿元，同比增长49.63%；债券累计成交额已连续两年超过股基累计成交额，2013年债券累计成交金额为647693.51亿元，同

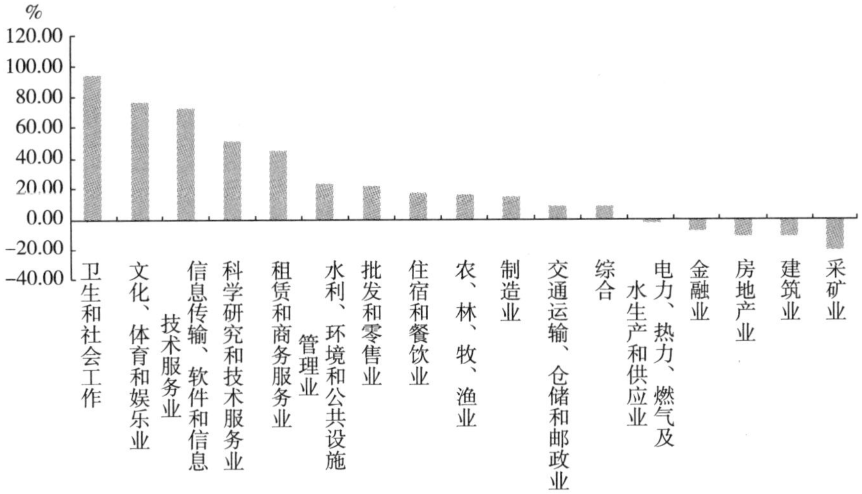

注：各行业板块来源于证监会行业分类，区间涨跌幅为总市值加权平均值。

资料来源：Wind 资讯，公司金融研究中心。

图 2－8　各行业板块区间涨跌幅（2013 年）

比增长 71.21%。2013 年投资者开户总数为 21963.05 万户，相比 2012 年的 21083.16 万户增加了 4.17%。2013 年，股票二级市场共有上市公司 2489 家，相比 2012 年的 2494 家减少了 5 家，上市股票 2574 只，相比 2012 年数目也有所下降。2013 年，在上市公司数目有所减少的情况下，二级市场的总市值为 272499.64 亿元，同比增加 1.74%（见表 2－7）。

表 2－7　　股票二级市场规模统计（2007—2013 年）　　单位：亿元

年份	上市公司总数（家）	上市股票总数	总市值	投资者开户总数（万户）	股票、基金累计成交金额	债券累计成交金额
2007	1550	1636	401296.96	13887.02	469176.33	20667.25
2008	1625	1711	148383.09	15198.01	272943.69	28601.47
2009	1718	1804	290727.18	17149.68	546326.78	40181.67
2010	2063	2149	305214.87	18858.28	554629.98	72066.23
2011	2342	2428	250115.90	20259.20	428010.40	211314.88
2012	2494	2579	267848.81	21083.16	322707.12	378314.34
2013	2489	2574	272499.64	21963.05	482857.50	647693.51

资料来源：Wind 资讯，公司金融研究中心。

从总市值的涨跌幅来看，创业板的总市值增幅最大，其次是中小板，而主板总市值较 2012 年有所下降。股票二级市场主板的总市值为 220066.62 亿元，同比下降 4.46%；中小板总市值为 37334.45 亿元，同比下降 29.74%；创业板总市值为 15098.57 亿元，同比增加 72.93%，增长幅度最大。2013 年，A、B 股市值合计 239321.91 亿元，同比增加

4%。其中，A股市值为237651.64亿元，同比增加3.99%，而B股市值为1670.27亿元，同比增加5.35%（见表2-8）。

表2-8　　股票二级市场沪深市值统计（2007—2013年）　　单位：亿元

年份	总市值				A、B股市值		
	合计	主板	中小板	创业板	合计	A股市值（含限售）	B股市值（含限售）
2007	401296.95	390806.63	10490.33	0.00	325196.30	322545.85	2650.45
2008	148383.09	142235.70	6147.39	0.00	121090.56	120260.53	830.03
2009	290727.18	272529.99	16587.11	1610.08	243332.96	241474.30	1858.66
2010	305214.86	263001.47	34848.18	7365.22	265007.37	262778.65	2228.71
2011	250115.90	215428.17	27253.94	7433.79	214564.32	213099.19	1465.12
2012	267848.81	230341.01	28776.56	8731.24	230108.87	228523.35	1585.53
2013	272499.64	220066.62	37334.45	15098.57	239321.91	237651.64	1670.27

资料来源：Wind资讯，公司金融研究中心。

从市值的行业分布来看，行业市值集中分布于制造业，金融业的公司家数较少，但总市值却仅次于制造业。在公司家数方面，制造业以1577家，占比63.31%排名第一；批发和零售业以154家稍逊于制造业排名第二，占比6.18%；房地产业以139家，占比5.58%排名第三。在公司市值方面，排名第一的是制造业，总市值为107242.21亿元，占比38.45%；金融业以73747.79亿元位列第二，占比26.44%；排名第三的是采矿业，总市值为30675.12亿元，占比11%（见表2-9）。

表2-9　　股票二级市场行业市值比较（2013年）　　单位：亿元

行业名称	公司家数（家）	总市值	A股市值	B股市值
制造业	1577	107242.21	101538.49	2194.65
批发和零售业	154	8905.85	8582.36	210.21
房地产业	139	11155.72	10342.96	700.79
信息传输、软件和信息技术服务业	123	8892.33	8840.55	41.89
电力、热力、燃气及水生产和供应业	83	9486.34	8534.79	276.01
交通运输、仓储和邮政业	83	9807.17	8714.32	231.31
采矿业	65	30675.12	26434.07	0.00
建筑业	62	7046.82	6598.85	4.23
金融业	43	73747.79	51194.76	0.00
农、林、牧、渔业	40	2010.27	2000.38	5.13
水利、环境和公共设施管理业	25	2167.22	2121.00	27.71
文化、体育和娱乐业	24	2782.00	2782.00	0.00
综合	23	1577.31	1556.76	20.55

续表

行业名称	公司家数（家）	总市值	A 股市值	B 股市值
租赁和商务服务业	22	2144.07	2112.08	24.84
住宿和餐饮业	12	465.05	418.13	46.92
科学研究和技术服务业	12	558.67	558.67	0.00
卫生和社会工作	3	256.52	256.52	0.00
教育	1	20.91	20.91	0.00
合计	2491	278941.38	242607.59	3784.26

注：按证监会行业分类。

资料来源：Wind 资讯，公司金融研究中心。

2.2.2 债券二级市场

在利率市场化加速推进的大政策背景下，2013 年各种金融创新层出不穷，市场监管力度之大为近年所罕见，货币市场利率一年内出现两次大幅波动，债券市场收益率整体提升了一个较大的台阶。2013 年，中债指数整体大幅下跌，债券市场价格在 2013 年上半年小幅上行后快速下跌，中债综合指数（净价）年末收于 96.07 点，较 2012 年 12 月末的 100.75 点下降 4.65%，创 2002 年以来年度最大跌幅。中债综合指数（财富）为 145.89 点，较 2012 年 12 月末的 146.58 点下降了 0.5%。全年来看，银行间债券市场价格走势基本呈现两个阶段的特征：第一阶段，1—5 月中债指数缓慢上行；第二阶段，6—12 月中债指数震荡下跌（见图 2－9）。

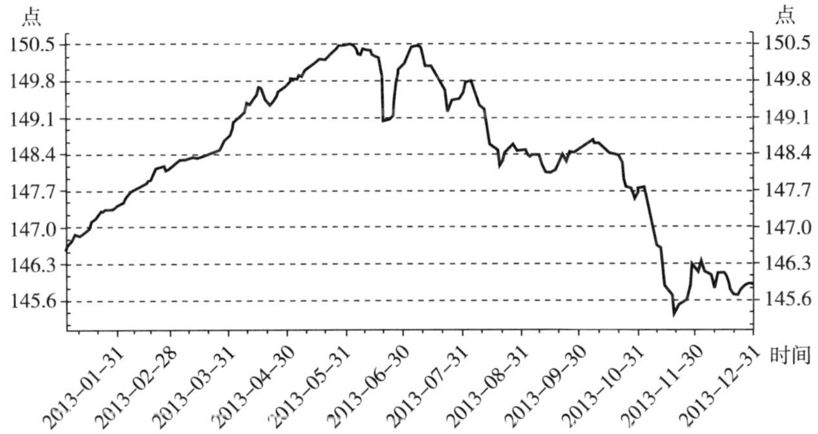

资料来源：Wind 资讯，公司金融研究中心。

图 2－9　中债综合指数（财富）走势（2013 年）

债券市场交易投资活跃度在 2013 年明显降低。债券市场现券和回购交易结算 270.82 万亿元，同比增长 1.15%，相比 2012 年增速下降了 31.52 个百分点。其中全市场现券结算量为 43.23 万亿元，同比下降 45.40%；全市场的回购交易结算量为 227.59

万亿元，同比增长20.69%。其中，中央结算公司统计结算量同比减少10.32%，现券交易结算量同比减少47.81%，回购交易结算量同比上涨7.68%。上海清算所统计交易结算量同比减少8.64%，其中现券交易结算量同比减少32.28%；回购交易结算量同比上涨35.73%。交易所统计债券交易结算量同比上涨71.15%，其中现券交易结算量同比上涨71.39%；回购交易结算量同比上涨71.14%（见表2-10）。

表2-10　债券市场现券和回购交易结算情况（2013年）　单位：亿元

	结算量	结算笔数（笔）
全市场	2708193.56	1071957
中央结算公司小计	1959018.18	947451
现券交易	369752.31	457536
回购交易	1589265.88	489915
上海清算所小计	108363.41	124506
现券交易	52413.56	85098
回购交易	55949.85	39408
交易所小计	640811.96	—
现券交易	10091.12	—
回购交易	630720.84	—

资料来源：Wind资讯，公司金融研究中心。

银行间债券市场现券交易的券种主要为信用类债券和政策性银行债券。2013年，信用类债券现券交易结算量比重达到49.90%，结算量同比减少37.03%；政策性银行债券现券结算量比重为30.98%，结算量同比减少42.57%；中央银行票据现券结算量比重为2.51%，结算量同比减少87.24%；国债和地方政府债券现券结算量比重为13.74%，结算量同比减少48.38%。商业银行柜台结算量为18.72亿元，较上年增加24.88%（见图2-10）。

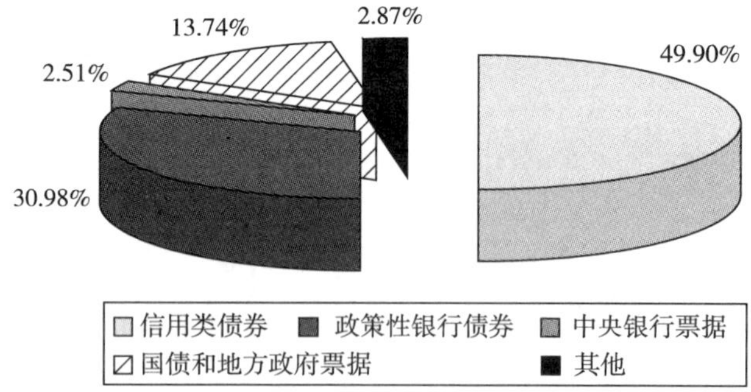

资料来源：Wind资讯，公司金融研究中心。

图2-10　银行间债券市场现券交易的券种结构（2013年）

2.3　兼并与收购业务状况

得益于国家政策支持，中国企业 2013 年纷纷选择通过兼并重组的方式来优化资产配置、扩大企业规模、实现战略转型和产能结构调整的目的。1 月，中国证监会和工信部等 12 部门联合颁布《关于加快推进重点行业企业兼并重组的指导意见》（证监发〔2013〕61 号），提出促进汽车、钢铁、水泥、船舶、电解铝、稀土、电子信息、医药和农业产业化 9 大行业和领域兼并重组，大幅提升产业集中度。2013 年 9 月，沪深交易所同时颁布《关于配合做好并购重组审核分道制相关工作的通知》（以下简称《通知》），明确中国证监会自 2013 年 10 月 8 日起正式实施并购重组分道制审核①，其中，对符合标准的并购重组申请实行豁免审核或快速审核。该《通知》的颁布将彻底改善以往我国上市公司不论企业所在行业、资质均需统一排队等候并购审核的低效率状态，对提高我国上市公司并购重组效率、促进资本市场资源有效配置起到积极作用。与此同时，该《通知》的颁布将对目前关注并购退出、联合上市公司设立并购基金的创业投资/私募股权投资（VC/PE）机构提供较为有利的市场环境。《通知》及引入“财务顾问的执业能力”，对提高券商、新兴投行并购业务量、提升其并购业务专业程度以及独立判断项目能力方面将大有裨益。

在此背景下，中国并购市场 2013 年呈现爆发性增长，较过去几年活跃度提升明显，交易数量与金额双双冲破历史纪录，堪称“中国并购大年”。据清科研究中心数据显示，2013 年中国并购市场共完成交易 1232 宗，较 2012 年的 991 宗增长 24.3%；披露金额的并购案例总计 1145 宗，涉及交易金额共 932.03 亿美元，同比涨幅为 83.6%；平均并购金额为 8140.02 万美元（见图 2－11）。

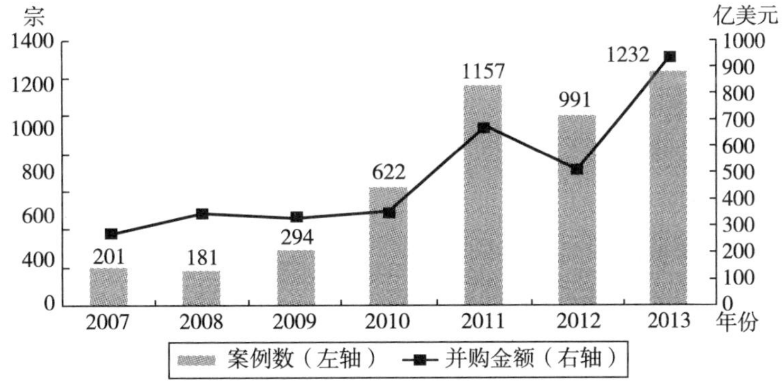

注：并购案例不包括关联交易。

资料来源：清科研究中心，公司金融研究中心。

图 2－11　中国并购市场发展概况（2007—2013 年）

① 并购重组分道制审核是指证监会对并购重组行政许可申请审核时，根据财务顾问的执业能力、上市公司的规范运作和诚信状况、产业政策及交易类型的不同，实行差异化的审核制度安排。

基于IPO暂停的影响，国内并购和跨境并购均出现不同程度的增长。国内并购市场共完成并购案例1094宗，涉及金额417.40亿美元，案例数占比88.8%；跨境并购（包括海外并购和外资并购）共完成138宗，涉及交易额514.63亿美元，较2012年的334.83亿美元上升53.7%。其中海外并购99宗，占比8.0%，较2012年的112宗下跌11.6%，并购金额达384.95亿美元，同比上涨29.1%；外资并购总计39宗，占比3.2%，案例数同比下跌7.7%，并购金额为129.68亿美元，同比增加254.5%（见图2－12）。

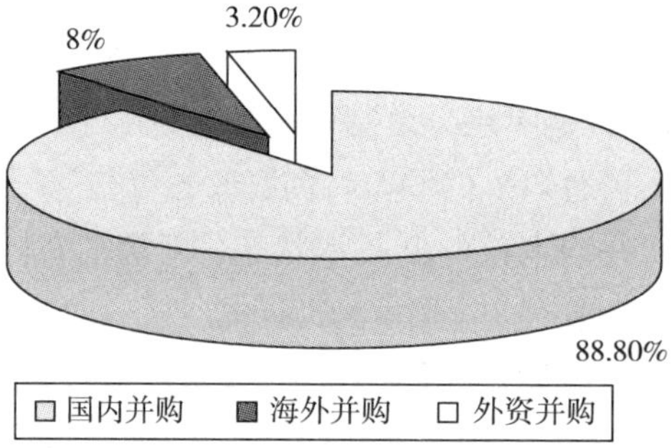

资料来源：清科研究中心，公司金融研究中心。

图2－12　中国并购市场类型分布（2013年）

2013年，我国并购市场上主要特点可以总结为以下几点。

1. 并购市场的活跃度大增，主要集中在第一季度和第四季度

受企业兼并重组利好政策以及经济逐渐回暖两个方面的刺激下，2013年并购市场的活跃度大增，第一季度创下中国并购市场单季并购总额的最高纪录。第一季度完成并购交易210宗，占比17.0%，并购交易金额为314.93亿美元，占比33.8%，同比大幅提高88.4%，环比涨幅更是高达177%。

第一季度中国并购市场最大的亮点在于海外并购和外资并购。第一季度披露金额的13宗海外并购案例创下单季海外并购总额的最高纪录，共涉及交易金额166.50亿美元，同比上涨36.8%，环比增长219.5%；外资并购在2013年也实现了较大增幅。2013年第一季度披露金额的6宗案例涉及交易总额96.86亿美元，是2012年同期的15.45倍，环比增幅达851.8%。这一方面源于在海外并购方面，中国海洋石油有限公司于2013年2月以151亿美元并购加拿大尼克森石油公司，成为中国企业成功完成的最大一宗海外并购；另一方面在外资并购方面，来自泰国正大集团于2013年2月以93.73亿美元收购中国平安保险（集团）股份有限公司近15.57%的股权，成为史上最大的外资并购。

第四季度也成为全年并购最高点。案例数占总完成数量的36.2%，其中披露金额的422宗案例共涉及交易额320.59亿元，占比34.4%，主要原因是中国绿地集团于2013年10月宣布与美国森林城公司共同收购开发后者持有的布鲁克林大西洋广场地产项目，总投资超过50亿美元，这也刷新了中国房地产企业在美国的最大投资额。

此外，第二季度中国并购市场共完成交易 226 宗，占比 18.3%，并购交易金额为 113.95 亿美元，占比 12.2%。第三季度的并购数为 350 宗，占交易总量的 28.4%，并购金额 182.56 亿美元，占总额的 19.6%（见图 2－13），具有代表性的收购事件是中国石油化工集团于 2013 年 8 月宣布以 31 亿美元收购美国阿帕奇集团的埃及油气业务 33% 的权益，这是中石化自 2010 年收购加拿大油砂作业公司以来金融方面最大的一笔收购。

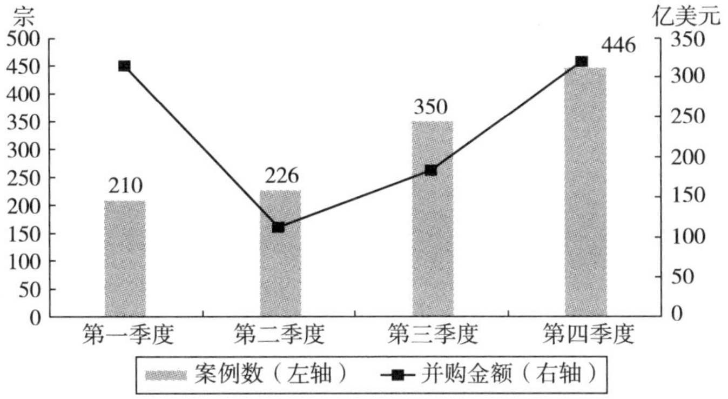

资料来源：清科研究中心，公司金融研究中心。

图 2－13　2013 年中国并购市场案例数和并购金额（按季度）

2. 传统产业并购量稳居前三，新兴产业并购前景大好

中国并购市场 2013 年涉及了能源及矿产、房地产、机械制造、生物技术/医疗健康、清洁技术等 23 个一级行业。

在并购数量方面，传统行业独占前三甲。能源及矿产行业稳居第一，共完成案例 152 宗，同比上涨 35.7%，占比 12.3%；排名第二的房地产行业与能源及矿业行业不分伯仲，涉及案例 148 宗，较 2012 年的 100 宗上升 48.0%，总体占比 12.0%；机械制造行业位列第三名，完成并购交易 112 宗，与 2012 年并购量相等，占总交易量的 9.1%。

在并购金额方面，需要指出的是金融行业同比增长 554.0%，主要受泰国正大集团收购平安集团事件的影响。能源及矿产行业依然排名第一，披露金额的 142 宗案例涉及交易额 295.18 亿美元，较 2012 年增长 32.8%，占比 31.7%。房地产行业在并购金额方面位列第二，完成交易的金额为 142.75 亿美元，同比涨幅达 265.7%，占总交易量的 15.3%，中国绿地集团在 2013 年 10 月以 50 亿美元收购布鲁克林大西洋广场地产项目，对该行业在 2013 年的表现造成很大影响（见表 2－11）。

表 2－11　中国并购市场行业分布（按被并购方）（2013 年）　单位：亿美元

行业	案例数量（宗）	案例数占比（%）	并购金额	金额占比（%）
能源与矿产	152	12.3	295.18	31.7
房地产	148	12.0	142.75	15.3
机械制造	112	9.1	22.68	2.4
生物技术/医疗健康	103	8.4	21.64	2.3
清洁技术	69	5.6	19.01	2.0
电子及光电设备	67	5.4	13.73	1.6
化工原料及加工	62	5.0	27.06	2.9
IT	56	4.5	8.59	0.9
电信及增值业务	54	4.4	27.91	3.0
建筑/工程	52	4.2	12.27	1.3
金融	48	3.9	135.44	14.6
互联网	44	3.6	27.51	3.0
汽车	36	2.9	22.69	2.4
食品和饮料	32	2.6	92.17	9.9
娱乐传媒	32	2.6	11.25	1.2
农、林、牧、渔	29	2.4	3.75	0.4
连锁及零售	19	1.5	5.54	0.6
物流	17	1.4	3.07	0.3
纺织及服装	15	1.2	1.76	0.2
半导体	10	0.8	21.71	2.3
广播电视及数字电视	5	0.5	0.42	0.0
教育与培训	1	0.1	0.21	0.0
其他	69	5.6	15.68	1.7
合计	1232	100	932.02	100

资料来源：清科研究中心，公司金融研究中心。

相比传统行业，2013 年生物技术/医疗健康、清洁技术、互联网等新兴行业的并购活动表现也十分抢眼。生物技术/医疗健康行业共完成 103 宗，涉及金额 21.64 亿美元，同比分别上涨 53.7%、27.6%；清洁技术行业 2013 年交易量为 69 宗，交易金额为 19.01 亿美元，同比提升 50.0%、344.2%（见表 2－11）。此外，移动互联网的崛起开启了新一轮的并购热潮，企业纷纷通过并购达到上下游产业链的整合，以期在市场拥有更大比例的用户群。互联网行业共完成并购案例 44 宗，同比上升 37.5%，涉及并购金额 27.51 亿美元，比 2012 年的 2.69 亿美元暴涨 922.7%，市场的买家主要是百度、阿里巴巴、腾讯三大龙头企业。目前，互联网行业的收购标的主要集中在移动互联网方向，

"BAT"① 为抢占或巩固移动互联网入口大举开展并购。以百度集团为例，2013 年 8 月百度集团宣布以 19 亿美元完成收购 91 无线网络有限公司，91 无线网络有限公司将成为百度的全资附属公司，并作为独立公司运营，该交易为中国互联网有史以来最大的收购案。

3. 国内并购和跨境并购均出现不同程度的增长

受 IPO 暂停的影响，国内并购和跨境并购均出现不同程度的增长。A 股企业纷纷选择"借壳"和重组，2013 年国内并购市场在交易量和交易金额上爆发性突破历史高点，共完成并购案例 1094 宗，同比增长 30.7%，交易量占全部案例数的 88.8%，共涉及交易金额 417.40 亿美元，较 2012 年增加 141.6%，占总交易金额的 44.8%（见图 2－14）。

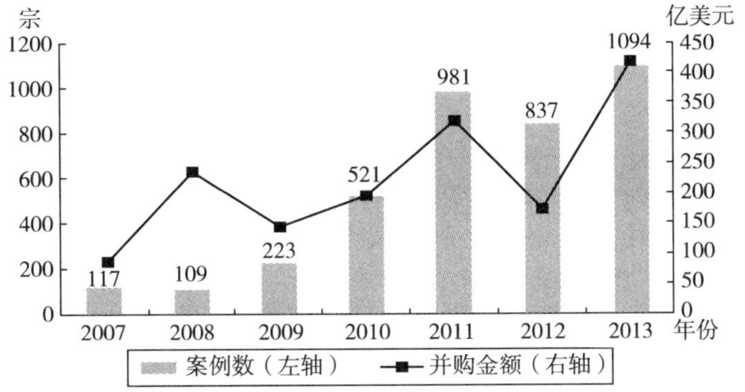

资料来源：清科研究中心，公司金融研究中心。

图 2－14　中国企业国内并购趋势（2007—2013 年）

2013 年的海外并购为 99 宗，较 2012 年的 112 宗下降 11.6%，案例数占比为 8.0%，而并购金额达 384.95 亿美元，同比增加 29.1%，在总交易额的占比达 41.2%（见图 2－15）。外资并购总计为 39 宗案例，相比 2013 年的 42 宗降低 7.7%，总体占比仅为

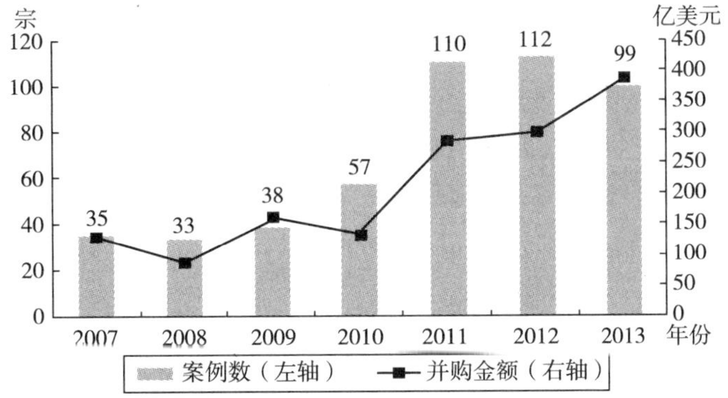

资料来源：清科研究中心，公司金融研究中心。

图 2－15　中国企业海外并购趋势（2007—2013 年）

① 指中国互联网公司百度集团（Baidu）、阿里巴巴集团（Alibaba）、腾讯（Tencent）三大巨头。

3.2%，并购交易金额达129.68亿美元，同比增加254.5%，占比13.8%（见图2-16）。

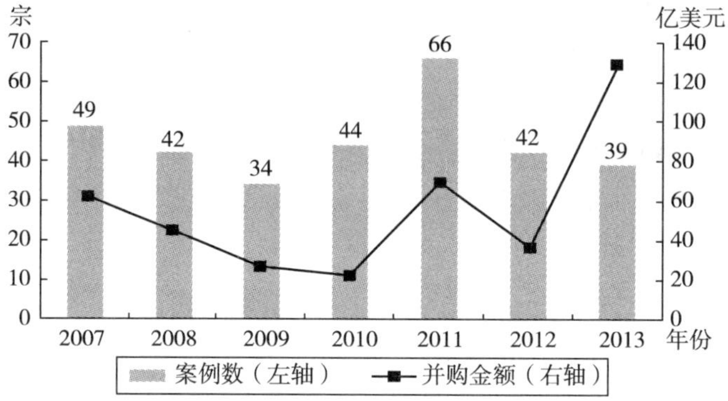

资料来源：清科研究中心，公司金融研究中心。

图2-16　中国企业外资并购趋势（2007—2013年）

随着中国经济增速的下滑，国际资本对中国经济的信心有所下降，造成了外资并购数量的下降，因此全年中国并购市场的重心将由前两年的海外并购向国内并购转移。从并购数量及并购金额来看，跨境并购活跃度远低于国内并购，但在金额规模方面出现大幅增长。跨境并购共完成138宗，涉及交易额514.63亿美元，较2012年的334.83亿美元上升53.7%，平均交易金额高达4.86亿美元。造成这一现象的主要原因有两个方面：一方面由于我国现在巨大的外汇储备、产能过剩的现象，企业"走出去"和资本输出逐渐成为趋势；另一方面源于企业在中国的市场已经趋于饱和，企业积极"走出去"可以在海外开拓新市场，发展新渠道。基于全球及中国的宏观经济现状，未来跨境并购将在中国并购市场中的占比越来越大。①

4. VC/PE相关并购交易量增长，涉及行业广泛

受IPO暂停的影响，2013年VC/PE机构通过并购以期实现退出，同时并购市场的快速发展和股权投资退出的多元化也导致VC/PE相关并购的活跃度大幅提升。清科研究中心的数据显示，全年VC/PE相关并购共计发生446宗，较2012年的208宗大幅度上升114.4%，其中披露金额的交易为413宗，并购金额共计346.60亿美元，同比涨幅高达542.5%（见图2-17）。

446宗VC/PE相关并购交易分布于生物技术/医疗健康、能源及矿产、机械制造、清洁技术、电信及增值业务等20个一级行业。在并购数量方面，生物技术/医疗健康以48宗案例，占比10.8%位列第一名；能源及矿产行业2013年共完成VC/PE相关并购44宗，占比9.9%，略低于生物技术/医疗健康位居第二名；第三名是机械制造行业，完成交易39宗，占总交易量的8.7%。在并购金额方面，排名第一的是房地产行业，共涉及交易金额82.83亿美元，占比23.9%，主要原因是中国绿地集团在2013年10月以50亿

① "2013年中国并购市场发展特点分析"，http：//www.askci.com/news/201401/07/0715992130.shtml。

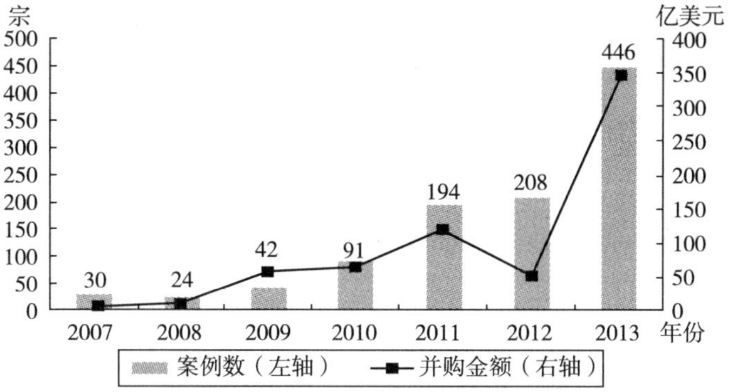

资料来源：清科研究中心，公司金融研究中心。

图2－17　中国并购市场VC/PE相关并购发展趋势（2007—2013年）

美元收购布鲁克林大西洋广场地产项目；食品和饮料行业紧追其后，VC/PE相关并购交易额为75.70亿美元，占比21.8%，主要原因在于双汇国际控股有限公司于2013年5月以71亿美元收购美国史密斯菲尔德食品公司；能源及矿产行业以30.65亿美元的并购金额和占比8.8%的表现位列第三名（见表2－12）。

表2－12　2013年中国并购市场行业分布（按被并购方）　单位：亿美元

行业	案例数量（宗）	案例数占比（%）	并购金额	金额占比（%）
生物技术/医疗健康	48	10.8	14.28	4.1
能源与矿产	44	9.9	30.65	8.8
机械制造	39	8.7	12.22	3.5
清洁技术	36	8.1	5.96	1.7
电信及增值业务	33	7.4	25.45	7.3
IT	31	7.0	5.70	1.6
电子及光电设备	29	6.5	8.95	2.6
互联网	28	6.3	18.42	5.3
房地产	26	5.8	82.83	23.9
化工原料及加工	24	5.4	3.66	1.1
建筑/工程	18	4.0	7.83	2.3
汽车	14	3.1	2.98	0.9
娱乐传媒	11	2.5	7.72	2.2
食品和饮料	8	1.8	75.70	21.8
金融	7	1.6	14.57	4.2

资料来源：清科研究中心，公司金融研究中心。

2.4 场外交易市场及其他金融产品

2.4.1 “新三板”市场概况

场外交易市场是多层次资本市场体系中一个重要的组成部分，其在完善资本市场功能方面起着关键性的作用，对一国的经济发展有着较强的推动作用。经过多年的发展，我国现有的场外交易市场主要包括代办股份转让系统，各地地方产权交易市场以及上海、山东和天津等为代表的场外交易试点市场。[①] 2012 年 9 月，全国中小企业股份转让系统注册成立，注册资本为 30 亿元。全国中小企业股份转让系统（俗称“新三板”）无疑是对建设我国多层次资本市场体系中场外市场的又一次探索，也是落实国家大力推动结构调整、利用资本市场支持高新技术企业的一次实践。

2013 年 1 月，全国中小企业股份转让系统正式挂牌，这意味着“新三板”由此前的区域性市场正式向全国统一的场外交易市场转变。以主板、中小板、创业板和场外交易市场为主体，以及以京、沪、深三地格局共同构成的中国多层次资本市场体系建设进入全新发展阶段，自此，非上市公司股份转让的小范围、区域性试点将开始渐次面向全国正式运行。2013 年 12 月，国务院颁布了《关于全国中小企业股份转让系统有关问题的决定》（国发〔2013〕49 号），规定股权转让将突破现有国家高新区的限制，扩容到全国所有符合条件的企业，这意味着“新三板”扩容至全国。随着“新三板”正式运行以及一系列基础性制度的落实，中国多层次资本市场建设迎来一个新的发展阶段。截至 2013 年底，挂牌企业累计达到了 355 家，股本总额为 99. 39 亿股，营业收入总额为 307. 35 亿元，净利润总额为 22. 28 亿元。从地域分布来看，355 家挂牌企业分布在北京、上海、湖北和天津四个省市，其中有 247 家企业集中分布在北京，占比为 69. 58%；分布在上海、湖北和天津三个省市的企业家数分别为 50 家、36 家和 22 家，占比分别为 14. 08%、10. 1% 和 6. 2%。全年共有 57 家挂牌公司完成 59 次定向发行，定向发行总股数为 29193. 87 万股，累计募集资金 10. 02 亿元。从主办券商来看，申银万国、长江证券等业务量排名前十的证券公司市场份额超过 50%。

1. “新三板”的总体运行状况

自 2006 年新股份转让系统建立以来，挂牌企业的家数从 2006 年的 6 家增加到 2013 年的 156 家，截至 2013 年 12 月 31 日，挂牌企业累计达到了 355 家（见图 2－18）。

2006 年 1 月，中关村科技园区试运行证券公司代办股份转让系统；2012 年 8 月，国务院批准扩大非上市股份公司股份转让试点，增加包括上海张江高新技术产业开发区、武汉东湖新技术产业开发区和天津滨海高新区三个试点区。2013 年，156 家挂牌企业集中分布于北京中关村，占比为 45%，上海占比 28%，武汉和天津占比分别为 17% 和

---

① 截至 2013 年 12 月，除“新三板”之外，另有 31 个地方性股权交易中心（含筹备），但是在本报告中场外交易市场只介绍“新三板”。

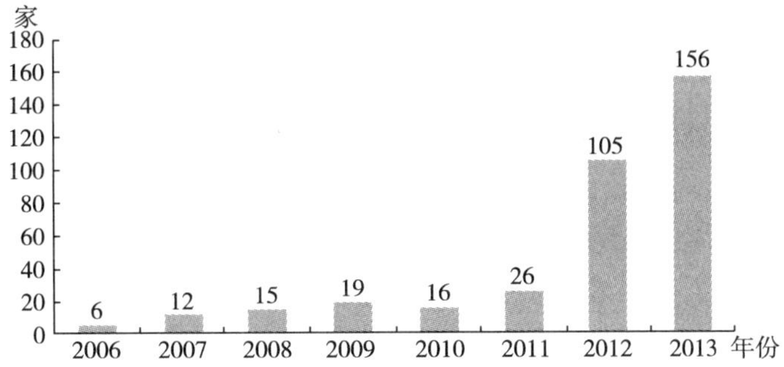

资料来源：Wind 资讯，公司金融研究中心。

图 2－18　“新三板”挂牌家数（2006—2013 年）

10%。从行业分布来看，“新三板”挂牌企业集中分布在信息技术业，占比为 49.44%，其次是制造业，占比为 38.18%。社会服务业、传播与文化产业挂牌家数分别为 28 家和 9 家，占比分别为 7.91% 和 2.54%。其他产业占比总和为 5.93%（见图 2－19）。

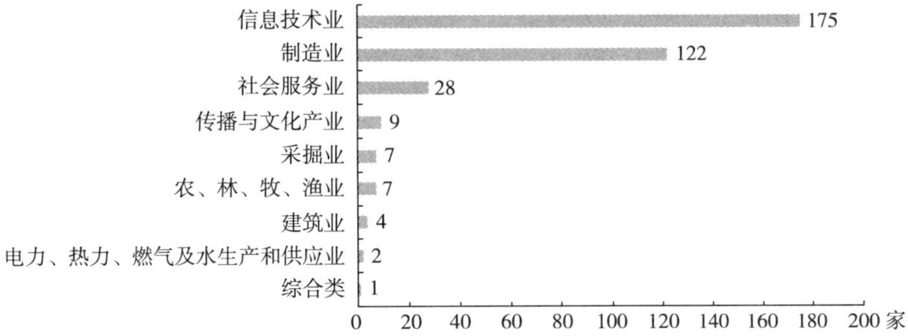

资料来源：Wind 资讯，公司金融研究中心。

图 2－19　“新三板”挂牌企业的行业分布（2013 年）

在 2013 年度披露 348 家企业的财务报表中，营业收入集中分布在 1000 万—5000 万元的区间。营业收入总额为 307.35 亿元，平均营业收入为 8832 万元，最高营业收入为 26.8 亿元，最低营业收入为 6.8 万元。营业收入不足 1000 万元的有 32 家；营业收入在 1000 万—5000 万元的有 171 家，接近挂牌总数的 50%；营业收入在 5000 万—10000 万元的有 71 家；营业收入为 1 亿元以上的有 74 家，占挂牌总数的 21%（见图 2－20）。此外，2013 年大部分企业还是趋向于盈利的。2013 年净利润总额为 22.27 亿元，平均净利润为 634 万元，最高净利润为 1.34 亿元，最低净利润为－1.42 亿元。亏损企业 56 家，亏损总额为 5.21 亿元；盈利企业有 292 家，盈利总额为 27.46 亿元。净利润超过 500 万元的有 134 家，其中超过 5000 万元的为 9 家。

在全年披露的 315 家挂牌企业中，总资产集中分布在 1000 万—5000 万元的区间。分布在 1000 万—5000 万元的企业达到 141 家，占比 44.76%，总资产分布在 5000 万—1

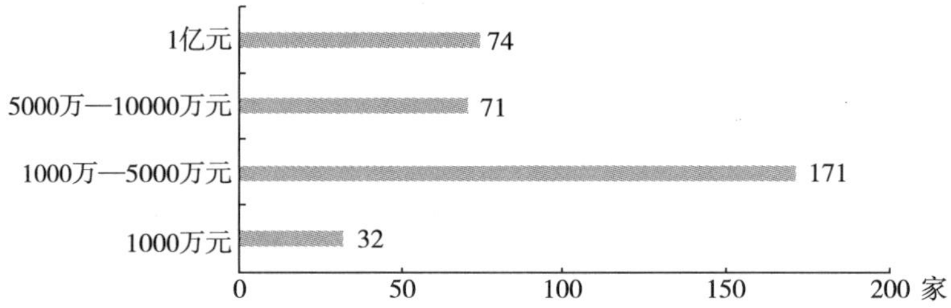

资料来源：Wind 资讯，公司金融研究中心。

图 2－20 "新三板"企业的营业收入分布（2013 年）

亿元和 1 亿—5 亿元的企业合计为 140 家，占比 44. 44%。其余资产分布的企业总共为 34 家，占比为 10. 8%（见图 2－21）。

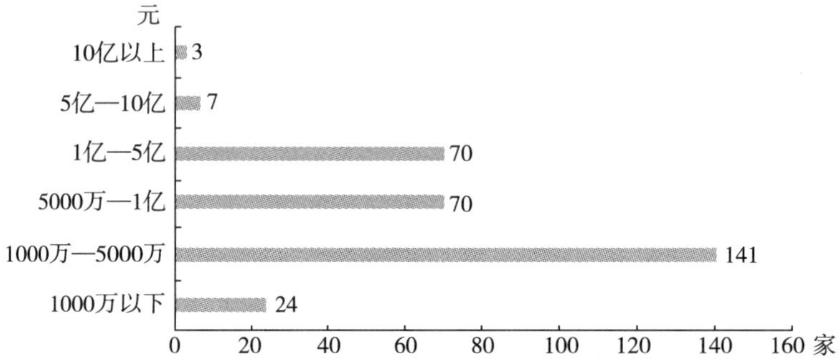

资料来源：Wind 资讯，公司金融研究中心。

图 2－21 "新三板"挂牌企业的总资产分布（2013 年）

《国务院关于全国中小企业股份转让系统有关问题的决定》（国发〔2013〕49 号）中明确规定："在全国股份转让系统挂牌的公司，达到股票上市条件的，可以直接向证券交易所申请上市交易。"作为多层次资本市场体系建设不可缺少的环节，转板机制正式确立。随着转板机制的逐步成熟，挂牌企业可以作为"新三板"公司的身份上市，"新三板"有望成为 A 股主板和创业板市场的培育基地，向资本市场源源不断地输送优质上市公司。截至 2013 年底，相继有 8 家"新三板"挂牌公司成功转板，包括粤传媒（002181）、东土科技（300353）、博晖创新（300318）、紫光华宇（300271）、佳讯飞鸿（300213）、世纪瑞尔（300150）、北陆药业（300016）、久其软件（002279），通过 IPO 合计募集资金 39. 94 亿元（见表 2－13）。

表 2－13 "新三板"成功转板的企业状况 单位：亿元

公司简称	主营业务	转板时间（年）	实际募集资金
粤传媒	传媒出版	2007	5. 24
北陆药业	对比剂	2009	3. 04
久其软件	财务软件	2009	4. 13
世纪瑞尔	铁路监控设备	2010	11. 55

续表

公司简称	主营业务	转板时间（年）	实际募集资金
华宇软件	软件和信息服务	2011	5. 15
佳讯飞鸿	通信设备	2011	4. 62
东土科技	工业以太网交换机	2012	2. 37
博晖创新	医疗器械	2012	3. 84

资料来源：Wind 资讯，公司金融研究中心。

伴随着“新三板”的扩容，“新三板”的企业资源也成为券商争抢的筹码。2013 年，共有 50 家主办券商共计推荐并挂牌 355 家企业，排名前十的主办券商共推荐挂牌企业的家数为 207 家，占比为 58. 3%。其中，申银万国推荐挂牌企业 58 家，占比 16. 34%，长江证券（000783）推荐挂牌企业为 22 家，占比 6. 2%，排名第三的为中信建投，推荐挂牌企业 20 家，占比 5. 63%（见图 2－22）。

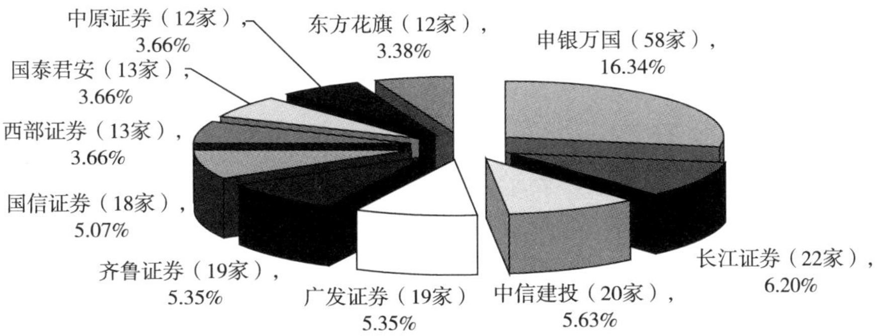

资料来源：Wind 资讯，公司金融研究中心。

图 2－22　TOP10 主办券商推荐挂牌家数占比（2013 年）

全部挂牌公司股票发行总额为 10. 02 亿元，其中，申银万国以 2. 02 亿元的股票发行总额名列榜首，占比 20. 19%；第二名为西部证券（002673），股票发行总额为 1. 21 亿元，占比 12. 1%；排列第三名的为海通证券（600837），股票发行总额为 1. 20 亿元，占比 11. 97%（见图 2－23）。

2. 对“新三板”的监管状况

2013 年中国证监会颁布了关于“新三板”相关的法律法规共 80 余项，涉及法律法规、部门规章、业务规范、服务指南以及技术规范 5 个方面。

在法律法规方面，2013 年 12 月，《国务院关于全国中小企业股份转让系统有关问题的决定》（以下简称《决定》）（国发〔2013〕49 号）颁布，旨在更好地发挥金融对经济结构调整和转型升级的支持作用，进一步拓展民间投资渠道，充分发挥全国中小企业股份转让系统的功能，缓解中小微企业融资难。《决定》明确境内符合条件的股份公司均可通过主办券商申请在全国股份转让系统挂牌，公开转让股份，进行股权融资、债权融资、资产重组等。股份转让将扩容至全国所有符合条件的企业。《决定》确认了全国中小企业股份转让系统（“新三板”）作为上交所、深交所之外的第三家全国性证券交易

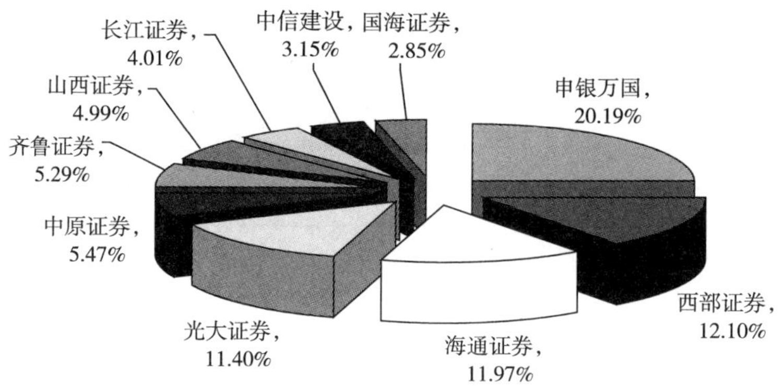

资料来源：Wind资讯，公司金融研究中心。

图2－23 TOP10主办券商办理挂牌公司股票发行金额占比（2013年）

场所的地位，“新三板”扩容标志着我国金融体系及多层次资本市场体系将更加完善。

在部门规章方面，中国证监会2013年共颁布了十余项规定，涉及“新三板”的管理、非上市公众公司监管等方面。2013年1月，《非上市公众公司监督管理办法》（证监会第85号令，以下简称《办法》）正式实施。《办法》确定了非上市公众公司的范围，提出了公司治理和信息披露的基本要求，明确了公开转让、定向转让、定向发行的申请程序，将股东超过200人，但不在股票交易所上市的非上市公众公司的监管纳入监管。《办法》对非上市公众公司的监管进行优化，包括：定向发行的对象范围和人数限制适当放宽，鼓励创新型企业建立股权激励机制；小额融资豁免标准放宽，定向融资更便利；明确了非上市公众公司到交易所上市的要求，为“转板”预留了空间。

2013年1月，中国证监会公布并实施了《全国中小企业股份转让系统有限责任公司管理暂行办法》（证监会第89号令，以下简称《暂行办法》）。《暂行办法》围绕对全国中小企业股份转让系统有限责任公司（以下简称股转系统公司）的管理，通过确立全国中小企业股份转让系统、股转系统公司及挂牌公司的法律地位和明确股转系统公司的组织机构和职能，初步建立了场外市场基本的法律框架和监管框架，对于加快推进全国股份转让系统的建设具有重要意义。《暂行办法》主要在以下几个方面有所突破和创新：一是突破对股东人数不得超过200人的限制，二是在“新三板”上实行做市商制度，三是实行主办券商制度。

在业务规则方面，2013年中国证监会共颁布了相关规定三十余项，包括综合类、挂牌业务类、公司业务类、交易监察类、机构业务类、投资者服务类、两网及退市公司类和登记结算类等方面。2013年2月，中国证监会颁布《全国中小企业股份转让系统业务规则（试行）》，主要包括以下几个方面：一是增强市场制度包容性，充分适应中小企业；二是完善市场交易功能，为中小企业合理“定价”；三是简化行政程序，体现市场化原则。全国股份转让系统公司同期颁布了5个通知、4个细则、4个暂行办法及4个指引等配套文件。自此，上述规则和中国证监会前期颁布的《非上市公众公司监督管理办法》、《全国中小企业股份转让系统有限责任公司管理暂行办法》一起构成了全国场外市场运行管理的基本制度框架，搭建了全新的业务规则框架体系。

2013 年 12 月，经中国证监会批准，全国中小企业股份转让系统有限责任公司对《全国中小企业股份转让系统业务规则（试行）》的部分条款进行了修订。修订意见指出，挂牌公司是纳入中国证监会监管的非上市公众公司，股东人数可以超过 200 人。股东人数未超过 200 人的股份有限公司，直接向全国股份转让系统公司申请挂牌。股东人数超过 200 人的股份有限公司，公开转让申请经中国证监会核准后，可以按照本业务规则的规定向全国股份转让系统公司申请挂牌。

此外，中国证监会 2013 年也颁布了服务指南方面相关的规定三十余项。

自 2013 年 12 月 31 日起，“新三板”开始面向全国受理企业挂牌申请，这表明，全国股转系统正式结束了在国家高新园区内的小规模、区域性试点，市场服务范围覆盖全国已进入实质性操作阶段。全国股转系统的企业挂牌条件和前期试点保持一致、未作调整，但自律审查和行政许可的程序衔接根据国务院决定和非公办法做了相应的调整，市场化、便捷化等特点更为突出。

2.4.2　其他金融产品状况

除股票、债券等主要证券产品之外，资本市场的其他金融业务和金融产品主要包括证券公司集合理财产品、融资融券业务以及国债期货、股指期货等。

1. 证券公司集合理财产品

从业务规模与产品数量来看，2013 年是证券行业市场化改革以来，政策红利充分释放、证券公司资产管理业务经历跨越式发展的一年。

从产品数量来看，根据 Wind 数据统计，全年共发行 1948 只集合理财产品，比 2012 年的 236 只增加了 8 倍之多。伴随产品数量大幅增加的是集合理财产品规模从 2012 年的 2052.1 亿元增加至 3587.0 亿元。开展定向资产管埋业务①的证券公司从 2012 年的 83 家跃升至 89 家，管理定向理财产品的规模从 2012 年的 16847.3 亿元增加至 2013 年的 48251.3 亿元。专项资产管理业务②虽然基数较小，但年内发行产品的规模与数量快速增长，管理专项理财产品的规模从 2012 年的 34.9 亿元增加至 2013 年的 111.46 亿元。集合资产管理计划数量的增加、定向资产管理计划规模的大幅增长、专项资产管理计划的创新成为 2013 年证券资产管理业务的亮点。③

2. 融资融券和转融通业务

我国融资融券市场 2013 年规模逐步扩大。根据 Wind 数据统计，2013 年 12 月 31 日，融资融券市场余额为 3465.27 亿元，2012 年底为 895.16 亿元，同比增长 287.11%。其中，融资余额为 3434.7 亿元，同比增加 300.81%；融券余额为 30.57 亿元，同比减

---

① 定向资产管理业务，是证券公司与客户签订定向资产管理合同，接受单一客户委托，通过该客户的账户，为客户提供资产管理服务。

② 专项资产管理业务，是指投资银行为客户办理特定目的的专项资产管理业务。

③ 2014 年《中国证券业发展报告》。

少20.01%（见图2－24）。融资融券余额规模的扩大进一步放大了资金的使用效果和证券供求，增加了市场交易量，降低了流动性风险。同时，作为创新业务，融资融券成为证券行业主要的新盈利增长点，对提升行业整体利润、改善证券公司的生存环境起了很大作用。

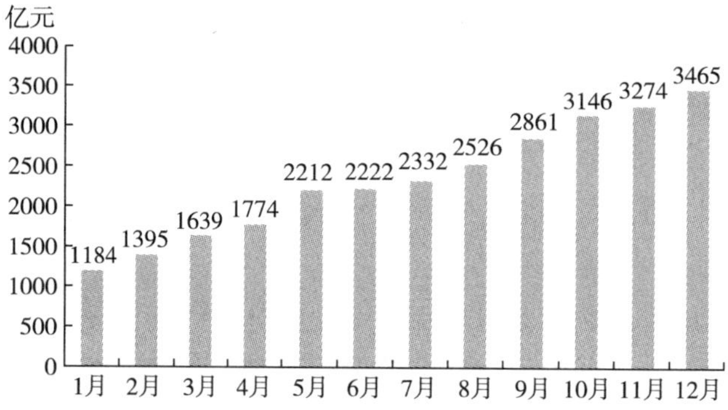

资料来源：Wind资讯，公司金融研究中心。

图2－24　各月融资融券余额（2013年）

从参与融资融券业务的投资者数量看，2013年实现了快速增长。全年信用账户开户数为267.17万户，是2012年99.03万户的2.7倍。信用账户开户数平均增长率为8.75%。截至2013年12月，参与融资融券业务客户量占A股市场参与者的比重为1.48%，同比增长了0.92个百分点。

继2012年8月转融通业务推出后，2013年2月转融通业务由试点转为常规业务，其中转融通标的证券共90只，其中包括平安银行等深圳市场的40只股票、浦发银行等上海市场的50只股票。2013年9月，中国证券金融股份有限公司将转融通标的证券数量由原有的87只股票增加至287只股票，转融券业务试点证券公司将由原有11家增加至30家。截至2013年12月，中国证券金融股份有限公司已累计向74家试点证券公司出借资金576.9亿元，占市场融资融券余额的16.8%。其中，转融通余额为574.71亿元，转融券余额为2.19亿元。转融通业务对市场的积极推动作用进一步增强。

3. 股指期货

2013年，沪深300股指期货交易活跃，年成交量和年成交金额较2012年有大幅增长。沪深300股指期货年成交量为19322.05万手，同比增加83.91%；年成交金额为140.70亿元，同比增加85.52%。年末持仓余额为11.95万手，同比增加8.29%。股指期货月均持仓量为10.2万手，比2012年增加2.37万手。5月持仓量达到最高值，为12.76万手；6月持仓量大幅下降到7.99万手；随后几个月的持仓量与2012年同期相当，总体上来看呈上升的趋势。

股指期货同沪深300指数走势密切相关，2013年整体走势未出现背离现象。沪深300指数整体运行区间在2000点至2800点，2月见当年高点，6月见当年低点。2013年股市的持续低迷为股指期货功能的发挥提供了机会，期货公司、基金公司、信托公司、保险公司等类机构都参与到股指期货市场。2013年7月，平安资产管理公司成为首家获得“入场券”的保险资产管理公司。

此外，股指期货市场成熟度在2013年进一步上升。年内另有两类机构参与期指市场，一类是企业年金，另一类是RQFII。2013年3月，人力资源和社会保障部颁布《关于扩大企业年金基金投资范围的通知》，《通知》明确指出，企业年金基金投资范围扩大至商业银行理财产品、信托产品、基础设施债券投资计划、特定资产管理计划和股指期货等。但是，企业年金参与股指期货交易只能以套期保值为目的；同月，中国证监会、中央银行与国家外汇管理局共同颁布《人民币合格境外机构投资者境内证券投资试点办法》，批准RQFII除发行债券类产品或A股ETF产品外，还可在批准投资额度内投资股指期货等人民币金融工具。

4. 国债期货

2013年是国债期货正式重启元年。9月，国债期货正式挂牌交易，首批挂牌上市的国债期货合约为TF1312、TF1403以及TF1406。而新上市合约的挂盘基准价已由中金所于上市前一天提前公布：TF1312合约的挂盘基准价为94.168元；TF1403合约的挂盘基准价为94.188元；TF1406合约的挂盘基准价为94.218元。

国债期货自上市以来成交量较小。① 全年总成交量为32.88万手，年底总持仓量仅为3631手。国债期货合约主要集中于近月合约，9月、10月和11月，TF1312的成交量占当月国债期货总成交量的95.5%、96.9%和79.9%，持仓量占当月国债期货总持仓量的92.1%、88.1%和29.6%。

5. 股指期权

2013年11月，中国金融期货交易所颁布《关于沪深300股指期权合约仿真交易有关事项的通知》，启动了全市场股指期权仿真交易。根据《通知》安排，沪深300股指期权仿真交易首批交易的合约月份为2013年12月、2014年1月、2014年2月、2014年3月和2014年6月。沪深300股指期权合约仿真交易的手续费标准暂定为每手5元，执行手续费标准为每手10元。运行首日有25家会员参与了仿真交易，交易平稳有序，技术系统运转正常，参与仿真交易的法人和自然人账户共190个，全天共成交103355手，市场交易整体平稳理性。

中国证监会指出，启动仿真交易是推出股指期权交易的准备工作之一，将根据资本市场的整体发展状况及实体经济的现实需求，指导相关各方继续推进规则制定、市场培训、投资者教育、技术系统开发等各项准备工作，待条件具备、时机成熟时适时推出股指期权。②

---

① 中国证券业协会. 中国证券业发展报告［M］. 北京：中国时政经济出版社，2014.

② 证监会：条件具备时推出股指期权，http：//www.ccstock.cn/stock/gupiaoyaowen/2013-11-16/A1380467.html。

2.5 互联网金融发展概况

2.5.1 互联网金融的概念

2013年被很多人称为互联网金融元年，“互联网金融”这个名词开始进入大家的视野。互联网金融是互联网与金融行业的有机结合。互联网金融是金融服务的一种新型提供方式，更是信息技术和资本市场在互联网平台上综合展现的一种新型金融模式，是向金融主体提供利用互联网平台的现代信息科技完成融资、支付和交易等服务功能的金融模式。从融资模式角度看，互联网金融模式本质上是一种直接融资模式。但与传统直接融资模式相比，互联网融资模式具有信息量大、交易成本低、效率高等特点，也使得传统金融业务具备透明度更强、参与度更高、协作性更好的特点。

互联网金融包括两个层面的创新，一方面是互联网企业利用自身的互联网技术、移动通信技术来介入金融服务；另一方面是银行等传统金融机构利用移动通信技术、互联网技术改善金融服务，提供新的金融产品。

2.5.2 互联网金融的行业政策变化

互联网金融的行业政策经历了三个发展阶段（见表2-14）：

表2-14　　第三方支付管理方法和标准

时间	管理办法	实施意义
2010-06-14	《非金融机构支付服务管理办法》	该《办法》及《细则》的出台为行业发展创造了必要法律环境，也为个人用户的资金安全提供一些制度保障，也将处于“半阳光”状态的第三方支付业务进入了“完全阳光化”状态，但之后的支付企业的竞争更为激烈。
2010-12-01	《非金融机构支付服务管理办法实施细则》	
2011-11-04	《支付机构客户备付金存管暂行办法》	该《办法》的颁布是人民银行按照鼓励金融创新、防范金融风险的要求，在《非金融机构支付服务管理办法》的框架内，建立健全支付机构监管制度体系、加强支付机构日常监管、构建全方位客户备付金存管监督机制的重要举措。
2012-01-05	《支付机构互联网支付业务管理办法》	征求意见稿指出，支付账户的开立实行实名制，支付机构不得为客户开立匿名、假名支付账户。支付机构为客户开立支付账户，应与客户签订书面协议。
2012-12-14	《中国金融移动支付系列技术标准》	该标准的颁布有效填补了该领域的空白，满足了当前和今后一段时期内我国移动支付发展的技术需求，有利于增强我国移动支付安全管理水平和技术风险防范能力，营造产业链各方开放、合作、共赢的良好局面。

资料来源：根据网站公开数据整理。

第一阶段是无监管时期（2010年以前），行业基本处于无监管时期，主要产品为第三方支付，以支付宝为代表。第二阶段是规范化时期（2010—2012年），这一阶段为规范第三方支付发展时期。各个部委制定了多项第三方支付标准和管理方法。第三阶段是全面扶持时期（2013 年）。互联网金融蓬勃发展，以“余额宝”的推出为标志性事件，主要特点是第三方支付与基金销售相结合，监管机构放开网上基金销售成为其发展的契机。互联网金融对银行、券商、保险和基金形成全方位影响。

2010—2013 年，银信合作资产规模快速放大，信托业规模在 2013 年底规模达到 10.9 万亿元，资金流向与中央意图相反，且此种模式下最终借款人融资成本高昂，维持在 10%—14%，这使得中国在总贷款规模日益上升的情况下，还本付息的压力日益严重。另外，中小企业在获取银行贷款或者信托业资金方面有较大困难，因此需要开辟多种途径解决中小企业融资难的问题。这些因素促成了 2013 年互联网金融的蓬勃发展。

2.5.3　2013 年互联网金融热点

1. 以“余额宝”为首的货币基金支付业务

2013 年 6 月 13 日，由天弘基金管理有限公司和支付宝联袂打造的余额增值服务——余额宝正式上线，短短几个月内用户数突破 3000 万，并成为中国基金史上第一个规模破千亿元的基金，巨大的规模体量和惊人的规模增速成为市场关注的焦点。截至 2013 年底，余额宝的客户数便达到了 4303 万，户均持有额 4307 元，其间累计为用户发放收益 17.9 亿元。在不包含 QDII 基金的统计口径下，截至 2013 年底，天弘基金管理的资产中，“余额宝”的规模达 1853 亿元，占其总规模超过 90%。天弘基金管理有限公司的总资产规模由 2012 年底的 209.84 亿元升至 2013 年底的 2041.03 亿元，增长了 9 倍之多；净利润由 2012 年底的 -1535.5 万元增加到 2013 年底的 1092.76 万元；其占基金市场的总规模也由 0.56% 上升至 5.13%，上升了 4.57 个百分点（见表 2-15）。

表 2-15　天弘基金管理有限公司规模变动情况（2012—2013 年）　单位：亿元

截至日期	旗下基金数（只）	总资产规模	基金市场总规模	占比（%）
2012-12-31	17	209.84	37770.15	0.56
2013-03-31	17	222.87	34858.49	0.64
2013-06-30	18	275.18	32330.83	0.85
2013-09-30	24	775.11	36558.52	2.12
2013-12-31	24	2041.03	39795.97	5.13

资料来源：http://www.howbuy.com/fund/company/80041198/scale/。

余额宝的成功有三个重要因素：一是阿里巴巴的支付宝聚集了全社会强流动性日常支出资金，二是货币基金强流动性属性下提供更高的收益，三是优势互补合作共赢。一方面，余额宝的客户均是有或者潜在地具有消费需求和流动性资金的支付宝客户，另一方面，通过与基金公司的合作，能够有效提高资金的收益和使用效率。

2. P2P 模式搭建小微投融资平台

P2P（Peer to Peer）贷款是指借款人通过在第三方中介提供的互联网平台上颁布借款信息，包括金额、利息、还款方式、还款期限等，招标一个或多个资金借出者提供资金的互联网金融模式。从运作模式上看，P2P 平台的资金出借方基于信用出借资金的同时需要获取一定的风险溢价进行补偿，而融入方通过支付一定的风险溢价而获得信用额度。

（1）P2P 运营模式

自 2006 年由宜信公司①引入中国后，得益于国内个人经营消费贷款以及个人投资理财的庞大市场需求，加之客户互联网使用习惯的成熟和 P2P 平台自身实力的加强，P2P 借贷服务平台行呈爆发式增长，互联网成为小额信用交易的重要平台。根据网贷之家②的数据，2013 年全国主要 90 家 P2P 平台总成交量为 490 亿元，平均综合利率为 23.24%。我国目前的 P2P 平台在服务对象、服务手段、盈利模式不尽相同，据此也有不少对平台进行分类的方式，以下按照运营模式分为四类（见图2－25）。

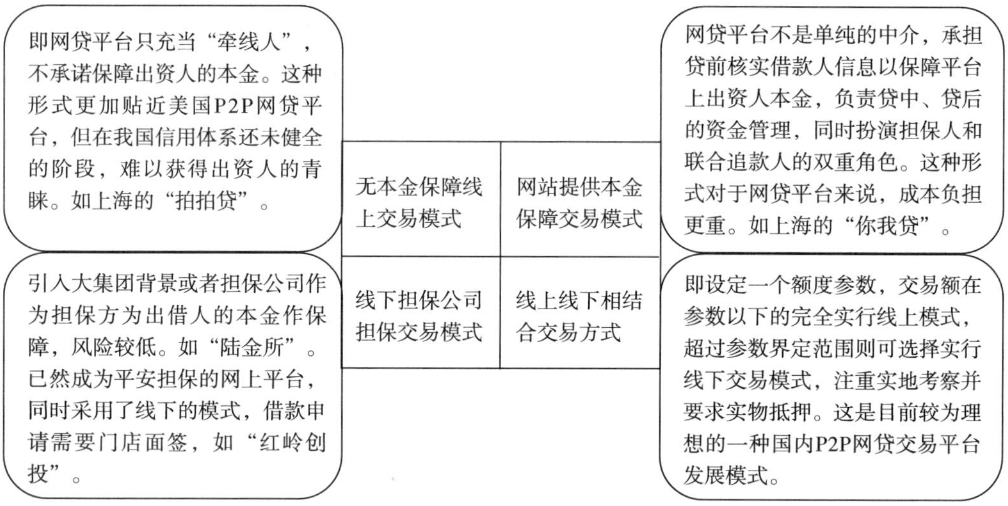

资料来源：华宝证券研究所，公司金融研究中心。

图 2－25　P2P 平台的四种经营模式

典型模式主要有“人人贷”③ 模式和“陆金所”④ 模式两种。“人人贷”平台可为借款人提供纯信用借款，无须任何抵押或担保，只需要提供必要申请材料并通过审核，可获得的最高借款额度为 50 万元，平台为不同类型的借款人和借款需求设计了“工薪贷”、“生意贷”、“网商贷”三种产品，用户可以根据自身情况选择适合的借款产品。另外，理财人（出借人）通过公开信息自主选择进行投资，获得收益。平台提供两种投

---

① 宜信公司创建于 2006 年，总部位于北京，是一家集财富管理、信用风险评估与管理、信用数据整合服务、小额借款行业投资、小微借款咨询服务与交易促成、公益理财助农平台服务等业务于一体的综合性现代服务业企业。

② “网贷之家”于 2011 年 10 月上线，隶属于上海盈灿投资管理咨询有限公司，属于第三方网贷资讯平台，致力推动 P2P 网贷行业发展。

③ “人人贷”系人人友信集团旗下公司及独立品牌，是中国最早的一批 P2P 信用借贷服务平台，根据网贷之家的数据，2013 年交易金额为 15.46 亿元，投资人数 26063 人，借款人 30088 人。

④ “陆金所”P2P 平台是中国平安集团倾力打造的网络投融资平台，隶属于上海陆家嘴国际金融资产交易市场股份有限公司。

资方式，一种是通过加入“优选理财计划”①，另一种方式称为“散标投资”②（见图2－26）。

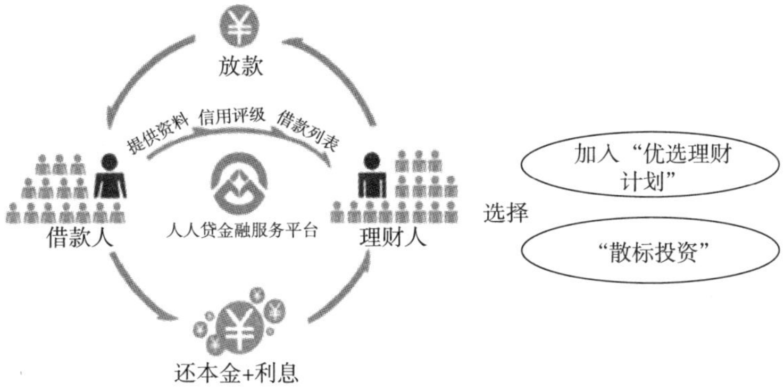

资料来源：华宝证券研究所，“人人贷”官网，公司金融研究中心。

图 2－26　“人人贷”金融服务平台

在“人人贷”的模式下，在借款人端采用了“线上为主”的信用审核方式进行，增信的主要力量来自“人人贷”本身，而“陆金所”的模式与之大为不同，“陆金所”采用“线上与线下结合”的方式发展 P2P 业务，并由平安旗下的平安融资担保（天津）有限公司为出借方的本金作保障，从而提供了强有力的增信（见图 2－27）。

“陆金所”目前颁布的个人融资产品为“稳盈—安 e 贷”③，最低投资金额为 1 万元。该模式下，借款方通过平安集团旗下担保公司审核后，可直接向投资方借贷，形成一对一的关系，双方通过平台的电子借贷协议，明确双方的债务与债权关系。特别是所有“稳盈—安 e 贷”均由中国平安旗下担保公司承担担保责任，即若借款方未能履行还款责任，担保公司将对未被偿还的剩余本金和截至代偿日的全部应还未还利息与罚息进行全额偿付，因此是保本保息的低风险产品。

（2）P2P 模式的优劣势及监管情况

P2P 模式采用标准化的金融产品提供方式，为资金需求方和供给方搭建了清晰的沟通和交易方式，借助互联网，克服了地域限制，扩宽了业务的辐射范围，节约了线下成本，满足了这种“期限短、频率高”的融资需求；另外，不少平台提供了贷后管理、借款人的资格审查，在安全性方面也为出借人提供保障，加之 P2P 平台上提供的融资产品在投资金额和投资期限都更加灵活，这些因素推动了 P2P 模式的“爆炸式增长”。

① 资金以用户认可的既定规则自动进行投标，用户每月的回款也会循环复利再投资，这种投资模式下“人人贷”平台将优选理财计划募集到的资金在“人人贷”平台上精选投资产品（如机构担保标、实地认证标等）进行优先、主动地投资管理，并将收益每月定时自动提取至用户指定银行卡，免予投资者标的筛选和争夺标的之苦。

② 平台提供信用认证标、机构担保标、实地认证标等多类产品，用户自己根据借款人信用等级、利率、期限等信息，自选合适的借款标的，构建符合个人意愿的投资组合。

③ “稳盈—安 e 贷”服务的交易年利率为中国人民银行同期贷款基准利率上浮 40%，以每月等额本息的方式获取，按照目前的水平，为不低于 8.4% 的年利率，属于低风险高收益金融产品，成为投资者每期疯抢的投资品。此外，持有“稳盈—安 e 贷”投资项目 60 天以上的用户，支付一定的转让手续费后可进行债权的转让服务。

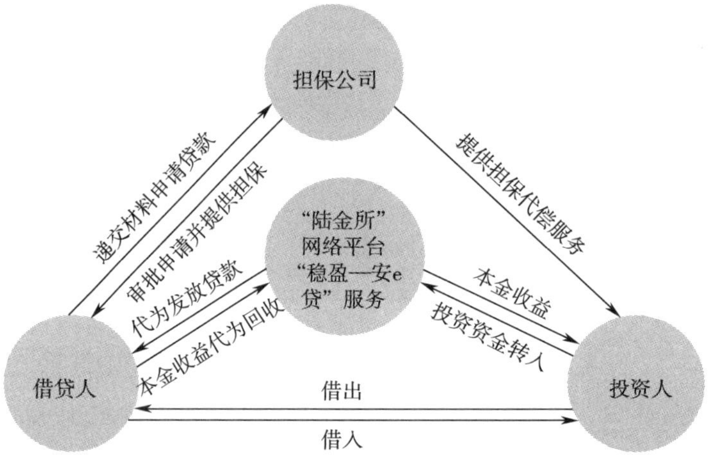

资料来源：华宝证券研究所，"陆金所"官网，公司金融研究中心。

图2－27 "陆金所"网络平台

在其繁荣发展的同时，P2P市场也需要加强监管和自我完善。根据网贷之家的数据，截至2013年12月31日，网贷之家监测到已有74家P2P平台出现问题，归纳原因主要在于其不切实际虚高的收益、不规范的信用管理、不尽职的第三方支付以及欺诈性的运营模式。根据网贷之家的数据，出现提现困难的平台年化收益率普遍高于40%，更有甚者，浙江安吉的利率达到了66%，而如此高的资金成本企业是难以承担的。第三方支付平台P2P的运营模式中理应起到资金保管、划转以及监督资金运用的重要作用，为投资者设立提供一道资金的安全保障。然而在现实中，存在第三方支付机构在选择P2P平台时唯利是图的情况，对平台资质的审核不尽职，在运营中缺少风险防范措施，对于出现风险事故平台的资金缺乏有效的风险应对措施，从而使平台上的交易主体造成严重的资产损失。2013年10月15日出现的"福翔创投"事件[①]就是一个典型案例。

基于P2P在发展过程中出现的风险，各地监管层也加速了相关法规的制定。2013年11月，《温州民间融资管理条例》获得浙江省第十二届人民代表大会常务委员会第六次会议表决通过，成为中国第一部民间借贷的地方法律，民间借贷开始走上规范化、阳光化、法制化的轨道；2013年12月，《网络借贷行业准入标准》[②] 颁布，成为全国首个P2P行业标准，不仅涉及资金的第三方存管、清结算分离、风险管理制度、定期信息披露、出借人利益保护，更对注册资本、任职资格、从业人员备案等均作了详细限制，这将对P2P创业门槛过低、人员素质不均的局面起到一定的规范作用。

---

① 2013年10月15日，刚上线的网贷平台"福翔创投"开业不到三天，就经历了老板卷款2000万元跑路的恶性风险事件，创下了网贷最短"跑路史"。

② 2013年12月19日，"上海金融信息服务业年度峰会暨上海互联网金融高峰论坛"在上海市宝山区召开，会议颁布了《网络借贷行业准入标准》。

3. 股权众筹

（1）股权众筹的概念界定及众筹方式

众筹的概念源自国外“Crowdfunding”一词，是一种全新的项目融资方式，指项目发起人通过互联网众筹平台宣传、推广自己的项目，合格的投资者对感兴趣的项目进行少量投资，使发起人筹集资金运行资金。在相当一部分众筹活动中，投资者还积极参与项目谋划与实施过程，促使产品能够更好地适应市场的需要。一个众筹项目的完整运作离不开三类角色，即筹资人、平台运营方和投资者。

众筹平台从不同的角度可以划分为不同的种类。从众筹平台的投资回报是否主要采取股权方式可以分为两类——股权众筹和非股权众筹平台。股权众筹平台有美国的Fundersclub、英国的Crowdcube、中国的大家投和天使汇等，而非股权众筹平台有Kickstarter、IndieGoGo和Gofundme等。2009年众筹在国外兴起，2011年众筹开始进入中国，2013年国内正式诞生第一例股权众筹案例（美微传媒①在淘宝网上卖股权）。

股权众筹是指公司出让一定比例的股份，面向普通投资者，投资者通过出资入股公司，获得未来收益，是一种基于互联网渠道而进行融资的模式；另一种对股权众筹的解释是“股权众筹是私募股权互联网化”。股权众筹是一种风险较高、期限较长的投资行为，投资存在流动性差、无分红、股权被稀释和被投资企业经营失败等风险。目前，国内的股权众筹的网站还较少，主要原因在于国内没有股权众筹的法律支持环境，股权众筹平台的发展受到很大限制。目前被大家熟知的股权众筹平台主要有大家投和天使汇两家，这两家股权众筹平台均采用“领投+跟投”② 的方式。

股权众筹方式主要有以下三种：

① 直接股权投资

直接股权投资指筹资人在众筹平台上创建项目，发起融资需求，投资者根据自己的商业判断、兴趣爱好等因素，认可筹资人的项目理念后，通过众筹平台投入相应资金，与其他共同投资者就该项目成立一个新商事主体，从而每个投资者都成为原始股东的众筹方式。这种众筹方式适用于尚未成立商事主体的情况，能否成功融资的关键在于发起人（筹资人）拟创建的项目理念是否能够吸引其他线上潜在投资者。

这种方式虽然不属于公开发行股票，但仍受限于我国《公司法》关于股份有限公司的股东人数不能超过200人、有限责任公司的股东人数不得超过50人的规定，且股东分散、人数众多的情况下还需面临决策效率不高等问题。

② 借助合伙企业间接投资

以“大家投”的一个创新产品——投付宝为例，简要介绍我国股权众筹模式的第二种投资运作方式（见图2-28）。在这种投资方式下，投资者可自主选择是否愿意担任有限合伙企业的一般合伙人（GP）。借助合伙企业作为投资主体进行股权众筹，可以在一

① 全称为北京美微文化传播有限公司。

② 领投是领先投资，除了在先期投资金额占极大比重外，还要在相关事务处理上承担主导作用。做领投是高风险高回报；跟投是规避繁杂的事务和风险的一种方式，风险相比较低，预期收益也会相应较低。

定程度上规避《公司法》对股东人数的限制，可有效扩大投资者范围，对筹资人和投资者来说选择性更大。

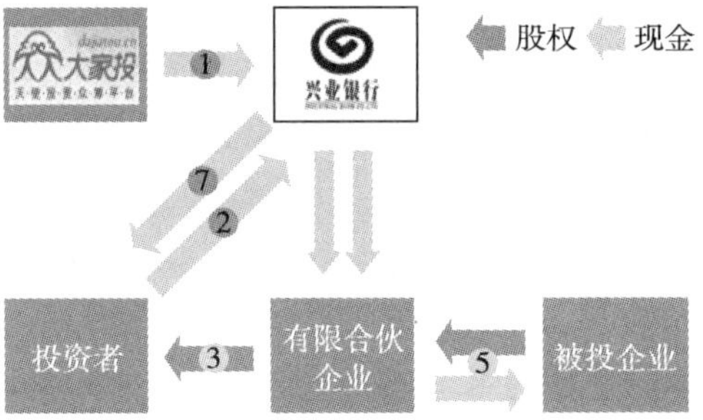

①“大家投”委托银行托管投资资金；②投资者认购满额后，将钱款汇入银行托管账户；③“大家投”协助成立有限合伙企业，投资者按出资比例拥有有限合伙企业股权；④银行将首批资金转入有限合伙企业；⑤有限合伙企业从银行获取资金后，将该资金投入被投企业，同时获得相应股权；⑥银行托管的资金将分批次转入有限合伙企业，投资者在每次转入前可根据项目情况决定是否继续投资；⑦若投资者决定不继续投资，剩余托管资金将返还于投资者，已投资资金及股权情况不发生其他变化。

图2-28 借助合伙企业间接投资方式

③“线上+线下”两段式投资

对于已经成立并运营的企业来说，《证券法》明确规定，向“不特定对象发行证券”以及“向特定对象发行证券累计超过200人”的行为属于公开发行证券，必须通过证监会核准，由证券公司承销。这些规定限定了中小企业股权众筹的投资者数量，而中小投资者能提供的资金量都不是很大，项目所能募集到的资金就会非常有限，这将使很多项目无法进行下去。为了突破股东人数的限制，筹得足够的项目资金，而不触及《公司法》和《证券法》的红线，目前国内股权众筹平台普遍采用的方式是“线上+线下”两段式操作，即在线上展示项目信息，与潜在投资人达成意向后，操作转入线下。

在这种众筹方式下，很多零散资金则以股权代持的方式汇聚在潜在投资人名下，股份的转让以增资扩股的方式，由企业和潜在投资人直接协调。代持人因为有记名股权凭证，其权益可以得到保障，可是对于被代持人而言，由于是隐名股东，没有记名股权凭证，一旦出现风险，往往会受到损失。

（2）股权众筹平台运行中存在的问题

作为一种新型的私募融资方式，与以往的股权融资方式相比，股权众筹结合了互联网的信息优势，实现了项目的快速融资与融资渠道拓展。国内第一个股权众筹的案例是美微传媒在淘宝网上卖股权，通过众筹的方式获得了1194个众筹的股东，占美微传媒股份的25%，整体融资达500万元，但最终却被证监会叫停。这显示股权众筹平台在中国发展受到一定的限制。

当前，股权众筹亟须解决的问题是众筹融资行为的合法性。《证券法》第十条规定，“公开发行证券，必须符合法律、行政法规规定的条件，并依法报经国务院证券监督管理机构或者国务院授权的部门核准；未经依法核准，任何单位和个人不得公开发行证券。有下列情形之一的，为公开发行：向不特定对象发行证券的；向特定对象发行证券累计超过二百人的；法律、行政法规规定的其他发行行为”。而中国现有的股权众筹平台上的融资行为，始终无法回避“向不特定的对象发行证券”以及项目宣传方式上的公开性。因此，推动股权众筹平台的发展，关键在于赋予合法的法律地位，并要对股权众筹作出相应的法律界定，包括在单个项目融资上限、单个投资者投资额度以及融资方式限制等方面作出严格的法律界定，并在此基础上实行不同于上市公司以及“新三板”企业的特殊监管方式。

在现有的法律条件下，股权众筹发展还存在着以下问题。主要包括：一是存在着资金池风险和项目发起者存在违约的可能。若众筹平台在没有明确的投资项目的前提下就汇集公众资金，在这种情况下存在着非法集资的嫌疑。此外，若众筹平台在未告知投资者的情况下私自挪用资金，则存在集资诈骗的嫌疑。二是缺少合法的第三方支付机构的监管。法律规定，未经中国人民银行许可，任何非金融机构和个人不得从事或变相从事支付业务。从根本上来讲，股权众筹平台只是充当着支付中介的角色，并没有取得支付业务的许可证，因此有触犯法律“红线”的嫌疑。三是缺少对投资者利益的有效保护。股权众筹平台由于存在着非法募集资金和私自挪用资金的可能，存在着严重的信息不对称，再加上缺少监管机构或者行业协会的规范管理，一直处于监管的“盲区”，因此投资者利益难以得到有效的保护。四是缺乏较为完善的信息披露制度。股权众筹平台通过互联网的融资的方式，解决了项目来源的信息不对称，但是却未能解决项目本身的信息不对称，也就是说并未对不同融资登记的企业设定相应的信息披露义务，因此平台在运行的过程中也就存在着“暗箱操作”的可能性。

2.5.4 证券公司参与互联网金融的主要形式

2013 年，活跃在互联网金融行业的券商有 50 家，共颁布 15898 篇研究报告，覆盖 107 家公司，实地调研 939 次。从 2013 年 2 月开始，民族证券、齐鲁证券等券商开始利用互联网成立自己的“网上商城”。2013 年 11 月，“君弘金融商城”成立，成为申银万国首个探索互联网综合金融服务的平台。

国内券商的互联网金融的模式经历了从简单到复杂、从形式到内容的创新，目前互联网对券商而言更多的是一个工具，本质上还是在内容上的创新。证券公司参与互联网金融的主要形式有以下几种：

1. 网上商城模式

网上商城的互联网形式主要有第三方基金销售以及券商自建或利用第三方设立的网上商城。第三方基金销售从 2012 年东方财富获得第一个牌照开始，截至 2013 年底，共有 31 家独立基金销售机构。目前比较有影响力的有东方财富旗下的天天基金网、恒生电子旗下的数米基金网和同花顺旗下的爱基金网，2013 年该行业还处于亏损状态。

2013 年 2 月，华创证券和齐鲁证券分别推出了“华创证券网上商城（独立网站）”和“淘宝齐鲁证券融易品牌店”。华创证券网上商城最大的创新，是其在支付方式里增添了“证钱支付”功能。通过证钱支付功能，用户可以将自己证券账户里的现金转移至电子钱包中，以支付商品所需费用。在这种模式下，券商从单纯的金融中介商转型，证券账户不仅用于投资，同时还可进行消费。

与华创商城类似的还有方正证券（601901），2013 年 3 月在淘宝商城开设了“方正证券泉友会官方旗舰店”，销售产品涉及资讯服务、软件、理财咨询、会员服务等，其中资讯产品占据主导地位，可以通过支付宝直接完成。相比华创商城，方正证券在经营品种方面体现出证券公司的专业化。2013 年，大多数券商都联合第三方或自建平台设立了自己的网上商城。

2. 线上综合理财服务模式①

综合理财服务以客户需求为中心，以互联网为运作平台，以证券公司开展各牌照业务为基础，实现经纪业务、融资融券、期货 IB 以及资产管理等多种合规业务的服务集成。相对于传统渠道，互联网平台在提供标准化金融服务方面成本更低，且容易对外保密，更容易被投资者接受。线上综合理财服务模式主要由券商自建，以国金证券（600109）为典型。2013 年 11 月，国金证券（600109）与腾讯公司签署战略合作协议，互联网金融的创新进入实质内容阶段。

3. 投资社区模式

传统的资本市场研究服务主要依托券商研究所进行，以服务机构客户为主，除部分高净值客户外，个人零售投资者难以获得专业化的服务。互联网构建了投资与融资交流的虚拟平台，有利于信息的传递和分享，也使得零售客户获取低成本的专业化服务成为了可能。“雪球网”就是一个投资者的社交网络，为投资者提供跨市场、跨品种的资本市场数据查询、新闻订阅和互动交流服务，目前已覆盖 A 股、港股、美股市场（见表2－16）。

表 2－16　　雪球网投资咨询服务的服务工具

功能	提供服务	评述
投资工具	自选股股池功能强大，自动获得公司公告信息、新闻和用户讨论信息，对用户提供个股日历功能，提醒分红、派息和财务信息披露等重大事件	信息中介功能凸显，满足基本的信息获取功能
投资社区	用户涵盖投资领域和实业领域人士、涉及机构投资者、个人投资者以及上市公司高管	相对于传统信息中介，信息中介具有互联性，便于信息传播
信息集成	誊写研究报告，上传 PDF 报告，在线参与公司代表、投资人士访谈	通过信息平台的构建，一方面有利于投资者，另一方面有利于上市公司管理层维护投资者的利益

资料来源：“互联网金融发展境界分析”，http：//www.askci.com/news/201308/28/281111209303.shtml。

① 线上综合理财服务模式是指券商基于互联网平台构建的综合理财服务模式，主要功能包含网上理财、网上业务办理、网上开户、网上咨询等服务，这将促进支付、托管和交易功能的健全。

综上所述，互联网金融对券商冲击最明显的是经纪业务，2013 年行业的平均佣金率为 0.079%，而网上开户的佣金率达到 0.02%—0.03%，这对传统的经纪业务是一种冲击。此外，“雪球网”的运行对传统的券商研究所也是一种冲击。

2.6　证券市场监管情况

2.6.1　新股发行制度改革

2013 年注定是改革和创新的一年，证券业将迎来更进一步的创新与转型，证券市场的制度改革也继续深入，其中新股发行制度有望成为突破口。

11 月，中国证监会颁布《关于进一步推进新股发行体制改革的意见》（证监会公告〔2013〕42 号，以下简称《意见》），这是逐步推进股票发行从核准制向注册制过渡的重要步骤，自此监管层的职能不再是单纯的事前审核批准，更突出了事中加强监管、事后严格执法。《意见》紧紧围绕两个核心层面展开。第一个核心层面是推进从“核准制”向“注册制”过渡，主要措施是淡化事前判断与强化信息披露。第二个核心层面是遏制新股发行改革的“三高”问题，即高价发行、高市盈率和超高募集资金，主要措施包括：一是推出存量发行制度；二是新股定价剔除高报价，网下投资者报价后，发行人和主承销商应预先剔除申购总量中报价最高的部分，剔除的申购量不得低于申购总量的 10%，然后根据剩余报价及申购情况协商确定发行价格，被剔除的申购份额不得参与网下配售；三是建立限价减持制度；四是市值配售；五是建立以新股发行价为比较基准的上市首日停牌机制，加强对“炒新”行为的约束。

同月，中国证监会颁布《关于在借壳上市审核中严格执行首次公开发行股票上市标准的通知》（证监发〔2013〕61 号），规定借壳上市条件与 IPO 标准等同，不得在创业板借壳上市，旨在遏制市场对绩差股的投机炒作，抑制创业板上市公司二级市场炒作和内幕交易、市场操纵等违法、违规行为，抑制创业板的“三高”问题。

同月，国务院颁布《国务院关于开展优先股试点的指导意见》（国发〔2013〕46 号），宣布开展优先股试点，这是《股份有限公司规范意见》出台时隔 20 年后，优先股在我国正式重启。优先股作为一种基本的资本融资工具，可为发行人提供新的灵活的直接融资工具，有利于提高直接融资比重。优先股试点的开启对我国资本市场发展将产生重大的影响，对于我国金融产品创新有着重大的意义。

2013 年 12 月，中国证监会颁布新修订的《证券发行与承销管理办法》（证监会第 95 号令，以下简称《办法》），落实新股发行体制改革要求，改革和规范定价与配售方式，进一步提高新股发行的市场化程度。《办法》从五个方面进行了修改。一是取消行政限价手段，引入主承销商自主配售机制，提高定价和配售的市场化程度；二是提高网下配售比例，调整有效报价投资者家数的限制，发挥公募基金、社保基金的定价作用，加强对定价和配售的市场化约束；三是调整回拨机制，改进网上配售方式，尊重网上投资者认购意愿；四是提高发行承销全过程的信息披露要求，强化社会监督；五是完善行政处罚、监管措施、自律监管、记入诚信档案等多层次的监管体系，进一步加强监管，强化事后问责。

2013 年 12 月，国务院颁布《关于进一步加强资本市场中小投资者合法权益保护工作的意见》（国办发〔2013〕110 号，以下简称《意见》），针对长期以来投资者保护存在的突出问题，构建了资本市场中小投资者权益保护的制度体系，这是指导我国资本市场中小投资者权益保护工作和促进资本市场持续健康发展的纲领性文件。《意见》紧紧围绕中小投资者最关心的收益回报权、知情权、参与监督权和求偿权等基本权利，做出了有针对性的制度安排：一是健全投资者适当性制度。二是优化投资回报机制。三是保障投资者的参与权和知情权。《意见》要求引导上市公司全面采用网络投票制，积极推行累积投票制，不得对征集投票权提出最低持股比例限制，完善中小投资者罢免董事提案机制。四是强化中小投资者纠纷解决和赔偿救助。五是强化中小投资者教育和完善投资者保护组织体系。

此外，2013 年中国证监会还出台了一系列关于新股发行的相关细则。

2013 年 1 月，中国证监会颁布《公开发行证券的公司信息披露内容与格式准则第 2 号——年度报告的内容与格式》（证监会公告〔2012〕22 号），新修订的《年度报告》更加体现了年报披露市场化的改革方向。本次修订过程中，借鉴了香港等成熟市场的经验，在“董事会报告”部分增加了反映投资价值的非财务信息披露。同日颁布《公开发行证券的公司信息披露内容与格式准则第 30 号——创业板上市公司年度报告的内容与格式》（证监会公告〔2012〕43 号），这是创业板上市公司监管规则体系的一项重要内容，也是监管部门在探索适应创业板公司特点的信息披露方式和披露内容方面的一项重要工作。主要变化如下：一是增加了体现创业板上市公司特点的披露要求，二是强化了对风险因素的披露要求，三是强化了对公司投资及募集资金使用的披露要求。

2013 年 6 月，中国证监会颁布修订后的《公开发行证券的公司信息披露内容与格式准则第 31 号——创业板上市公司半年度报告的内容与格式》（证监会公告〔2013〕29 号），旨在进一步完善创业板公司信息披露体系，提高创业板公司信息披露质量。修订的主要内容：一是增加信息披露内容，突出创业板特色；二是突出风险因素披露，充分揭示风险；三是简化半年报摘要，提高信息披露的针对性；四是推进电子化披露，降低披露成本。

2013 年 12 月，中国证监会颁布《首次公开发行股票时公司股东公开发售股份暂行规定》（证监会公告〔2013〕44 号，以下简称《规定》），这是新股发行体制改革的一项重要配套措施。《规定》将老股转让引入国内市场，旨在缓释上市公司资金超募问题，增加可流通股份数量。为防范可能出现的风险，《规定》对老股转让提出了相应的监管要求，明确老股持有期需在 36 个月以上，且不得存在限制转让的情形；老股转让后公司实际控制权不得发生变更、股权结构不得发生重大变化，保持公司稳定经营。

2013 年 12 月，中国证监会颁布《关于首次公开发行股票并上市公司招股说明书财务报告审计截止日后主要财务信息及经营状况信息披露指引》（证监会公告〔2013〕45号）和《关于首次公开发行股票并上市公司招股说明书中与盈利能力相关的信息披露指引》（证监会公告〔2013〕46 号），旨在落实新股发行体制改革要求，进一步促进发行人提高信息披露质量。

2013 年 12 月，中国证监会颁布《关于首次公开发行股票预先披露等问题的通知》（发行监管函〔2013〕328 号，以下简称《通知》），对保荐机构、发行人及其控股股东、审核部门等各方工作做出详细要求，显示了证监会加强 IPO 预先披露的决心。《通知》要求保荐机构应当按照相关时点要求提交用于预先披露的材料，包括招股说明书（申报稿）和承诺函等。证监会审核部门收到材料后，即按程序安排预先披露。《通知》颁布日之前已提交首发申请但尚未通过发审会的企业，应向审核部门提交财务资料在有效期内的预先披露材料并相应更新申请文件，其后方可履行后续审核程序。

2.6.2　上市公司退市制度的进一步完善

经过二十多年的发展，我国多层次资本市场体系已初步形成，改革、完善退市制度的条件日趋成熟，上市公司退市行为市场化、正常化、常态化已成大势所趋，2013 年是严格实施退市制度的一年。

2013 年 1 月，沪深两市新退市制度正式运行，沪深两市“风险警示板”和“退市整理板”将同时进入正式运作。与原有制度相比，退市新规更具可操作性，严格了退市条件，明确了退市期限。运行首日共 43 家公司的 46 只“风险警示股票”（含 A 股与 B 股）进入风险警示板，剔除其中的暂停上市公司股票（4 只）和停牌股票（3 只），当日实际有 39 只“风险警示股票”进行交易。其后两个交易日，该板块中交易的“风险警示股票”分别为 39 只、38 只。

同月，上海证券交易所公布《风险警示板股票交易暂行办法》（上证会字〔2013〕2 号），明确各会员单位应当采取有效措施，对单一账户当日累计买入单只风险警示股票的数量进行监控；发现客户违反规定的，应当予以警示和劝阻，并及时向交易所报告。会员疏于客户管理，未有效警示和劝阻客户超限买入风险警示股票的，上海证券交易所将对其采取相应监管措施或者给予纪律处分；2013 年 1 月 16 日，上海证券交易所进一步对退市配套业务规则进行解释，在完善退市制度的工作中，上海证券交易所考虑到新退市制度推出前暂停上市公司的具体情况，作了两方面的过渡安排：一是关于暂停上市公司恢复上市审核标准的适用，二是关于股票被决定终止上市后仍处于重大资产重组进程的公司是否进入退市整理期事宜。

2013 年 11 月，中国证监会主席肖钢表示，上市公司退市制度是资本市场一项重要的基础性制度，要逐步实现退市制度的常态化。要严格执行新的退市制度，实现资本市场资源配置效率最大化。推动存在退市可能或需要的公司在法律、规则框架内主动退市；健全完善交易所市场与场外市场对接机制，疏通退市公司转板挂牌交易和重新上市渠道；研究完善相关制度安排，维护公司稳定、投资者稳定、市场稳定和社会稳定。这意味着市场化、法制化和常态化成为上市公司退市制度的改革方向。

2013 年 12 月，中国证监会表示，退市公司通过改善经营、资产重组等方式达到交易所规定的重新上市条件，可以向交易所申请重新上市。在制定退市规则的过程中，证监会通过加强退市信息披露、提高披露频率、完善披露内容及加强披露管理等方式强化退市风险警示机制，向投资者充分揭示风险。同时，设置退市整理期，使投资者有“继续持有”或者“卖出”的选择权。此外，会做好退市后续安排，明确公司终止上市后其股票可以在全国中小企业股份转让系统转让。根据沪深交易所《重新上市实施办法》，退市公司通过改善经营、资产重组等方式达到交易所规定的重新上市条件，可以向交易所申请重新上市。主要包括四个方面：一是加强退市信息披露，提高信息披露频率，强化退市风险；二是设置退市整理期，让投资者选择是继续持有还是卖出；三是做好退市制度安排，退市的股票可以在全国中小企业股份转让系统转让；四是按照沪深重新上市的管理办法，退市的企业如果通过改善经营，并购重组等方式重新满足了上市条件，将可以向交易所申请重新上市。

2.6.3 期货市场的监管与规范

2013 年是期货市场繁荣发展的一年。据中国期货业协会统计，全国期货市场累计成交量为 20.62 亿手，累计成交额为 267.47 万亿元，均创下 1993 年我国期货市场成立以来的历史新高。在期货市场的监管与规范方面，中国证监会一方面对期货公司业务进行了一系列的规范，另一方面也加强了证券期货法律法规与稽查执法领域的信息公开，中国证监会全年公开或更新相关证券期货法律法规 33 件，公开行政复议决定书 11 份，颁布证券期货市场违法、违规案件查处情况 18 起。

2013 年 1 月，2013 年全国证券期货监管工作会议在北京召开。中国证监会前主席郭树清提出了证券期货监管工作“十条”：一是加快发展多层次资本市场，二是进一步深化发行和退市制度改革，三是不断促进上市公司质量提升，四是进一步发挥期货市场服务实体经济功能，五是大力培育机构投资者队伍，六是继续引导各类中介机构规范发展，七是继续积极稳妥地推进对外开放，八是持之以恒地做好投资者教育和服务，九是切实改进市场监管和执法，十是进一步营造有利于资本市场创新发展的政策环境。2013 年中国期货市场发展基调的关键词依然是“创新”二字。监管层的此次表态是证券市场定位的重要转折，对股市发展及投资者都是重大的、长期的利好。①

中国证监会进一步规范了期货公司计算风险资本准备的标准。2013 年 2 月，中国证监会公布《关于修改〈期货公司风险监管指标管理试行办法〉的决定》（证监会公告〔2013〕12 号），自 2013 年 7 月 1 日起施行。该规定新增“期货公司应当及时根据监管要求、市场变化情况等对公司风险监管指标进行压力测试”。同月，中国证监会颁布《关于期货公司风险资本准备计算标准的规定》（证监会公告〔2013〕13 号），对期货公

---

① “专家聚焦 2013 年全国证券期货监管工作会议”，http：//finance.ifeng.com/stock/zqyw/20130123/7594347.shtml。

司经营境内经纪业务、境外期货经纪业务、经营资产管理业务以及设立营业部等不同类型业务如何计算风险准备金等作出规定。

为配合国债期货上市，与中国证监会新修订的《关于建立金融期货投资者适当性制度的规定》（证监会公告〔2013〕32 号）相衔接，2013 年 9 月，中国期货业协会颁布了修改后的《期货公司执行股指期货投资者适当性制度管理规则（试行）》。规则指出，要将金融期货投资者适当性制度贯穿于开户流程管理的各个环节，理性选择客户，不得为不符合投资者适当性标准的投资者申请金融期货交易编码。

2013 年 9 月，国债期货在中国金融期货交易所上市交易，根据《中国金融期货交易所 5 年期国债期货合约交易细则》，国债期货合约标的为面额 100 万元人民币，票面利率 3% 的 5 年期名义标准国债，最低交易保证金为合约价值的 2%，即 2 万元，这种低投资门槛使得普通投资者也能参与其中。重启国债期货对促进债券市场发展、促进交易所和银行间债券市场协调发展、增进国家金融安全以及完善我国金融期货产品体系等方面均将起到重要作用。

2.6.4　证券行业与基金行业的监管与规范

1. 证券行业的监管状况

中国证监会对证券行业的监管在 2013 年主要涉及资产证券化、客户资产管理、证券承销以及分支机构的管理等方面。

2013 年 3 月，中国证监会颁布《证券公司资产证券化业务管理规定》（证监会公告〔2013〕16 号，以下简称《管理规定》）及《证券公司设立专项计划发行资产支持证券申请文件清单及要求》。《管理规定》在多个方面进行了细化及规范化，显著增强了证券公司资产证券化业务的实际可操作性。同月公布《证券公司分支机构监管规定》（证监会公告〔2013〕17 号），对凡是符合资质的证券公司设立分支机构的业务范围、数量和区域不再作出限制，旨在适应证券市场发展的需要，进一步提升证券公司服务水平，增强证券行业竞争力，保护投资者的合法权益。

2013 年 6 月，中国证监会颁布《关于修改〈证券公司客户资产管理业务管理办法〉的决定》（证监会令第 93 号），指出证券公司可以自行推广集合资产管理计划，也可以委托其他证券公司、商业银行或者中国证监会认可的其他机构代为推广。集合资产管理计划应当面向合格投资者推广，合格投资者累计不得超过 200 人。同日公布《关于修改〈证券公司集合资产管理业务实施细则〉的决定》，自公布之日起施行。

2013 年 12 月，中国证监会颁布新修订的《证券发行与承销管理办法》（证监会第 95 号令，以下简称《办法》），落实新股发行体制改革要求，改革和规范定价与配售方式，进一步提高新股发行的市场化程度。《办法》引入主承销商自主配售机制，提高了发行承销全过程的信息披露要求，强化了社会监督。

中国证监会出台了若干配套措施，加强社会监督和约束，方便中小投资者及时获取相关信息。一是建立承销商诚信档案，公布承销商不良诚信记录；二是由证券业协会建立投资者“黑名单”制度，记录网下投资者的不诚信或违规行为，定期向主承销商提供；三是由证券业协会设立公开邮箱，专门用于接受关于询价、配售和申购的意见和建议；四是由沪深证券交易所开辟IPO专栏，集中、及时颁布发行相关信息披露内容，采用便捷的操作方式，让投资者能够第一时间集中阅读发行信息。

2. 基金行业的监管状况

按照“放松管制、加强监管”的思路与要求，中国证监会2013年对基金行业的监管实施了“松绑”，比如拓宽了基金管理公司主要股东的范围、放开对基金管理公司固有资金运用的限制等，同时也加大了对违规行为的处罚力度。

从2013年4月起，中国证监会加大了对券商、基金机构的稽查力度。需要指出的是，2013年9月6日，中国证监会对博时基金“老鼠仓”事件进行了正式通报。原博时基金经理马乐以涉嫌利用未公开信息交易罪被批准逮捕。马乐“老鼠仓”一案也因涉案金额巨大成为国内最大“老鼠仓”案。

2013年6月，修订后的《中华人民共和国证券投资基金法》（主席令第71号，以下简称新《基金法》）正式实施。新《基金法》最引人关注的一点是将非公开募集基金纳入调整范围。新《基金法》以“放松管制、加强监管”为导向，促进公募基金向更为市场化方向发展。新《基金法》的颁布实施对于规范基金的募集销售、投资运作和信息披露，完善基金监管，打击“老鼠仓”交易等违法、违规行为，促进资本市场的稳定健康发展具有重大意义。

2013年3月，中国证监会颁布《证券投资基金销售机构通过第三方电子商务平台开展业务管理暂行规定》（证监会公告〔2013〕18号），允许第三方电子商务机构开展基金销售业务。网络平台相对物理网点具有效率高、成本低、影响面广、方便专业信息展示等优势，使得基金销售机构与投资人可以通过网络平台实现即时“面对面”沟通。

2013年6月，中国证监会与保监会联合颁布《保险机构投资设立基金管理公司试点办法》（证监会公告〔2013〕27号，以下简称《办法》），拓宽了基金管理公司主要股东的范围，不再限定为从事证券经营、证券投资咨询、信托资产管理等金融机构。《办法》明确，在申请程序方面，申请投资设立基金公司的保险机构应当符合保监会有关股权投资的规定。保监会从保险资金投资风险防范的角度，审查保险机构投资基金公司的资格，并依法出具保险机构投资基金公司的监管意见。2013年11月，国寿安保基金管理有限公司正式挂牌成立，这是保险投资新政和《保险机构投资设立基金管理公司试点办法》实施后成立的首家保险系基金公司。国寿安保基金管理有限公司由中国人寿资产管理有限公司和安保资本投资有限公司共同出资设立，注册资本5.88亿元人民币。

为了加强对公开募集证券投资基金管理人的监督管理，2013年5月，中国证监会对

《公开募集证券投资基金管理人管理办法》公开征求意见，放宽基金公司股东一参一控①、同业经营限制，弱化行业门槛限制。新《基金法》取消了对持股5%以下股东的行政审批，进一步扫清了基金公司上市的障碍，本次修订也相应增加了基金公司上市的原则要求。

2013年8月，中国证监会公布并施行《基金管理公司固有资金运用管理暂行规定》（证监会公告〔2013〕33号，以下简称《暂行规定》）。《暂行规定》明确，基金公司固有资金可以进行金融资产投资以及进行与经营资产管理业务相关的股权投资，但投资于高流动性资产的比例不得低于50%。《暂行规定》旨在放开对基金管理公司固有资金运用的限制，引导基金行业建立灵活有效的固有资金运用管理机制。

2012年6月，中国证券投资基金业协会②成立；2013年12月，中国证券投资基金业协会成立了投资总监联席会，旨在搭建资产管理行业投资总监交流平台，进一步发挥行业自律作用，促进行业持续健康发展。

3. 上市公司的监管状况

中国证监会2013年对上市公司的行业分类、现金分红、公司实际控制人以及上市公司并购等方面进一步做了相关的完善。

2013年1月，按照《上市公司行业分类指引（2012年修订）》（证监会公告〔2012〕31号），中国上市公司协会充分征求了上市公司的意见，对2012年第四季度上市公司行业分类进行了划分和确认。

上市公司现金分红是资本市场的一项基础性制度，也是属于公司自治范畴的事项。为进一步推进现金分红工作，2013年11月，中国证监会颁布了《上市公司监管指引第3号——上市公司现金分红》（证监会公告〔2013〕43号），重点是从以下几个方面加强上市公司现金分红监管工作：一是增强现金分红的透明度；二是支持上市公司采取差异化，多元化方式回报投资者；三是完善分红监管对策，加强监督检查力度。

2013年12月，中国证监会颁布《上市公司监管指引第4号——上市公司实际控制人、股东、关联方、收购人以及上市公司承诺及履行》（证监会公告〔2013〕55号），旨在进一步规范上市公司实际控制人、股东、关联方、收购人以及上市公司的承诺及履行承诺行为，优化诚信的市场环境，更好地保护中小投资者合法权益。

中国并购市场在2013年呈现爆发性增长。9月，上海证券交易所颁布《关于配合做好并购重组审核分道制相关工作的通知》（上证发〔2013〕3号），明确中国证监会自10月起正式实施并购重组分道制审核。其中，对符合标准的并购重组申请实行豁免审核或快速审核。该通知的颁布将彻底改善以往我国上市公司不论企业所在行业、资质均需统

---

① 2002年7月1日，中国证监会制订并颁布的《外资参股基金管理公司设立规则》（简称《规则》）正式实施。根据《证券投资基金管理公司管理办法》第十一条规定："一家机构或者受同一实际控制人控制的多家机构参股基金管理公司的数量不得超过两家，其中控股基金管理公司的数量不得超过一家。"这就是业界简称的"一参一控"，市场俗称为"1+1原则"。

② 基金行业相关机构自愿结成的全国性、行业性、非营利性社会组织。会员包括基金管理公司、基金托管银行、基金销售机构、基金评级机构及其他资产管理机构、相关服务机构。

一排队等候并购审核的低效状态，对提高我国上市公司并购重组效率、促进资本市场资源有效配置起到积极作用。

2.6.5 违规行为的处理和对市场秩序的整顿

中国证监会在2013年进一步加大了行政处罚的力度，不断提高案件审理的效率和质量，持续加大行政处罚力度，行政处罚罚没款共计7.3亿元，同比增加67.4%，为中国证监会成立以来最高金额。①

中国证监会全年共作出84项行政处罚决定和21项市场禁入决定，其中涉及内幕交易37项、信息披露违法24项、中介机构未勤勉尽责违法13项、其他类型10项。上述决定作出的行政处罚罚没款总计约为7.3亿元，被处罚当事人共计282名，对38名个人采取市场禁入措施，其中25人被实施了终身市场禁入。

此外，中国证监会也加大了处罚力度。全年作出的处罚决定同比增加41.1%，市场禁入决定同比增加162.5%，被市场禁入人数同比增加216.7%。同时，中国证监会保持了打击内幕交易违法的持续高压态势，2013年针对内幕交易行为作出的行政处罚决定同比增加了23项，增幅达164.3%。中国证监会还加大了对市场公开发行股票（IPO）涉及的信息披露违法案件和中介机构案件的查处力度，依法对绿大地②（002200）、万福生科③（300268）等案件作出处罚，强化行政处罚制裁机制和教育功能，加强了发行人诚信守法和中介机构归位尽责意识，为提高IPO上市信息披露规范水平发挥了重要作用。

综上所述，2013年中国证监会行政处罚工作有以下几个特点：一是加大了处罚的力度，全年作出的处罚金额为证监会成立以来最高金额；二是加大了对首次公开发行股票涉及的信息披露违法案件和中介机构案件的查处力度；三是保持打击内幕交易违法的持续高压态势；四是及时回应市场和投资者关注，严格依法高效办理大案要案，2013年中

---

① http://business.sohu.com/20140117/n393710693.shtml.

② 2013年5月31日，绿大地收到中国证监会的行政处罚告知书。中国证监会决定处罚如下：一、对绿大地在2007年、2008年、2009年年度报告中虚增资产、虚增业务收入的行为，责令绿大地改正，给予警告，并处以60万元罚款；由于司法机关已对绿大地在招股说明书中虚增资产、虚增业务收入的行为给予刑事处罚，不再行政处罚；二、对赵国权、胡虹、黎钢、钟佳富、普乐、罗孝银、谭焕珠、毛志明、徐云葵、陈德生给予警告，并分别处以30万元罚款；三、对郑亚光给予警告，并处以10万元罚款。绿大地原高管何学葵、蒋凯西最终被市场禁入。

③ 2013年5月22日，万福生科收到中国证监会的行政处罚告知书。中国证监会决定处罚如下：一、责令万福生科改正违法行为，给予警告，并处以30万元的罚款；二、对龚永福给予警告，并处以30万元的罚款；三、对严平贵给予警告，并处以25万元的罚款；四、对蒋建初、张行、杨荣华、肖德祥、邹丽娟、单杨、程云辉、刘炎溪、王湛淅、张苏江、文会清给予警告，并分别处以20万元的罚款；五、对马海啸给予警告，并处以15万元的罚款；六、对黄平、叶华、肖明清、肖力、李玉强给予警告，并分别处以10万元的罚款；七、对杨满华给予警告，并处以5万元的罚款。

国证监会对万福生科（300268）等造假上市案件和“光大证券（601788）异常交易事件[①]”涉及的内幕交易和信息误导案等依法快速作出行政处罚，有力地震慑和警示了同类违法行为，整肃和恢复了市场秩序；五是证监会在提高案件查处及时性的同时，严格依法行政，注重保护当事人的合法权益，充分保障当事人的知情权、陈述申辩权和听证权，确保程序合法、处罚有据、过罚相当，经得起司法审查的检验。

2.7　2013 年中国证券市场运行评价

在股票一级市场和二级市场上，受 IPO 暂停的影响，国内一级市场低迷，相比国内首发市场的低迷，国内一级市场增发配股规模大幅增加，无论是从增发配股家数还是募资金额，国内一级市场的增发配股规模都一扫 IPO 市场的“阴霾”；在股票二级市场上，中国 A 股市场连续第四年跑输全球股市，2013 年 6 月创下了 1849 点的新低，相比主板和中小板的低迷，创业板指却从 2012 年底收盘的 713.86 点，一路上涨到 1423.97 点，创出历史新高。

从债券一级市场来看，债券市场年度发行总量增速放缓。全年债券市场共发行各类债券（含中央银行票据）87016.27 亿元，同比增长 9.05%；从债券二级市场来看，2013 年，中债指数整体大幅下跌，债券市场价格在 2013 年上半年小幅上行后快速下跌，债券市场交易投资活跃度明显降低，债券市场现券和回购交易结算 270.82 万亿元，同比增长 1.15%。

在兼并与收购业务方面，中国并购市场在 2013 年呈现爆发性增长，较过去几年活跃度提升明显，交易数量与金额双双冲破历史纪录，堪称“中国并购大年”。受 IPO 暂停的影响，国内并购和跨境并购均出现不同程度的增长。此外，VC/PE 相关并购交易量相比 2012 年也出现大幅增长。

中国多层次资本市场建设进入一个新阶段，其中最引人注目的是“全国中小企业股份转让系统”（俗称“新三板”）的正式挂牌。自 2006 年新股份转让系统建立以来，挂牌企业的家数从 2006 年的 6 家增加到 2013 年的 156 家，截至 2013 年 12 月 31 日，挂牌企业累计达到了 356 家。2013 年 12 月，《国务院关于全国中小企业股份转让系统有关问题的决定》颁布，该决定的颁布也标志着国务院正式确认了全国中小企业股份转让系统（“新三板”）作为上海证券交易所、深圳证券交易所之外的第三家全国性证券交易场所

---

① 2013 年 8 月 18 日，中国证监会对光大证券（601788）内幕交易行为及信息误导行为立案稽查，8 月 31 日向当事人送达《行政处罚及市场禁入事先告知书》。证监会依法作出行政处罚决定：没收光大证券（601788）ETF 内幕交易违法所得 1307.08 万元，并处以违法所得 5 倍的罚款。没收光大证券（601788）股指期货内幕交易违法所得 7414.35 万元，并处以违法所得 5 倍的罚款。上述两项罚没款共计 52328.57 万元。对光大证券（601788）ETF 内幕交易、股指期货内幕交易直接负责的主管人员徐浩明给予警告，并处以 60 万元罚款。对光大证券（601788）ETF 内幕交易、股指期货内幕交易的其他直接责任人员杨赤忠、沈诗光、杨剑波给予警告，并分别处以 60 万元罚款。同时根据《证券市场禁入规定》等决定：对徐浩明、杨赤忠、沈诗光、杨剑波采取终身证券市场禁入措施；宣布徐浩明、杨赤忠、沈诗光、杨剑波为期货市场禁止进入者。

的地位。

在其他金融产品方面，国债期货于2013年9月正式在中国金融期货交易所上市交易。目前，国债期货市场的成交量较小的原因在于，国债期货市场参与者主要是证券公司自营、私募机构和个人投资者，公募基金虽然获得准入资格，但尚未参与，而作为国债现货持有主体的银行和保险的入市方式还尚未确定。

在证券市场的监管方面，面对资本市场发展的新形势和新要求，2013年监管部门也出台和修订了一系列的监管制度和措施。2013年是股票发行开始逐步从核准制向注册制过渡的一年，2013年11月，中国证监会颁布《关于进一步推进新股发行体制改革的意见》，这是逐步推进股票发行从核准制向注册制过渡的重要步骤；2013年也是严格实施退市制度的一年。2013年1月，沪深两市新退市制度正式运行，新退市制度的运行终结了A股市场历史上不断上演的“不死鸟”神话；2013年更是期货市场繁荣发展的一年，在期货市场的监管与规范方面，中国证监会一方面对期货公司业务进行了一系列的规范，另一方面也加强了证券期货法律法规与稽查执法领域的信息公开。

在证券行业的监管与规范方面，2013年12月，中国证监会颁布新修订的《证券发行与承销管理办法》，办法引入主承销商自主配售机制，提高发行承销全过程的信息披露要求，强化社会监督；在基金行业的监管与规范方面，2013年6月1日，修订后的《中华人民共和国证券投资基金法》正式实施，新《基金法》将非公开募集基金纳入调整范围。

与此同时，中国证监会进一步加大了行政处罚的力度，继续保持打击内幕交易违法的高压态势，不断提高案件审理的效率和质量，持续加大行政处罚力度，行政处罚罚没款同比增加67.4%，创中国证监会成立以来最高。

第3章　中国投资银行竞争力评价方法

2013年，随着多层次资本市场建设的稳步推进和证券市场制度推进，证券行业盈利水平得到提升，各项业务收入总体呈上升态势。证券公司的业务和产品类型不断丰富，开展了约定购回式证券交易、股票质押式回购交易等新业务。同时，行业的合规管理和监管环境进一步优化，为证券行业的持续发展提供了良好的外部环境。本章主要介绍了投资银行竞争力评价的最新研究以及2013年证券行业的竞争现状和特征，重点在于介绍中国投资银行竞争力评价方法，它是在遵循企业竞争力普适性指标规律的基础上，紧扣证券行业的发展经营现状而设定，若证券行业变化发展，中国投资银行竞争力评价方法也应做实时性的调整，这种局部微调不是对过去方法的否定而是追本溯源。

3.1　投资银行竞争力评价的最新研究

继刘宁宁、李海泉、罗艳、谢雯等学者关于证券公司竞争力研究之后，武飞（2013）[①] 运用因子分析法分析得出提高我国证券公司的核心竞争力就要通过增资扩股，建立和完善法人治理结构，实现产品和服务的多元化、智能化，加强人才队伍建设，增强创新能力等方面实现。白涛（2013）[②] 选取在A股上市的9家证券公司作为研究对象，利用理想点法与灰色关联度的组合方法，对其核心竞争力进行了实证评价。结果显示，中信证券（600030）和西南证券（600369）的多项指标具有核心竞争力，其他证券公司需要加强培育核心竞争力。王洪斌（2013）[③] 以2011年A股上市的证券公司为研究对象，通过获取上市证券公司现金流权、控制权以及相关的财务指标，利用因子分析法、描述性统计以及相关分析法来对现金流权与控制权分离度与公司竞争力进行实证检验。结果显示，两权分离度同国内上市证券公司竞争力的相关性并不显著。通过进一步描述分析，得知两者的关系呈现了“倒U形”结构。严莹（2013）[④] 从金融创新相关理论的阐述出发，分析了国内证券公司产品创新的现状及发展趋势，指出以资管业务为方向的

---

① 武飞．中国证券公司核心竞争力评价及管理建议［J］．中国流通经济，2013（4）：116－123.

② 白涛．上市证券公司核心竞争力研究［J］．中国外资，2013（11）：108－110.

③ 王洪斌．两权分离度与A股上市证券公司竞争力进行实证研究——基于因子分析的视角［J］．现代商业，2013（20）：46－47.

④ 严莹．HT证券公司产品创新研究［D］．南昌大学，2013.

产品创新是证券公司未来的发展重点；通过对海通证券（600837）的产品创新现状及其所处的内外环境进行分析，探询了海通证券（600837）产品创新的潜在机会，提出了海通证券（600837）产品创新的总体思路，即在传统通道服务的基础上，从“财富管理”、“资本中介”和“风险管理”三个角度出发进行产品创新，以此实现公司的多元化发展。张雪杉（2013）[①] 回顾国内外合规管理的发展历程，选取江海证券公司营业部为对象，通过对江海证券公司营业部合规管理实务逐一分析，总结出其合规管理中的问题与不足，并针对问题和不足，提出营业部应改变以往轻事前规避、轻合规文化建设的做法，正确处理营销与合规的“矛盾”，重视事前工作、积极培养合规文化，进一步完善营业部培训、考核等制度，提高合规管理水平，从而达到降低风险、规范经营的目的。

3.2 行业竞争现状与特征

3.2.1 盈利水平稳步提升，规模集中度呈稳定态势

总体上来说，2013 年行业景气度仍处于低位，但整体而言要好于 2012 年。根据证券业协会统计数据[②]，2013 年证券公司全年实现营业收入 1592.41 亿元，同比增加 22.99%；实现净利润 440.21 亿元，同比增加 33.68%；净利润率为 27.64%，回升 0.63 个百分点；行业净资产收益率（ROE）为 5.84%，上升了 1.10 个百分点；104 家公司实现盈利，占证券公司总数的 90.43%，较 2012 年回升了 3.59 个百分点。以上数据表明，2013 年证券公司盈利状况较 2012 年有明显改善。

2013 年证券公司规模集中度保持稳定的态势，总资产、净资产和净资本三项指标的前五大证券公司的集中率（CR5）基本保持一致的变化趋势，较 2012 年略有下降，其中净资本集中度的下降最为明显。2013 年行业总资产、净资产和净资本 CR5 分别为 31.52%、33.07% 和 26.67%（见图 3－1）。

3.2.2 业务收入呈上升趋势，传统业务仍占较大比重

从各业务收入来看，经纪业务、资产管理业务、自营业务、融资融券业务收入均实现不同程度的增长，承销业务收入有所下降。2013 年经纪业务、资产管理业务、融资融券业务占营业收入的比重分别为 48%、4%、10%。实现承销、保荐及财务顾问业务收入 173.4 亿元，同比下滑 18.6%；经纪业务受益于市场交易量的提升，全行业 2013 年实现经纪业务收入 759.2 亿元，同比上升 50.6%；资产管理业务受益于集合理财业务、定向资产管理规模的增长，全行业实现资产管理业务收入 70.3 亿元，同比上升 162.7%。2013 年虽然 A 股市场表现在全球股市中垫底，但创业板的大幅上涨带动了自营业务的发展，全行业实现投资收益 70.3 亿元，同比微增 5.3%（见图3－2）。

---

① 张雪杉. J 证券公司营业部合规管理研究［D］. 西北农林科技大学，2013.

② 与 Wind 资讯的数据有出入。

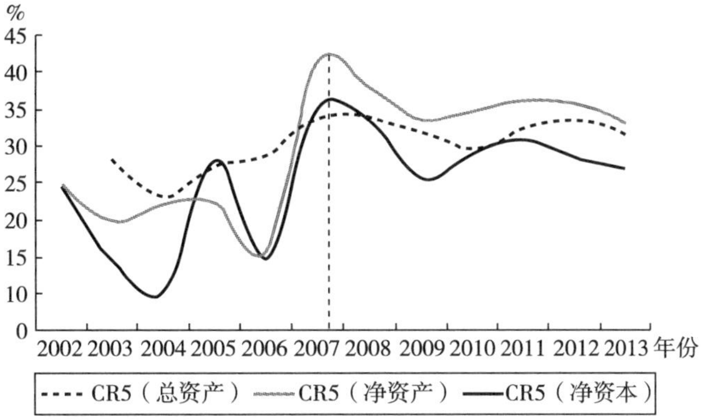

注：以上为合并报表数据。

资料来源：Wind资讯，中国证券业协会，公司金融研究中心。

图3-1　证券公司规模集中度的变化（2002—2013年）

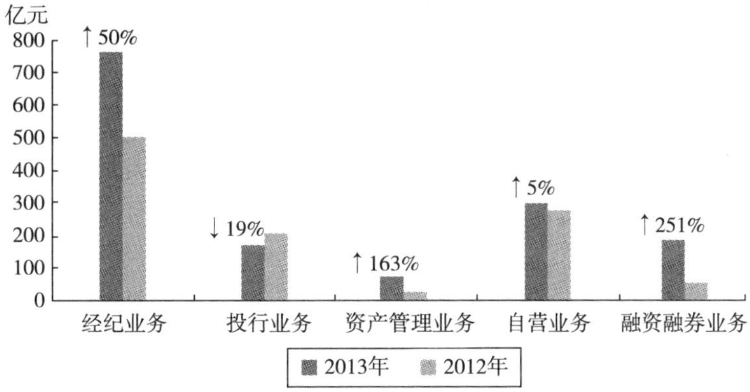

资料来源：Wind资讯，广发证券发展研究中心，公司金融研究中心。

图3-2　证券行业分业务收入变动（2013年）

从全行业的收入结构来看，四大传统业务即经纪业务、自营业务、投行业务以及资产管理业务的收入分别为866.7亿元、305.52亿元、173.37亿元以及70.3亿元，合计为1415.89亿元，合计收入占比达到82%（见图3-3）。2013年证券行业收入结构的变化，原因一方面在于受到IPO暂停以及A股市场总体走势震荡的影响，投行业务及自营业务的收入占比均环比略有下降，但是以融资融券业务为代表的资本中介型等创新业务的收入贡献度有了显著提升，在一定程度上抵消了传统的投行业务收入下降带来的影响；另一方面，证券市场成交量上升带来的传统的经纪业务的收入占比出现进一步上升，显示了证券公司整体“靠天吃饭”的色彩仍然十分浓重。

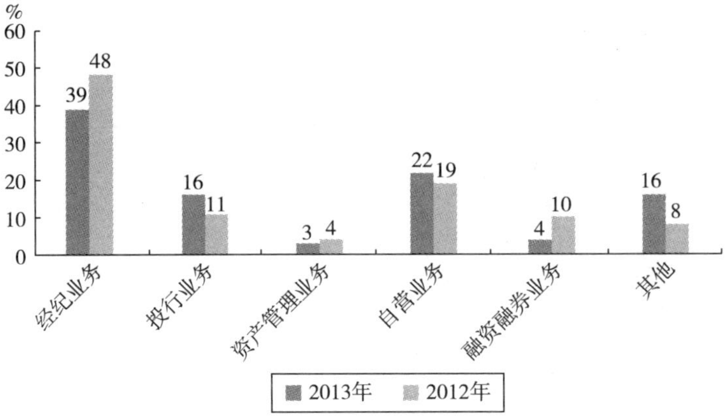

资料来源：Wind 资讯，广发证券发展研究中心，公司金融研究中心。

图 3－3 证券行业分业务收入占比变动（2012—2013 年）

3.2.3 创新业务发展迅速，“类贷款”业务[①]是创新业务主力

融资融券、约定式回购、股票质押式回购等业务在 2013 年出现了不同程度的增长。其中，以融资融券为代表的创新业务迅速成长，成为证券行业业务结构优化的主要驱动力。全年共有 84 家证券公司开展融资融券业务，实现利息收入 184.62 亿元，同比增长 250.99%，占行业营收总额的 11.59%，成为仅次于经纪业务和自营业务的行业第三大收入来源（见图 3－4）。

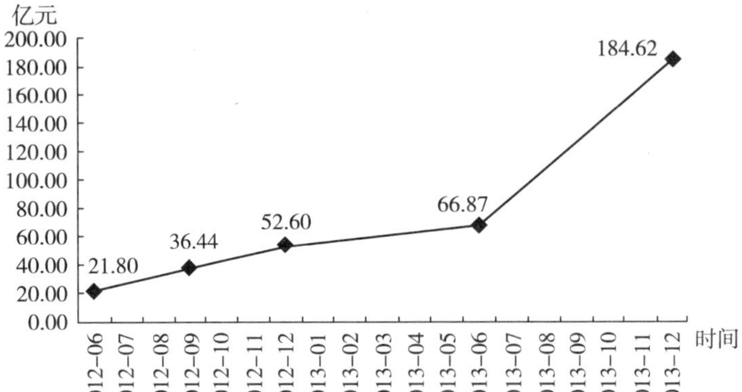

资料来源：Wind 资讯，公司金融研究中心。

图 3－4 证券行业融资融券业务净收入变动（2012—2013 年）

在约定式回购证券交易方面，根据上海证券交易所和深圳证券交易所统计，截至 2013 年底，沪、深两市分别有 79 家和 80 家证券公司取得试点资格，实际开展业务的则

---

① 本报告所指的“类贷款”业务主要包括当前逐步成为券商重要盈利手段的融资融券、约定式回购、质押式回购、购买信托、私募债等业务。

分别有74家和76家。自业务试点以来，沪、深两市累计完成18686笔初始交易，涉及初始交易金额504.3亿元。股票收益互换产品是2013年证券公司场外衍生品业务的重要创新，截至2013年底，共有19家证券公司通过场外期权和权益互换业务专业评价，已在中国证券业协会完成备案的互换业务方案20项，已通过柜台市场完成729笔互换和1笔场外期权交易。此外，股票质押式回购初始交易金额为904.08亿元，其中60.11亿元已购回，占比6.65%。

从是否获得创新业务资格方面来说，2013年，19家上市券商均已获批的创新业务分别是融资融券业务、中小企业私募债和股票质押式回购业务（见表3-1），可以看出，“类贷款”业务仍然是创新业务的主力。在19家上市券商中，中信证券（600030）是唯一一家囊括现阶段所有创新业务资格的上市券商，多元化资本中介和大买方业务转型扎实推进。海通证券（600837）、招商证券（600999）、广发证券（000776）、华泰证券（601688）等综合性券商也大力加速创新业务的发展步伐，紧随其后具备大多数创新业务资格。

表3-1　　上市券商创新业务资格统计（截至2014年3月）

公司名称	融资融券/新三板/直投/约定式回购	中小企业私募债	股票质押式回购	债券质押式回购	转融通	保险兼业代理业务	中小企业股份转让	EFT做市商（沪）	RQFII	受托管理保险资金	柜台交易业务	EFT做市商（深）	合计
中信证券	√	√	√	√	√	√	√	√	√	√	√	√	15
海通证券	√	√	√	√	√	√		√	√		√	√	13
招商证券	√	√	√	√		√	√	√	√		√	√	13
方正证券	√	√	√	√	√	√	√	√		√			12
广发证券	√	√	√	√	√	√		√	√			√	12
华泰证券	√	√	√	√	√		√	√	√	√			12
长江证券	√	√	√	√	√	√		√			√		11
国元证券	√	√	√	√		√			√		√		10
兴业证券	√	√		√	√		√			√	√		10
光大证券	√	√		√	√				√	√			9
西南证券	√	√	√		√					√	√		9
东北证券	√	√	√	√	√								8
国海证券	√	√	√			√	√						8
宏源证券	√	√	√	√	√								8
西部证券	√	√	√		√		√						8
东吴证券	√	√		√						√			7
山西证券	√			√	√		√						7
国金证券	√	√	√										6
太平洋证券	√	√	√										6

资料来源：Wind资讯，广发证券发展研究中心，公司金融研究中心。

3.2.4 场内场外市场发展并举，中小企业服务能力提升

发展多层次资本市场是证券行业持续创新发展和提升市场资源配置效率的关键。2013 年，我国多层次资本市场建设取得了突破性进展，场内市场稳步推进，场外交易市场平稳起步。股票市场全年共成交 46.4 万亿元，同比上升 48.4%，仅次于 2009 年和 2010 年的成交金额；债券累计成交额已连续两年超过股票、基金累计成交额，2013 年债券累计成交金额为 64.77 万亿元，同比增长 71.21%。

“新三板”市场是场外交易市场建设的重点，也是多层次资本市场的重要组成部分。2013 年 1 月，全国中小企业股份转让系统正式揭牌运营；2013 年 12 月，国务院颁布《关于全国中小企业股份转让系统有关问题的决定》，明确挂牌公司范围不再局限于高新技术园区，开启了全国性场外市场建设的新篇章。截至 2013 年底，在“新三板”市场挂牌的公司数量达到 355 家，市值规模 416.07 亿元，分别同比增长 78% 和 35.69%，全年交易 20242.52 万股，共计 8.14 亿元，分别较 2012 年增长 76.71% 和 39.38%，57 家挂牌公司实现增发 29193.87 万股，融资 100236.43 万元，比 2012 年分别增长 51.78% 和 17.3%。

在支持中小企业发展方面，2013 年，中小企业私募债的试点区域进一步扩展至 28 个省市，全年共有 223 家发行人发行 247 只中小企业私募债，其中上海证券交易所 109 只，深圳证券交易所 138 只，共募集资金 310.85 亿元，较 2012 年增长 231.57%（见图 3－5）。此外，直投业务也是证券公司为中小企业提供融资服务和支持新兴产业成长的另一条重要途径。截至 2013 年末，已有 57 家证券公司成立了直投子公司，注册资本达 395.5 亿元，同比增长 11.31%；共 19 家直投子公司发起设立 38 只直投基金，计划募集资金总额为 516.3 亿元，已募集资金总额为 304.9 亿元。

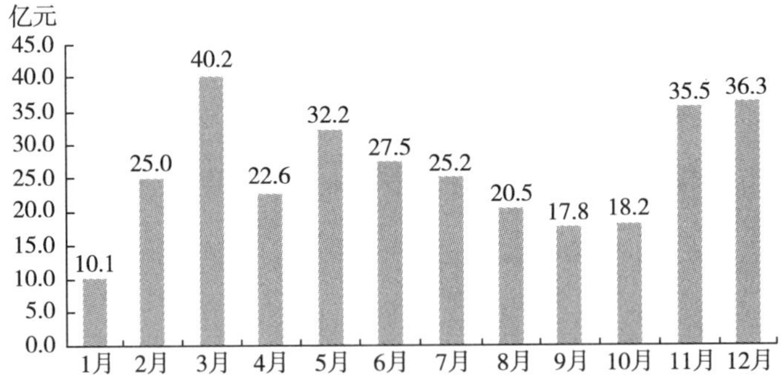

资料来源：Wind 资讯，公司金融研究中心。

图 3－5 各月中小企业私募债募资额（2013 年）

3.2.5 监管环境优化，证券行业发展迎来新机遇

证券行业制度建设在 2013 年取得长足进展，为行业稳健发展和新一轮市场化改革奠定了良好的基础。中国证监会颁布的重要法规内容涉及中小企业股份转让系统的设立、

证券投资基金的销售与托管、证券发行与承销管理办法的修订、上市公司的监管等。与之相关的法规主要有《全国中小企业股份转让系统有限责任公司管理暂行办法》（证监会89号令）、《证券投资基金托管业务管理办法》（证监会92号令）、《证券发行与承销管理办法》（证监会95号令）等。其中，新股发行制度改革尤为瞩目，并购重组审核分道制改革更是彰显市场化改革的决心，“新三板”扩容至全国、优先股试点顺利推进和国债期货重启则为多层次资本市场建设提供了有力保障。

中国证券业协会在2013年颁布的行业自律新规，内容涉及证券公司的中小企业私募债券、私募产品的备案管理、金融衍生品的柜台交易与风控管理、证券公司参与区域性股权市场业务规范、证券公司开立客户账户规范及证券行业诚信体系建设等多方面。与之相关的规定主要有《证券公司中小企业私募债券承销业务尽职调查指引》、《证券公司私募产品备案管理办法》（中证协发〔2013〕36号）、《证券公司金融衍生品柜台交易风险管理指引》、《证券公司参与区域性股权交易市场业务规范》（中证协发〔2013〕17号）以及《证券公司开立客户账户规范》（中证协发〔2013〕38号）等。此外，2013年中国证监会坚持从严治市，全年共颁布84项行政处罚决定，同比增加41.1%。监管层严格执法，证券行业治理水平显著提升，为资本市场平稳运行和投资者利益提供了有力保障。

3.3 投资银行竞争力评价方法

3.3.1 投资银行竞争力评价指标体系构成

中国投资银行竞争力评价方法详细参阅《中国投资银行竞争力研究报告（2012）》，这里简单说明一下评价方法的逻辑关系。本研究报告所采用的投资银行竞争力评价方法基于计算定量因素 E_i 与投资银行竞争力之间存在函数关系，即

$$C = f(E_1, E_2, E_3, E_4, E_5, E_6) \tag{3.1}$$

式（3.1）中，C 为投资银行竞争力；E_i（$i=1$，2，3，4，5，6）为经营能力、盈利能力、风险控制能力、业务创新能力、业务结构优化能力和成长能力。

经营能力指标包括总资产、净资本、证券营业网点、证券从业人员数量和构成等。受获取资料的限制，本文主要从总资产、净资产、营业收入三项指标来比较分析我国证券公司的经营能力。盈利能力指标包括ROA、ROE和营业部平均交易量排名等指标。风险控制能力指标包括净资本与负债的比例、净资产与负债的比例、净资本与净资产比例、资本充足率和风险覆盖率等。业务创新能力指标包括中国证监会对证券公司进行分类监管的评级结果以及证券公司的研究能力（包括研究人员数量、研究报告数量、分析师评比获奖人次）等。业务结构优化能力就是非经纪业务收入占比。成长能力包括营业收入增长率、营业利润增长率和资产规模增长速度。当这些因素确定后，竞争力指标的计算公式为

$$C = \sum_{i=1}^{6} E_i Q_i \tag{3.2}$$

$$E_i = \sum_{i=1}^{6} e_{i,j} q_{i,j} \tag{3.3}$$

式（3.2）中，E_i为经营能力、盈利能力、风险控制能力、业务创新能力、业务结构优化能力和成长能力指标；Q_i 为各指标权重，式（3.3）中，$e_{i,j}$ 和 $q_{i,j}$ 为决定前述各项指标的因素与权重（$i,j = 1,2,3,4,5,6$）。

3.3.2 指标体系的构成

本年度研究报告的指标体系与2012年、2013年底的研究报告基本上保持一致（指标体系具体介绍详见《中国投资银行竞争力研究报告（2012）》），有关对创新能力指标的计算方法具体介绍详见《中国投资银行竞争力研究报告（2013）》。

表3－2　　证券公司竞争力评价指标体系表　　单位:%

评价指标		权重（Q_i）	分项评价指标		分项权重（$q_{i,j}$）
经营能力	E_1	25	营业收入	$e_{1,1}$	40
			资产规模	$e_{1,2}$	30
			净资本	$e_{1,3}$	30
盈利能力	E_2	25	ROA①	$e_{2,1}$	35
			ROE②	$e_{2,2}$	50
			单个营业部交易额排名	$e_{2,3}$	15
风险控制能力	E_3	10	净资本与③负债的比例	$e_{3,1}$	20
			净资产④与负债的比例	$e_{3,2}$	20
			净资本与净资产的比例	$e_{3,3}$	20
			资本充足率⑤	$e_{3,4}$	20
			风险覆盖率⑥	$e_{3,5}$	20
业务创新能力	E_4	15	两项创新指标排名	$e_{4,1}$	100
业务结构优化能力	E_5	15	非经纪业务收入占比⑦	$e_{5,1}$	100
成长能力	E_6	10	营业收入增长率	$e_{6,1}$	30
			营业利润增长率	$e_{6,2}$	30
			资产规模增长速度	$e_{6,3}$	40

资料来源：公司金融研究中心。

---

① ROA（总资产收益率）＝净利润/资产规模。

② ROE（净资产收益率）＝净利润/净资产。

③ 净资本＝净资产－金融资产的风险调整－其他资产的风险调整－或有负债的风险调整－/＋中国证监会认定或核准的其他调整项目。

④ 净资产＝资产－负债。

⑤ 资本充足率＝风险准备/净资本。

⑥ 风险覆盖率是证券公司提取的一般风险准备与风险资产之间的比率。其中，风险资产＝交易性金融资产＋衍生金融资产＋可供出售金融资产＋持有到期投资＋长期股权投资＋买入返售资产。

⑦ 非经纪业务收入占比＝1－（代理买卖证券业务净收入/手续费及佣金收入）。

3.3.3 评价指标的计算方法

《中国投资银行竞争力研究报告（2014）》各指标具体计算办法如下。

1. 经营能力计算

$$E_1 = 1/rank(e_{1,1}) \times 40\% + 1/rank(e_{1,2}) \times 30\% + 1/rank(e_{1,3}) \times 30\% \quad (3.4)$$

式（3.4）中，E_1 为经营能力分值，$rank(e_{1,i})(i = 1,2,3)$ 为经营能力第 i 个二级指标的排名。

2. 盈利能力计算

$$E_2 = 1/rank(e_{2,1}) \times 35\% + 1/rank(e_{2,2}) \times 50\% + 1/rank(e_{2,3}) \times 15\% \quad (3.5)$$

式（3.5）中，E_2为盈利能力分值，$rank(e_{2,i})$（$i=1, 2, 3$）为盈利能力第i个二级指标的排名。

3. 风险控制能力计算

$$E_3 = \sum_{i=1}^{5} [1/rank(e_{3,i})] \times 20\% \quad (3.6)$$

式（3.6）中，E_3为风险控制能力分值，$rank(e_{3,i})$（$i=1, 2, 3, 4, 5$）为风险控制能力第i个指标的排名。

4. 业务创新能力计算

为了反映创新能力在证券公司竞争力的实际水平、保持创新能力在整个研究报告的连续性，对于创新能力衡量，我们仍然区别于其他指标的计算方式（排名），继续采取计分的办法。与过去两年计算方法一致，在本年度报告中我们仍以 10 分为上限计算创新能力，其中分类评级分数上限为 4 分，研究能力分数上限为 6 分：其中研究人员数量分数上限为 1 分；研究报告数量分数上限 2 分；分析师评比获奖人次分数上限为 3 分。各指标的得分计算情况如下；

（1）分类评级：由于目前没有 D、E 类公司，因此分值从 C 级开始计分，每一个等级相差0.5 分，即分类评价分值的计算方法为 C 级记为0.5 分，CC 级记为1 分，CCC 级记为1.5 分，B 级记为2 分，BB 级记为2.5 分，BBB 级计为3 分，A 级计为3.5 分，AA 级计分为4 分。自 2008 年监管部门开始实行对证券公司分类监管以来，尚无获得 AAA 级的证券公司，最高评级为 AA 级。

（2）研究能力：研究能力最高得分不超过 6 分，是研究人员数量得分、研究报告数量得分、分析师评比获奖人次得分的总和。

①研究人员数量得分：研究人员数量按照 1 分制计算，研究人员数最多的证券公司赋研究人员数量得分1 分，其他证券公司的研究人员数量得分按照相应的比例计算。计

算公式为：

$$S_{\text{Resercher}} = N_{\text{Resercher}}/\text{Max}_{\text{Resercher}} \quad (3.7)$$

式（3.7）中，$S_{\text{Resercher}}$为研究人员数量得分，$N_{\text{Resercher}}$为证券公司研究人员的数量，$\text{Max}_{\text{Resercher}}$为研究人员数量最多的证券公司。

②研究报告数量得分：研究报告数量按照 2 分制计算，研究报告数量最多的证券公司赋研究报告数量得分 2 分，其他证券公司研究报告数量得分按照相应的比例计算。计算公式为：

$$S_{\text{Report}} = 2 \times N_{\text{Resercher}}/\text{Max}_{\text{Resercher}} \quad (3.8)$$

式（3.8）中，S_{Report}为深度研究报告数量得分，N_{Report}为证券公司深度研究报告的数量，$\text{Max}_{\text{Report}}$为深度研究报告数量最多的证券公司。

③分析师评比获奖人次得分："新财富最佳分析师"、"中国证券业金牛分析师"、"卖方分析师水晶球奖"（公募类和非公募类分别占 50% 的权重）每获得一个研究领域第一名记 2.5 分，其他名次按照 0.5 的分差对应记分，第五名为 0.5 分。则各证券公司分析师评比获奖人次得分计算公式为：

$$S_{\text{NWBA}/SIJA} = N_1 \times 2.5 + N_2 \times 2.0 + N_3 \times 1.5 + N_4 \times 1.0 + N_5 \times 0.5 \quad (3.9)$$

式（3.9）中，$S_{\text{NWBA/SIJA}}$为"新财富最佳分析师"获奖人次得分/"中国证券业金牛分析师"获奖人次得分，N_i（$i=1$，2，3，4，5）为第 i 名的数量。

$$S_{\text{SSACG}} = [N_1 \times 2.5 + N_2 \times 2.0 + N_3 \times 1.5 + N_4 \times 1.0 + N_5 \times 0.5] \times 50\%\text{①} \quad (3.10)$$

式（3.10）中，S_{SSACG}为"卖方分析师水晶球奖"获奖人次得分，N_i（$i=1$，2，3，4，5）为第 i 名的数量。

考虑到"新财富最佳分析师"、"中国证券业金牛分析师"、"卖方分析师水晶球奖"三个奖项含金量的差别，其权重分别为 50%、30%、20%。最后将得分作 3 分制处理。计算公式为：

$$S_{\text{awards}} = S_{\text{NWBA}} \times 50\% + S_{\text{SIJA}} \times 30\% + S_{\text{SSACG}} \times 20\% \quad (3.11)$$

式（3.11）中，S_{awards}为证券公司获奖情况得分（未做 3 分制计算）。

5. 业务结构优化能力计算

$$E_5 = 1/rank(e_{5,1}) \times 100\% \quad (3.12)$$

式（3.12）中，E_5为业务结构优化能力分值，$rank$（$e_{5,1}$）（$i=1$，2，3）为非经纪

① "卖方分析师水晶球奖"获奖人次数量为公募类和非公募类的总和，公募类和非公募类各占 50%。

业务收入占比的排名。

6. 成长能力计算

$$E_6 = 1/rank(e_{6,1}) \times 30\% + 1/rank(e_{6,2}) \times 30\% + 1/rank(e_{6,3}) \times 40\% \quad (3.13)$$

式（3.13）中，E_6为成长能力分值，$rank(e_{6,i})$ $(i=1, 2, 3)$ 为成长能力第 i 个指标的排名。

3.3.4 投资银行竞争力计算方法

①研究报告采用中国证券业协会中公布的证券公司2013年年度财务报表作为年度单项排名的依据。②按照式（3.4）~式（3.13）及业务创新能力方法进行计算，得到加权后的分值，并由高到低对证券公司进行排名。③为了简单地表示各公司的排名和得分，我们将第一名的加权后得分扩大一定比例后定为100分，其他证券公司的加权后得分扩大相应的比例即为该公司的最终得分。

3.4 投资银行的分类

3.4.1 投资银行业务分类

投资银行的业务主要分为经纪业务、投资咨询、承销业务、证券自营和资产管理业务等。本年度研究报告将经纪业务、承销业务、资产管理业务和全牌照业务分开，在投资银行单项指标排名中，根据其业务分类情况进行排名（见附录1表3-3）。

3.4.2 投资银行监管分类

对证券公司分类监管是监管层的一项年度工作。监管层本着审慎监管的原则，考察证券公司风险管理能力、市场竞争力和合规管理水平，对证券公司进行综合性评价。证券公司分类结果反映证券公司合规经营、财务稳健和风险控制的整体状况。证券公司被分为A类（AAA、AA、A）、B类（BBB、BB、B）、C类（CCC、CC、C）、D类、E类5大类11个级别。A类、B类、C类三大类中各级别公司均为正常经营公司，其类别、级别的划分仅反映公司在行业内风险管理能力的相对水平。D类、E类公司分别为潜在风险可能超过公司可承受范围及被依法采取风险处置措施的公司。2014年7月，中国证监会公布了2013年证券公司分类结果。参评的96家证券公司当中，获得A类评级有38家（20家AA级，18家A级），B类评级有52家（20家BBB级，19家BBB级，13家B级），C类有6家（3家CCC级，2家CC级，1家C级）（见附录1表3-4）。

在中国证监会公布的分类评级结果中，2013年96家证券公司中依然没有AAA级公司，获得AA类评级的有北京高华、东方证券等20家券商，较2012年减少1家。其中，东方证券、海通证券（600837）、华福证券、西南证券（600369）和中投证券5家券商在2012年评级为A类评级，在2013年都升至AA类评级。2013年获得A类评级的券商共有18家，相比2012年减少了2家。其中，安信证券、方正证券（601901）、宏源证券（000562）和中银国际4家券商在2012年评级为AA类，而在2013年降为A类评级；国海证券（000750）和国联证券在2012年评级为BB类，长城证券和华安证券在2012年评级为BBB类，4家券商在2013年都升至A类评级。

获得BBB类评级的券商共有20家，相比2012年增加了3家。其中，东海证券、东吴证券（601555）和信达证券在2012年评级为A类，在2013年降至BBB类，宏信证券和首创证券在2012年评级为B类，大通证券在2012年评级为BB级，华林证券在2012年评级为CC类，华龙证券在2012年评级为CCC类，上述5家券商在2013年都升至BBB类。19家公司获得BB类评级，相比2012年增加了2家。其中，川财证券、华鑫证券在2012年评级为A类，广州证券在2012年评级为AA类，在2013年降为BB类评级，德邦证券、厦门证券和英大证券在2012年评级为B类，开源证券、太平洋证券（601099）和天风证券在2012年评级为CCC类，平安证券在2012年评级为C类，上述7家券商在2013年评级升至BB级。13家券商获得B类评级，相比2012年增加了6家。其中，华宝证券和五矿证券在2012年评级为BB类，众成证券在2012年评级为BBB类，上述3家券商在2013年评级降为B类；爱建证券在2012年评级为CC类，诚浩证券、航天证券、日信证券、世纪证券、天源证券、西藏同信和中邮证券在2012年评级为CCC类，上述8家券商在2013年评级升至B类。

此外，有3家券商获得CCC类评级，相比2012年减少了8家，2家券商获得CC类评级，相比2012年减少了2家，1家券商获得C类评级，相比2012年减少了1家。

2013年在参评的96家券商中，有47家评级发生变化，其中31家评级上升，16家评级下降。其中，上海证券由BBB级降至CCC级，在2013年8月被暂停了新增资产管理业务，原因在于资产管理业务缺乏良好风险控制机制。需要特别指出的是，因受“乌龙指”事件的影响，光大证券（601788）的评级连降7级，从2012年前的AA级变成2013年的C级，成为唯一一家获得C类评级的券商。

3.5 数据与信息来源

本研究报告的主要原始数据来自Wind资讯，部分数据和信息来自于中国证券业协会网站（http：//www. sac. net. cn/）、中国证监会网站（http：//www. csrc. gov. cn/）、中国银监会网站（http：//www. cbrc. gov. cn/）、中国保监会网站（http：//www. circ. gov. cn/）、上海证券交易所（http：//www. sse. com. cn/）、深圳证券交易所（http：//www. szse. cn/main/research/）、中国信托业协会网站（http：//www. xtxh. net/）、投资中国网（http：//www. chinaventure. com. cn/）等。

参考信息还包括中国证券业发展报告（2014）、中原证券月报（2014－01）、中国银河证券行业深度点评报告（2014－01）、安信证券行业研究报告（2014－05）、东方证券行业研究报告（2014－05）、中信建投证券行业研究报告（2014－03）、方正证券行业研究报告（2014－04）、平安证券行业研究报告（2014－05）、中信建投证券行业研究报告（2014－05）、长江证券行业研究报告（2014－05）、海通证券行业研究报告（2014－05）、长城证券行业研究报告（2014－05）、广发证券行业研究报告（2014－05）。

第4章　中国投资银行单项指标排名

2013年，证券公司各项业务收入总体上呈现上升趋势，盈利模式有一定的改善，但传统收入比重仍然过大。需要指出的是，随着证券行业一系列创新转型举措的推出，融资融券、股权质押等创新业务在2013年获得了较快的发展，传统业务的竞争更加激烈，而且伴随着新设网点的放开以及互联网金融的蓬勃发展，行业竞争格局也在发生着变化，这使得传统业务的发展面临着严峻的挑战。寻找差异化发展之路、推动经纪业务转型依然是证券行业亟待需要探索的问题。为了描述2013年中国证券公司发展的详细情况，本报告对中国证券公司单项指标进行排名，排名主要涉及经纪业务、承销业务、资产管理业务等主要业务指标以及主要财务指标。经纪业务是多数证券公司会涉及的业务范畴，主要通过证券公司交易量、经纪业务收入、营业部部均交易量以及营业部部均收入来反映。2013年具有保荐资格的证券公司有81家，用股票与债券主承销家数、主承销金额、主承销收入来描述证券市场承销与保荐情况。资产管理业务主要通过集合理财产品数量、资产数量反映。证券公司财务指标包括营业收入、净利润、总资产、净资产和净资本等方面内容。

4.1　业务指标

4.1.1　经纪业务

1. 2013年经纪业务市场概述

作为证券公司收入构成中的主要部分，经纪业务受股票市场涨跌影响较大。全年股票市场小盘股领涨，大盘股领跌。上证指数年内跌幅达7.58%。2013年6月的“钱荒”使沪市创下了1849点的新低，创下3年半来最大的单月跌幅，单月下跌14%。而创业板指从2012年底收盘的713.86点，一路上涨到1423.97点，创出历史新高，截至2013年最后一个交易日，报收于1307.99点，涨幅达到83.23%，年内有交易的355只创业板个股中，实现上涨的达到327只，占比92.11%。

2013年，股票、基金成交额小幅上涨，债券成交额上涨幅度最大。股票成交额相比2012年有了较大幅度的提升，全市场的股票、基金交易总量达到了482857.5亿元，较上年增长了49.6%。债券累计交易额达647693.51亿元，相比2012年增加了71.2%，涨幅最大。投资者开户总数为 21963.05 万户，相比 2012 年的 21083.16 万户增加了 4.17%（见表 4－1）。

表 4－1　市场规模和交易情况（2008—2013 年）　单位：亿元

年份	股票、基金累计成交金额	债券累计成交金额	投资者开户总数（万户）
2008	272943.69	28601.47	15198.01
2009	546326.78	40181.67	17149.68
2010	554629.98	72066.23	18858.28
2011	428010.40	211314.88	20259.20
2012	322707.12	378314.34	21083.16
2013	482857.50	647693.51	21963.05

资料来源：Wind 资讯，公司金融研究中心。

不论是成交数量还是成交金额，A 股市场的表现都要好于 2012 年。沪深两市的 A 股成交金额为 463529.11 亿元，较 2012 年增加 48.4%，成交量为 47673.46 亿股，较 2012 年增加 46.5%，年度日均股票成交易金额达到了 1947.60 亿元，同比增长 51.5%；日均成交量为 200.31 亿股，同比增长 49.6%。按月份来说，2013 年日均成交量和成交额最高的是 9 月，分别达 260.79 亿股和 2447.68 亿元（见图 4－1）。

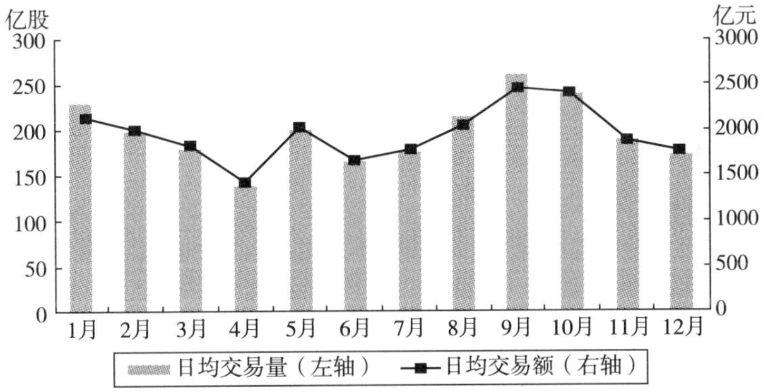

资料来源：Wind 资讯，公司金融研究中心。

图 4－1　沪深两市 A 股成交概况（2013 年）

从各板块涨跌幅来看，金融行业表现疲弱，涨幅为负。2013 年，卫生、文化和娱乐业等行业涨幅居首，卫生和社会工作板块涨幅高达 94.47%，文化、体育和娱乐业行业涨幅为 77.05%，相比之下，金融业的跌幅达 7.73%（见图 4－2）。

2013 年，券商板块月度平均区间涨幅为 0.35%。其中，3 月出现 －15.06% 的跌幅，原因在于非现场开户办法的实施，引发市场对佣金率下滑的担忧；5 月市场回暖，涨幅达 8.36%，6 月市场受“钱荒”的影响，券商板块跌幅高达 22.45%（见图 4－3），光大证券（601788）、方正证券（601901）、国金证券（600109）位列跌幅前三名。究其原因，主要有两点：一是券商板块与主板市场的相关性更强，主板市场今年的表现相对疲弱；二是今年证监会对于证券业创新的支持更多地体现在打造券商基础功能、完善市场

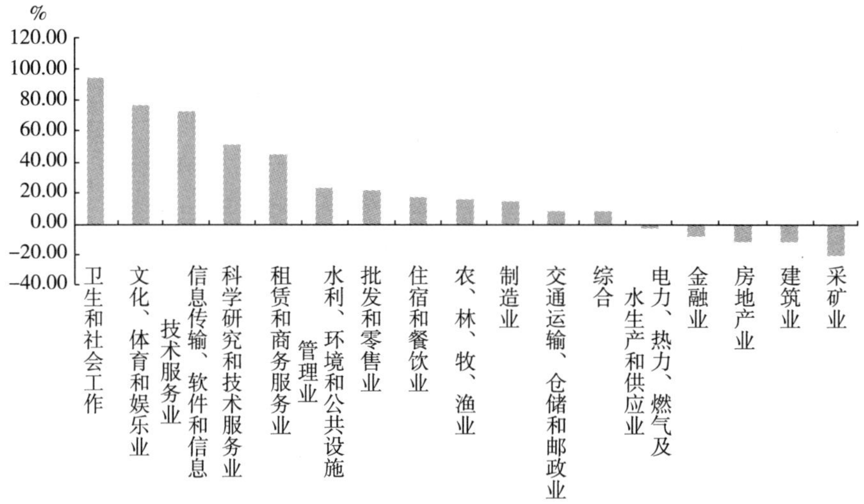

注：各行业板块来源于证监会二级行业分类，区间涨跌幅为总市值加权平均值。

资料来源：Wind 资讯，公司金融研究中心。

图 4 – 2　各行业板块区间涨跌幅（2013 年）

监管、保护中小投资者合法权益等顶层设计方面，而创新业务推出较少、节奏较缓，部分投资者对此理解为证券业创新的方向发生了改变。

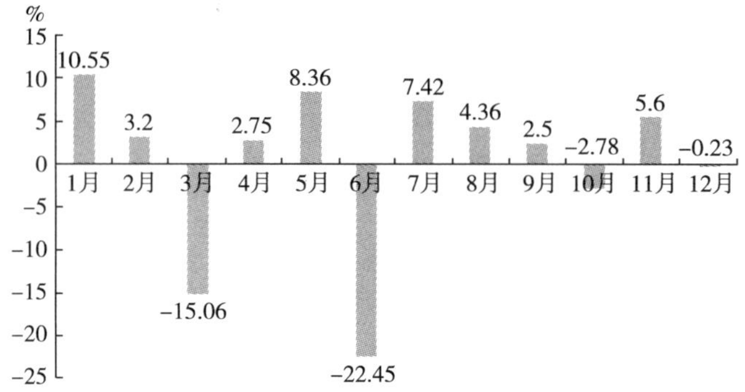

注：券商板块来源于申银万国二级行业分类，区间涨跌幅为总市值加权平均值。

资料来源：Wind 资讯，公司金融研究中心。

图 4 – 3　券商板块月度区间涨跌幅（2013 年）

受益于市场交易活跃度提升的影响，2013 年，券商经纪业务收入为 759.21 亿元[①]，相比 2012 年的 504 亿元，同比上升了 50% 以上。经纪业务收入占比从 2012 年的 39% 大幅提升到了 48%。同时，行业佣金率在过去几年经历了持续下滑之后，于 2012 年初开始逐渐企稳，并在 2013 年总体上保持住了稳定的态势。从图 4 – 4 可以看出，证券行业

① 数据来源于证券业协会数据。

佣金率在 2013 年平稳保持在 0. 079% 。受益于市场交易活跃度的大幅度回暖以及行业佣金率较为稳定的影响，经纪业务在过去一年中表现强势，证券行业的经纪业务收入比 2012 年度大幅增长了 56. 2% 。但同时也反映出这一项传统业务的盈利模式目前仍然比较简单，未改变之前受制于市场因素、“靠天吃饭” 的根本现状。

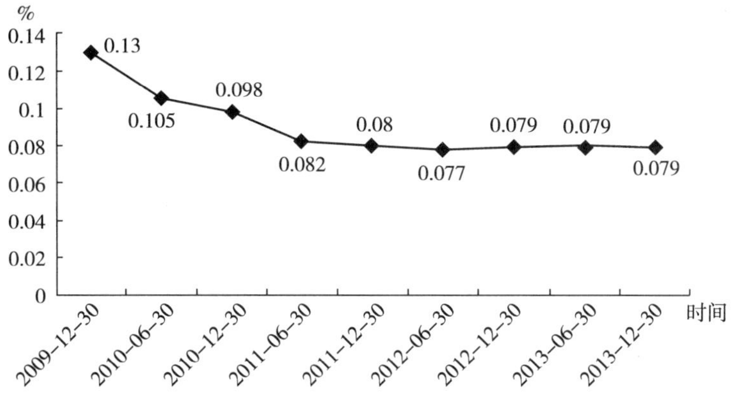

资料来源：Wind 资讯，公司金融研究中心。

图 4 -4　中国证券行业佣金率变化（2009—2013 年）

2. 融资融券业务

2013 年是融资融券市场迅速发展的一年，沪深两市融资余额收在全年最高点，也是历史上的最高点。2013 年 12 月 31 日，融资融券业务余额 3465. 27 亿元，相比 2012 年底的 895. 16 亿元增幅达 287. 11% 。其中融资余额为 3434. 7 亿元，较 2012 年的 856. 94 亿元增幅达 300. 8% ，融券余额为 30. 57 亿元，较 2012 年的 38. 21 亿元降幅达 -20% （见图 4 -5）。融资融券业务利息收入 184. 62 亿元，相比 2012 年的 52. 6 亿元增长 251% ，为券商经纪业务带来了新的盈利点。

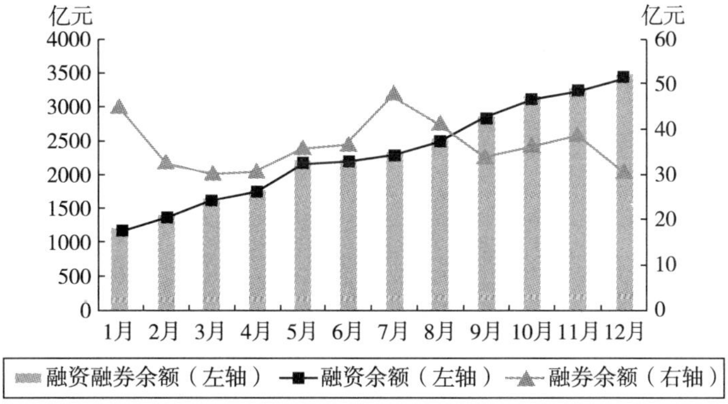

资料来源：Wind 资讯，公司金融研究中心。

图 4 -5　月度融资融券余额（2013 年）

融资融券业务规模的扩大也使得未来券商收入结构进一步得到优化和提升，减少了依赖行情的佣金收入波动。融资融券业务对大券商利润的贡献度在2013年已达到10%，如招商证券（600999）上半年经纪业务收入为18.72亿元，同比增长37.76%，而融资融券业务收入达5.35亿元，同比增长163.55%，在总收入占比为18.42%，甚至超过其资产业务和投行业务收入，可见其潜力巨大。总体上而言，融资融券业务的高速发展带动了全行业整体盈利模式的改善，而以往传统业务的革新也在有条不紊地进行当中。融资融券市场发展特点可以概括为以下几个方面。

（1）融资融券标的股票范围不断扩大

2013年，融资融券标的股票范围扩大分为两个阶段。第一个阶段是在2013年1月，沪深证券交易所调整融资融券标的股票范围，其中，深圳证券交易所标的股由此前的98只扩充至200只，上海证券交易所则由此前的180只扩展至300只。标的范围的扩大，导致融资融券交易活跃，到5月融资融券余额突破了2000亿元；第二阶段是2013年9月，融资融券标的股票范围由494只扩容至700只，标的股票的交易额占A股总交易额比例达64%，市值占A股总市值比例达88%。在新增的206只标的股票中，中小板和创业板股票有85只，占全部新增股票的41%。标的证券多元化，吸引了更多增量资金入市，导致2013年10月以来沪深股市融资融券余额持续走高，截至12月末，沪深两市融资买入额占A股成交额比例为8.59%。

分析融资融券超高速发展的原因，主要在于政策性支持的缘故，一是先后两次扩容标的股票规模，标的股票数量增至700只；二是降低了投资者的参与门槛，使得融资融券业务的投资主体覆盖范围大为拓宽，一些中小散户也加入了融资融券交易，据统计，2013年12月末，信用账户期末总数达到266.19万户，较年初同样出现了2.5倍的增长。从长期看，标的股票扩容未来将吸引更多投资者参与融资融券业务，促进融资融券业务规模的加速增长，为券商带来丰厚的利润，是其新的盈利增长点。

（2）融资融券余额行业分布较为集中

从行业分布来看，融资融券余额集中分布在制造业和金融业两个行业中，所占市场份额为61.51%。信息运输、软件和信息技术服务业融资融券余额为228.07亿元，所占市场份额为6.97%，排名第三。而房地产业、采矿业、批发和零售业以及文化、体育和娱乐业融资融券余额在100亿元左右，余下的行业融资融券余额都在100亿元以下（见图4-6）。

（3）融资买入额占A股成交额比例呈逐渐上升趋势

尽管2013年，A股市场走势低迷，但融资融券市场活跃度并未减少。截至12月31日，融资融券余额攀升至3465.27亿元，同比增长了2倍多。随着融资融券余额的飙升，全年融资买入额占A股成交额比例呈逐渐上升的趋势，由1月的4.53%上升至12月的8.85%，上升了4.32个百分点。所占比重最高的为11月，占比为8.8%（见图4-7），融资买入的主要是大盘蓝筹股，但中小企业和创业板的股票融资也呈上升态势。

（4）券商融资融券交易额出现较大增幅

全年共有84家券商具有融资融券资格，相比2012年增加了10家；券商融资融券余

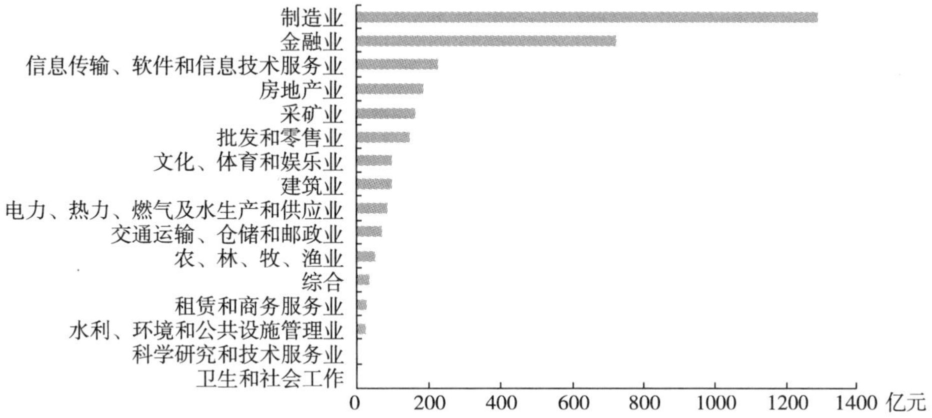

资料来源：Wind 资讯，公司金融研究中心。

图 4－6　融资融券余额行业分布（2013 年）

额总计为 895.16 亿元，同比增加 287.11%。沪深两市券商融资融券交易统计情况如附录 1 表 4－2 所示。

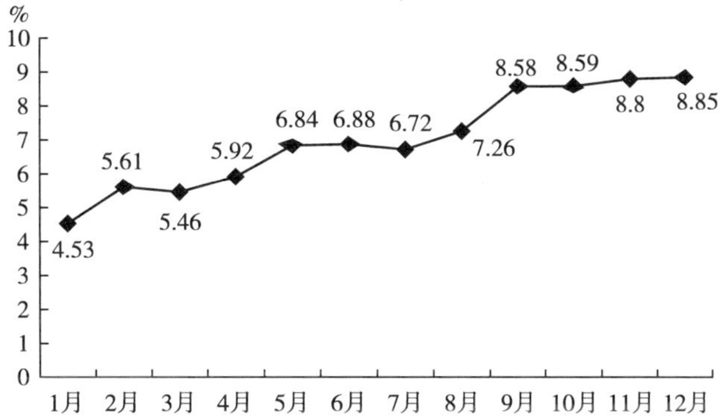

资料来源：Wind 资讯，公司金融研究中心。

图 4－7　融资买入额占 A 股成交额比例（2013 年）

从融资融券余额的市场份额上看，2013 年，还是集中分布在"大券商"。从 TOP20 券商融资融券余额的市场份额占比看，国泰君安、中信证券（600030）、广发证券（000776）、海通证券（600837）、招商证券（600999）融资融券余额位于前 5 名，分别为 246.17 亿元、225.02 亿元、199.45 亿元、198.48 亿元和 197.47 亿元，市场占比分别为 7.1%、6.49%、5.76%、5.73%、5.7%（见图 4－8），前 5 位市场占有比率合计为 30.78%。

3. 券商业务面临的挑战

证券行业 2013 年面临好坏参半的市场环境，一方面行业监管有望进一步放松，创新发展有望提速；另一方面收入占比 48% 的经纪业务面临着佣金率快速下滑的趋势。

2012 年 12 月，中国证券业协会颁布新修订的《证券公司证券营业部信息技术指引》

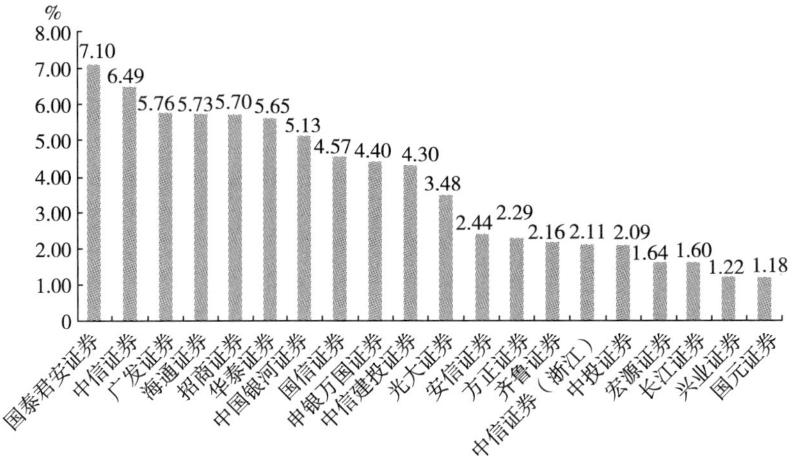

资料来源：Wind 资讯，公司金融研究中心。

图 4－8　TOP20 证券公司融资融券余额市场占比（2013 年）

（以下简称《指引》），《指引》将证券营业部信息系统建设模式分为 A、B、C 三种类型，针对采用不同类型信息系统建设模式的证券营业部提出了不同的技术要求（见表 4－3）。《指引》大大降低了新设证券营业部的建设成本，有利于证券公司快速部署新的营业网点，实现证券营业部功能转型。《指引》出台后，券商纷纷加大对新设营业网点的投入，而在新设的营业部中以 C 类为主。此外，2013 年 3 月，中国证监会公布了《证券公司分支机构监管规定》，对于证券机构设立分支机构的主体资格限制和数量限制进行放松。2013 年 11 月，国金证券（600109）颁布公告，与腾讯结成战略合作伙伴关系，进行全方位、全业务领域的深度合作。这些都预示着券商的佣金率将会出现下滑，券商的经纪业务面临着新一轮的转型。

表 4－3　证券营业部信息系统建设模式

类型	特点	系统建设要求
A 型模式	在营业场所内部署与现场交易服务相关的信息系统为客户提供现场交易服务	应设机房，至少配备一种持续供电方式；确保提供至少 2 种相互独立的行情揭示系统、委托方式
B 型模式	在营业场所内未部署与现场交易服务相关的信息系统，但依托公司总部或其他证券营业部的信息系统为客户提供现场交易服务	可不设机房，但网络及通信等设备应集中放置和管理；至少配备一种持续供电方式；确保提供至少 2 种相互独立的行情揭示系统、委托方式
C 型模式	在营业场所内未部署与现场交易服务相关的信息系统且不提供现场交易服务	可不设机房，但网络及通信等设备应集中放置和管理；对供电方式和行情揭示系统、委托方式无特别要求

资料来源：中国证券业协会网站，中信建投研究发展部，公司金融研究中心。

虽然“纯通道业务”的属性仍未从本质上得到改变，但从下半年开始，证券行业经纪业务已经由之前从开户及交易佣金上实现盈利向着财富管理增值服务以及销售理财产品等服务开始过渡。其中一个最明显的信号是以海通证券（600837）为代表的券商纷纷开始广泛设立不提供现场交易系统和设备的C型营业部。通过设立C型营业部，券商意图以较低成本进一步拓宽渠道，为客户提供专业投资咨询、财富管理等服务的同时，也对其他创新业务的客户资源整合以及业务渠道进行了强化和支持。与此同时，华泰证券（601688）已经将网上开户的佣金费率调整至万分之三，甚至部分券商对大客户实行更优惠的佣金政策。从成本上来分析，考虑到向交易所缴纳的费用以及税费和运营成本等费用的总和基本上已经处在万分之三甚至更高的水平，万分之三的佣金率对券商而言已经是几乎相当于“零佣金”，因此经纪业务能否顺利找到新的盈利点已是当务之急。

4. 2013年经纪业务收入排名

2013年，100家拥有经纪业务资格券商的交易量总额为223.06万亿元，比2012年的134.03万亿元增加了66.43%，2013年经纪业务收入为866.7亿元[①]，比2012年的554.84亿元增加了56.2%。

在拥有经纪业务资格的100家券商中，从交易量来看，国泰君安以138079.18亿元的交易量名列榜首，海通证券（600837）以122288.47亿元位居第二，中信证券（600030）以121199.67亿元的交易量上升至第三，比2012年上升了3个名次，而银河证券（06881.HK）以109445.76亿元的交易量名列第五，比2012年下降了2个名次；从经纪业务来看，中信证券（600030）以563353.46万元名列第一，国泰君安以430461.66万元从2012年的第五上升至第二，银河证券（06881.HK）以396644.85万元位列第三位，华泰证券（601688）以381533.14万元位列第六，相比2012年下降了4个名次。具有经纪业务资格的100家券商的交易量和经纪业务收入排名见附录1表4-4。

通过分析2012年和2013年TOP20证券公司交易量排名比较，可以看出，国泰君安连续三年（2011—2013年）交易量位列第一，2012年与2013年相比，排名第一与排名第二的券商没有变化，但中信证券（600030）由2012年的第六名上升到2013年的第三名，上升幅度较大。2013年，宏源证券（000562）取代中信证券（浙江）跻身TOP20经纪业务交易量之列（见图4-9）。

从图4-10可以看出，与2012年排名相比，中信证券（600030）连续两年经纪业务收入名列榜首，东方证券2012年位列第17位，2013年不在TOP20之列，华西证券以119651.12万元跻身TOP20之列。

5. 营业部部均交易量和营业部部均收入排名

北京高华营业部部均交易量以8400.64亿元名列榜首，而营业部部均收入为3801.37万元，位列第21名；中金公司以3335.68亿元的营业部部均交易量和1209.82万元的营业部部均收入名列第2名和第44名，国信证券以1326.28亿元的部均交易量位列第3名，以11137.39万元的部均收入位列第7名（见附录1表4-5）。

---

① 根据Wind数据整理而得，与证券业协会数据有出入。

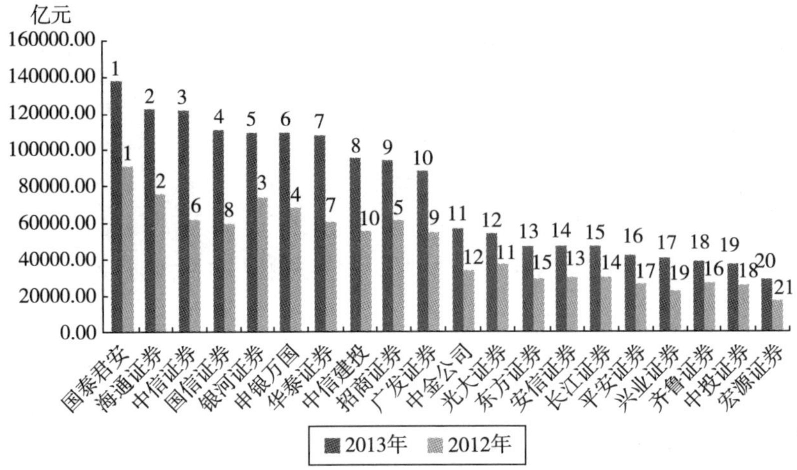

资料来源：公司金融研究中心。

图 4－9　TOP20 证券公司经纪业务交易量排名比较（2012—2013 年）

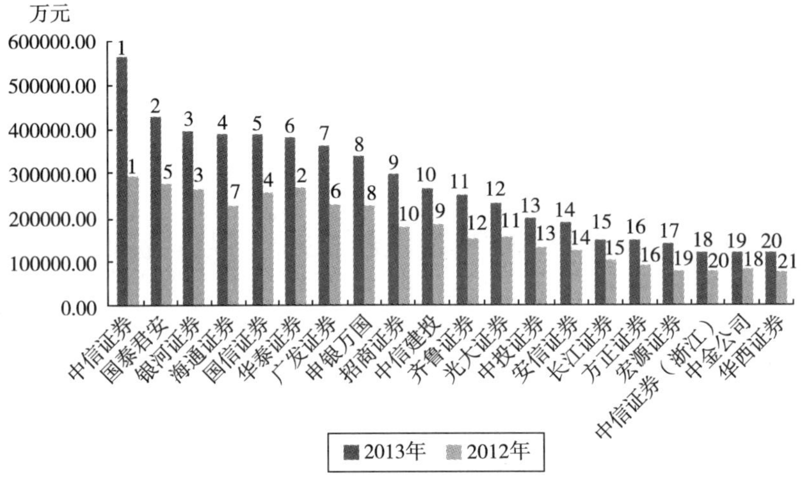

资料来源：公司金融研究中心。

图 4－10　TOP20 证券公司经纪业务收入排名比较（2012—2013 年）

从图 4－11 可以看出，与 2012 年排名相比，2013 年的排名变化较大。北京高华的部均交易额位列第一，源于北京高华营业部只有深圳、北京和上海三家，因此营业部部均交易量排名超过中金公司。排名变化较大的是广州证券和中银国际，其部均交易量分别同比增长 98.1% 和 68.29%。

从图 4－12 可以看出，北京高华由 2012 年的第 1 名下降到 2013 年的第 4 名，中信证券（浙江）和中投证券的排名变化是最大的，其中中信证券（浙江）由 2012 年的第 56 名升至 2013 年的第 10 名，中投证券由 2012 年的第 49 名升至 2013 年的第 16 名。

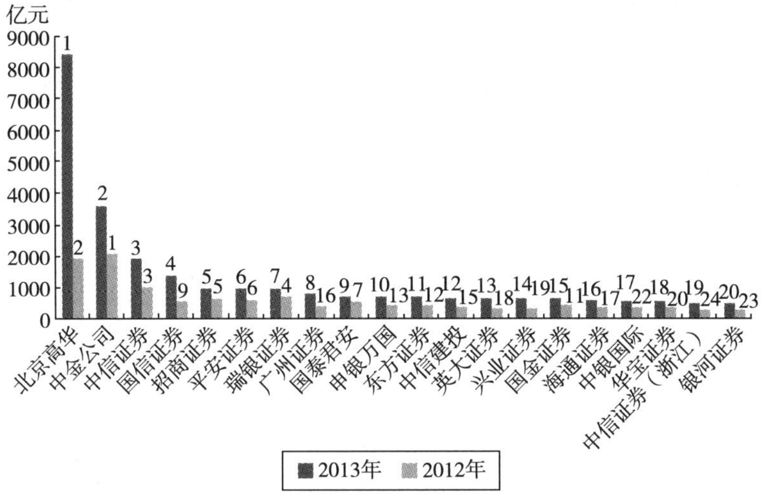

资料来源：公司金融研究中心。

图 4－11　TOP20 证券公司经纪业务交易额排名比较（2012—2013 年）

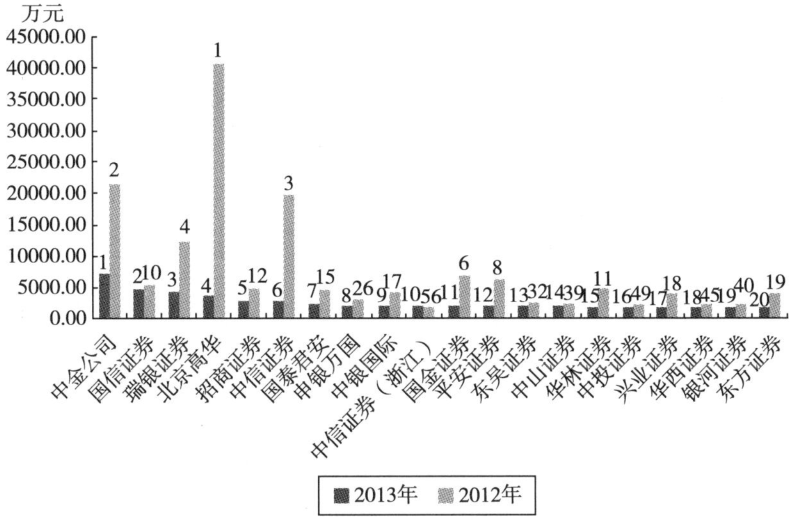

资料来源：公司金融研究中心。

图 4－12　TOP20 证券公司经纪业务收入排名比较（2012—2013 年）

4. 1. 2　承销与保荐业务

1. 2013 年承销与保荐业务市场情况描述

受 IPO 暂停的影响，承销家数和承销金额在 2013 年都有较大幅度的下降，而承销收入则出现了微涨。全年共有 81 家券商完成承销业务，共完成首发、增发、配股、可转债发行以及债券发行项目合计 1400 家，相比 2012 年的 1514 家减少了 114 家。其中，中信证券（600030）以 154 家的承销家数拔得头筹，占市场份额的 11%，其次是中信建投

（75家）和国泰君安（65家），分别占市场份额的5.36%和4.64%；81家承销商合计承销金额（包括首发、增发、配股、可转债发行以及债券发行）总计为14156.17亿元，相比2012年的18812.92亿元减少了24.75%；券商的承销业务净收入为178.25亿元，相比2012年的176.56亿元上涨0.96%。

（1）股票承销情况

受A股新股发行全面停滞的影响，2013年券商的股票承销家数和承销金额明显下滑。在增发和配股方面，全年共完成增发、配股的承销项目合计230家，相比2012年的133家增加了97家。从承销金额来看，全年增发的承销金额为2232.71亿元，同比增加9.93%，占据的市场份额由2012年的10.8%上升到2013年的15.77%；全年共有13家公司完成了配股，募集资金合计457.22亿元，同比增长227.7%，所占市场份额由2012年的0.74%上升至2013年的3.23%。中国国际和高盛高华以137.62亿元的承销金额并列第一，兴业证券（601377）以40.31亿元排名第三（见图4－13）。

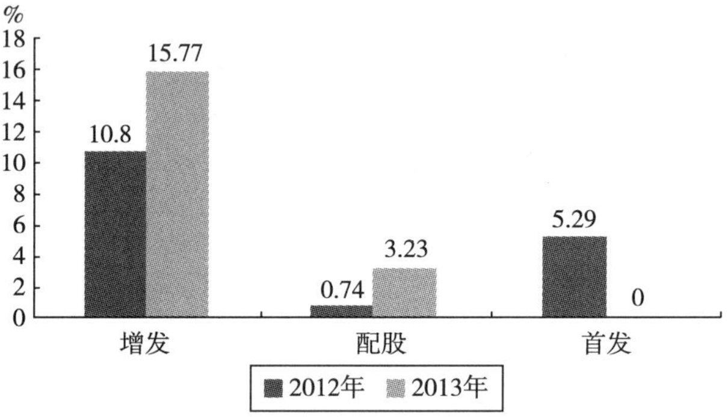

资料来源：Wind资讯，公司金融研究中心。

图4－13 证券公司股票承销金额市场份额（2012—2013年）

相比2012年，2013年增发承销市场的份额相对较为分散。全年共有217家公司完成了增发，2012年仅有124家公司开展了增发业务。在2232.71亿元的增发承销规模中，“中信系”拥有绝对的优势。中信证券（600030）以243.25亿元的增发承销金额名列榜首，承销金额占市场份额的10.89%，其次是中信建投和国泰君安，分别占市场份额的8.03%和7.06%。

从承销收入来看，通过增发获得的承销收入在2013年市场份额中占比是最大的。首发的承销收入为1.1亿元，占市场份额的2.96%；从增发的承销收入来看，增发的承销收入为31.54亿元，相比2012年的10.3亿元增加了3倍之多，其所占的市场份额也从2012年的15.28%上升到84.85%，而配股的承销收入实现了从无到有的转变，全年配股的承销收入为1666.61万元，占市场份额的0.45%（见图4－14）。

（2）债券承销情况

在债券承销方面，承销家数和承销金额出现了一定程度的下降，主要受2013年债市

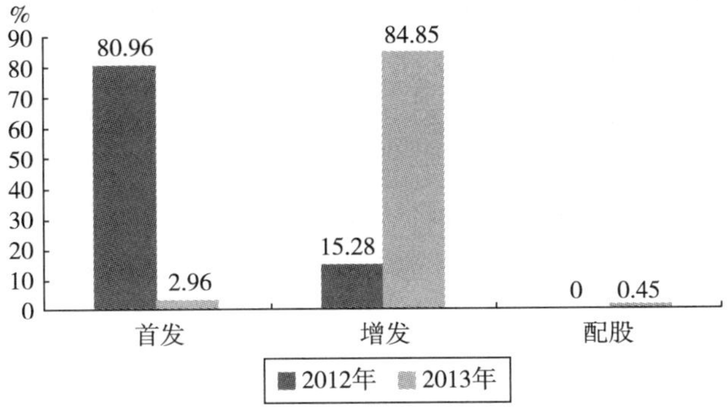

资料来源：Wind 资讯，公司金融研究中心。

图 4 – 14　证券公司股票承销收入市场份额（2012—2013 年）

“扫黑”① 和 6 月市场出现的“钱荒”的影响。全年共有 81 家券商共承销了 1151 个债券项目（2012 年共有 76 家券商承销 1222 个债券项目），合计募资金额 10922. 63 亿元，同比下降了 29. 5%，占市场份额的 77. 15%（见图 4 – 15），相比 2012 年的 82. 31% 下降了 5. 16 个百分点。中信证券（600030）居榜首，全年共担任了 143 只债券的主承销，总募资额达 1579. 87 亿元；其次是国开证券，全年承销债券 63 只，募资额为 778. 5 亿元；中信建投位列第三，全年承销债券 58 只，募资额为 688. 38 亿元。

在可转换债券承销方面，相比于承销家数的小幅增加，全年承销金额和承销收入出现了较大幅度的提升。共有 16 家公司完成了可转换债券的发行，相比 2012 年的 6 家增加了 10 家，共募集资金合计 544. 81 亿元，相比 2012 年的 163. 55 亿元增加了 3 倍之多。海通证券（600837）和瑞银证券以 100 亿元的承销金额并列第一，其次是摩根大通，承销金额为 69. 11 亿元。从承销收入来说，全年可转债发行的承销收入为 4. 37 亿元，相比 2012 年的 2. 53 亿元增幅达 72. 7%，所占的市场份额也从 3. 76% 上升到 11. 75%。

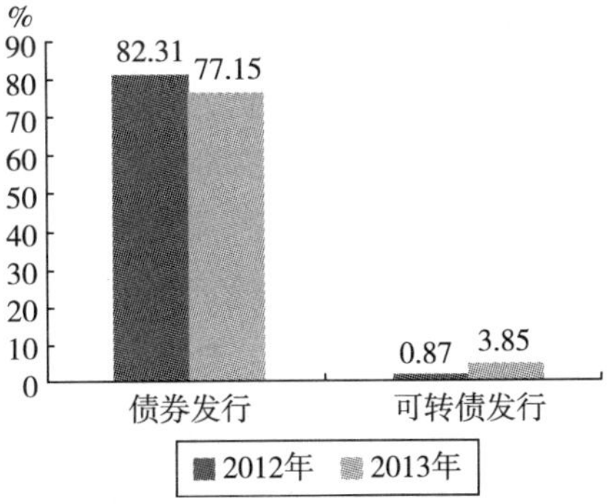

资料来源：Wind 资讯，公司金融研究中心。

图 4 – 15　券商债券承销金额市场份额（2012—2013 年）

① 在此指 2013 年各省审计部门拉网式彻查债券市场异常交易行为的行动。

表4－6是承销业务净收入排名前十的券商，无论是承销家数、承销金额还是承销业务净收入，中信证券（600030）都位列第一。从承销业务净收入而言，位居前三的是中信证券（600030）、中金公司和国泰君安。其中，华泰联合的承销业务净收入为5.5亿元，其承销收入占比高达66.79%。中信证券（600030）以其1823.11亿元的承销金额占据了市场份额的4.19%，名列榜首，其次是中金公司，以946.24亿元的承销金额位列第二，占据了市场份额的2.18%，排名第三的是中信建投，以908.20亿元承销金额占据了市场份额的2.09%。

表4－6　　TOP10券商承销情况（2013年）　　单位：亿元

公司简称	承销家数（家）	承销金额	证券承销业务净收入（万元）	承销收入占比（%）
中信证券	155	1823.11	21.20	13.15
中金公司	58	946.24	10.79	33.07
国泰君安	65	775.15	9.00	10.00
海通证券	39	695.21	8.87	8.49
中信建投	75	908.20	8.71	15.41
国信证券	64	449.21	8.52	12.57
华泰证券	1	10.00	5.78	8.06
华泰联合	34	423.53	5.55	66.79
宏源证券	34	311.30	5.42	13.17
招商证券	27	400.78	4.33	7.12

注：承销收入占比＝承销业务净收入/营业收入。

资料来源：Wind资讯，公司金融研究中心。

2.“新三板”为券商带来新的业务机会

“新三板”被誉为资本市场的“蓄水池”，可以通过价格发现、引入风险投资、私募增资、银行贷款等方式增强挂牌企业的融资能力，同时，通过规范运作、适度信息披露、相关部门监管等，可以促进挂牌企业健全治理结构，熟悉资本市场，促进试点企业尽快达到创业板上市公司的要求。伴随着“新三板”的扩容，“新三板”的企业资源也成为券商争抢的筹码，“新三板”的扩容为券商提供了新的业务机会。

“新三板”为券商带来新的业务机会主要体现在：一是券商通过扩展自有资金运用渠道提高收益。通过参与“新三板”的业务，券商可以发掘有潜力的企业进行PE投资，发挥“承销＋保荐”的直投业务模式优势。此外，通过参与具有IPO潜力的挂牌企业的定向融资也可以带来潜在的高收益。根据Wind数据统计，2006年至2013年底，共有149家企业进行定向增发。

对于券商而言，“新三板”的收入主要来自两个部分：挂牌收入（包括挂牌时的主板券商服务费和主板券商持续督导费用）和承销收入（包括“新三板”挂牌时的定向增发和转入主板或创业板时的收入）。

（1）挂牌服务费收入

在“新三板”上挂牌的企业一般在挂牌时需要缴纳股转系统费、主办券商服务费、资产评估费、法律服务费和审计费。其中主办券商服务费是券商在挂牌阶段的主要收入，按照实际经验，挂牌项目的挂牌服务费为 80 万—120 万元。此外，在挂牌之后挂牌企业还需缴纳一定的维持费用，主要包括主办券商持续督导费、股权系统年费以及审计费用。按照实际经验，主办券商的持续督导费用大约为每年 5 万元。

全国中小企业股份转让系统公布的“2013 年主办券商执业情况”显示，2013 年共有 43 家主办券商共计推荐并挂牌 156 家企业，其中，申银万国推荐挂牌项目数量 25 家，占比 16.03%，长江证券（000783）推荐挂牌的项目数量为 14 家，占比 8.97%，排名第三的为广发证券（000776），推荐挂牌项目的数量为 9 家，占比 5.77%（见图 4－16）。

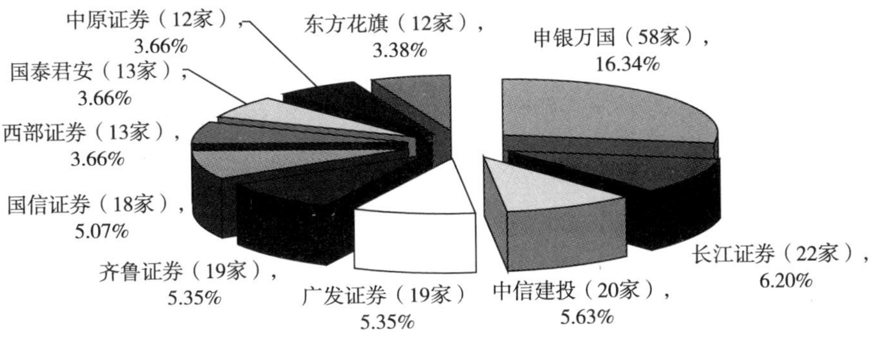

资料来源：Wind 资讯，公司金融研究中心。

图 4－16　TOP10 主办券商推荐挂牌家数占比（2013 年）

（2）承销收入

对于券商而言，“新三板”的另一笔收入来源为定向增发时的承销费用以及“新三板”企业转板时的 IPO 承销收入。随着“新三板”二级市场活跃度的提升，挂牌企业在一级市场的融资能力也在提升。定向增发已日渐成为“新三板”挂牌公司重要的融资方式并呈现爆发性增长态势。根据 Wind 统计数据，“新三板”市场的定向增发数量从 2006 年的 4250 万股上升到 2013 年的 4.82 亿股，全年的定向增发数量同比增加 322.11%；定向融资总额从 2006 年的 4.82 亿元增至 2013 年的 14.81 亿元，增幅达 209.85%（见图 4－17），定向增发数量及融资总额的增加可为券商带来可观的承销收入。

此外，随着“新三板”挂牌企业的逐步成熟，挂牌企业通过实现转板上市的方式可以为证券公司带来一定的承销收入。根据相关数据统计，2009—2012 年，共有 7 家企

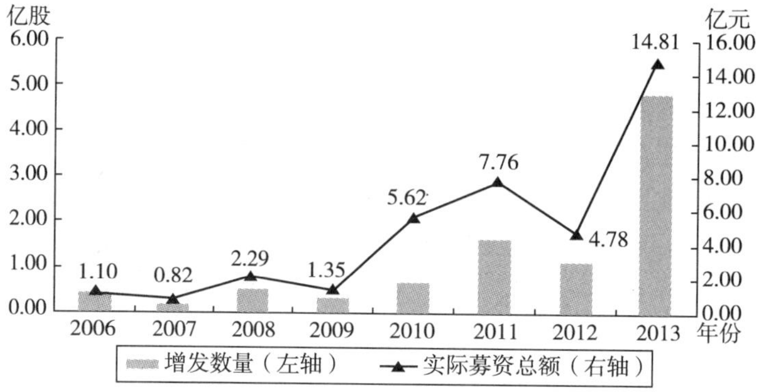

资料来源：Wind资讯，公司金融研究中心。

图4－17 “新三板”定向增发数量和实际募资总额（2013年）

业①成功登陆到中小板和创业板，承销费用合计2.19亿元。

3. 2013年主承销与保荐业务排名

在76家②证券公司中，无论是在承销家数、承销金额还是承销收入上，中信证券（600030）都稳居第一。在承销家数上，中信证券（600030）和中信建投分别以155家和75家的承销家数位列第二和第三；在承销金额方面，中金公司以946.24亿元的承销金额位列第二，中信建投以908.20亿元的承销金额位列第三；在承销收入方面，中金公司以107863.98万元的承销收入位列第二，国泰君安以89955.69万元的承销收入位列第三。2013年证券公司承销业务排名见附录1表4－7。

相比较来说，2013年券商承销家数的数目有所减少，这主要受全年IPO暂停的影响。在TOP20证券公司中，承销家数减少较大的有平安证券、国信证券和国泰君安，相比2012年分别减少了37家、26家和24家（见图4－18）。

总的来看，前10名证券公司排名变化不是很大，后10名的证券公司排名变化较为明显，其中排名变化幅度较大的是摩根士丹利华鑫和兴业证券（601377），摩根士丹利华鑫由2012年的第36名上升到2013年的第16名，兴业证券（601377）由2012年的第31名上升到2013年的第19名（见图4－19）。

从图4－20可以看出，国信证券从2012年的第2名下降到2013年的第6名，承销收入同比下降42.03%；平安证券从2012年的第4名下降到2013年的第17名，承销收入同比下降65.4%。名次变化较大的还有华融证券和国海证券（000750），分别上升了50个名次和14个名次。

---

① 共有东土科技（300353）、博晖创新（300318）、紫光华宇（300271）、佳讯飞鸿（300213）、世纪瑞尔（300150）、北陆药业（300016）、久其软件（002279）7只股票实现了转板。

② 根据Wind数据显示，共有81家券商有承销资格，承销收入数据来源于维赛特数据库，其中爱建证券、财达证券、海际大和、西藏同信证券、湘财证券数据缺失，因此剔除。

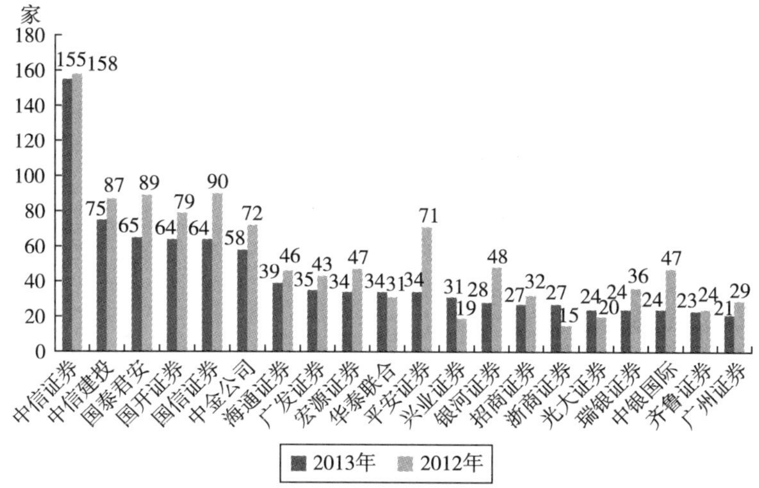

资料来源：公司金融研究中心。

图 4-18　TOP20 证券公司承销家数比较（2012—2013 年）

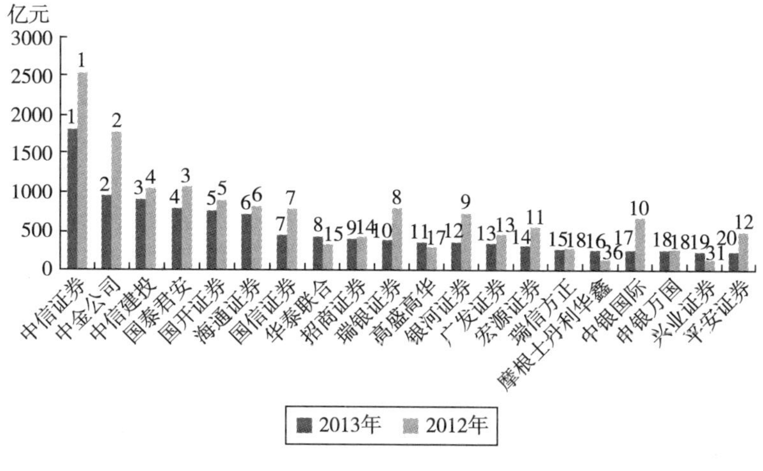

资料来源：公司金融研究中心。

图 4-19　TOP20 证券公司承销金额排名比较（2012—2013 年）

4.1.3　资产管理业务

1. 2013 年券商资产管理业务的发展环境

十八届三中全会《中共中央关于全面深化改革若干重大问题的决定》提出，要完善金融市场体系、提高直接融资比重、鼓励金融创新、丰富金融市场层次和产品。2013 年 6 月，修订后的《证券投资基金法》正式实施。新《基金法》明确了“公开募集”与“非公开募集”的界限，将私募基金作为具有金融属性的金融产品纳入规制范围，并针对其资产规模小、客户数量少、风险外溢弱等特点设定与公募基金不同的制度安排。这将吸引机构参与资产管理行业，有利于完善资产结构、丰富产品体系。2013 年 2 月，中

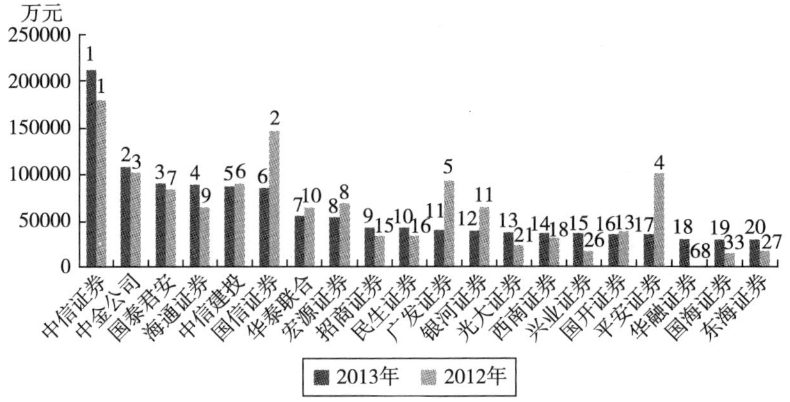

资料来源：公司金融研究中心。

图 4－20　TOP20 证券公司承销收入排名比较（2012—2013 年）

国证监会颁布了《资产管理机构开展公募证券投资基金管理业务暂行规定》（以下简称《规定》），主要规定了申请开展基金管理业务的资产管理机构应当具备的条件，《规定》适当降低了证券公司、保险资产管理公司、私募证券基金管理机构三类机构直接开展公募基金管理业务的门槛，增加了符合条件的股权投资管理机构、创业投资管理机构等其他资产管理机构也可以申请开展基金管理业务的规定，为基金管理公司以外的其他机构开展公募基金管理业务开辟了渠道；6 月，在原有的“一法两则”（《证券公司客户资产管理业务管理办法》、《证券公司集合资产管理业务实施细则》以及《证券公司定向资产管理业务实施细则》）的基础上，中国证监会再次对《证券公司客户资产管理业务管理办法》、《证券公司集合资产管理业务实施细则》进行了修订，删除了针对“大集合”的专门规定，将不再有“大、小集合”的划分。修订后的《管理办法》及《集合细则》规范了证券公司资产管理计划，规定无论集合计划、定向计划和专项计划，均为私募理财产品。“大集合”的停发使得很多不满足证监会要求的证券公司无法开展相应业务，券商理财产品发行量和发行份额也出现下降的趋势。

新《基金法》的修订、《证券公司客户资产管理业务管理办法》及配套实施细则的修订标志着证券行业资产管理制度的发展和完善，是按照“放松管制、加强监管”思路进行制度安排的体现。这有助于促进金融创新，改变和提升证券资产管理在金融同业中的弱势地位。

2. 券商资产管理业务的发展状况

（1）券商集合理财发行市场概况

2013 年，券商集合理财的规模增长迅猛。根据 Wind 数据统计，全年共发行 1948 只集合理财产品，比 2012 年的 236 只增加了 8 倍多；发行份额为 2041.46 亿份，相比 2012 年的 981.38 亿份增加幅度达 108.02%，份额的增长率不及数量增长率那么明显，并且呈现出上半年优于下半年的现象。

从图 4－21 可以看出，集合理财产品的月度发行量呈现上半年不断升高、下半年相对平稳的一个趋势，规模上同样呈现先高后低的局面。第一季度发行数为 339 只、第二季度发行数为 715 只、第三季度发行数为 399 只、第四季度发行数为 495 只。前 5 个月发行量较大，主要受到 6 月大集合停发影响，券商赶在关门前加大发行力度，为申请基金牌照做准备。2013 年 6 月随着资产管理新政的推出，市场对集合产品的发行较 5 月有一个断崖式的下跌，从单月 416 只回落到 120 只的水平。

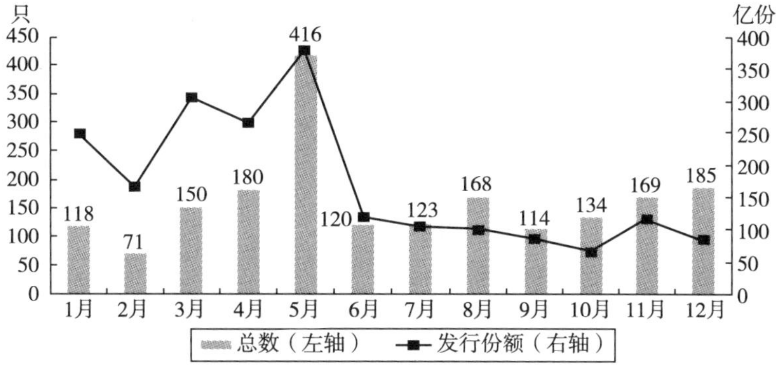

资料来源：Wind 资讯，公司金融研究中心。

图 4－21　集合理财产品发行总数和发行份额（2013 年）

在这 1948 只新发产品、规模为 5652 亿元的市场中，债券型产品和混合型产品数量所占份额最大。2013 年共有债券型产品 843 只产品发行，混合型产品发行量为 503 只，FOF 产品发行量为 240 只，超过了货币市场型、股票型和 QDII 型产品，货币市场型产品的发行数量为 139 只，股票型产品的发行数量为 47 只，QDII 产品的发行数量为 3 只。从数量占比来看，债券型和混合型券商理财产品发行数量占到了总发行只数的 69. 1%，货币型、FOF、股票型和 QDII 的数量总共占到了发行只数的 22. 02%（见图 4－22）。

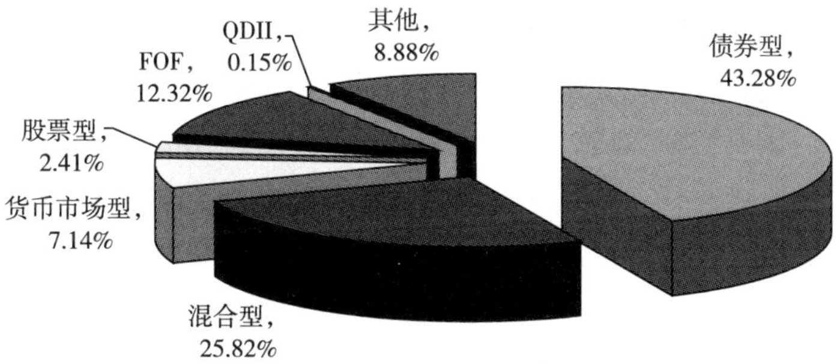

资料来源：Wind 资讯，公司金融研究中心。

图 4－22　新发各类别集合理财产品数量占比（2013 年）

总的来说，2013 年券商以被动管理型产品为主。全年共发行了 1299 只集合理财产品，发行规模为 3609 亿元。发行规模最大的是券商定向资产管理产品，总计发行了 6011 只，共 4. 84 万亿元。整个券商集合理财和资产管理市场占比最小的还是专项资产管理计划，总共发行了19只产品，约合111亿元（见图4－23）。

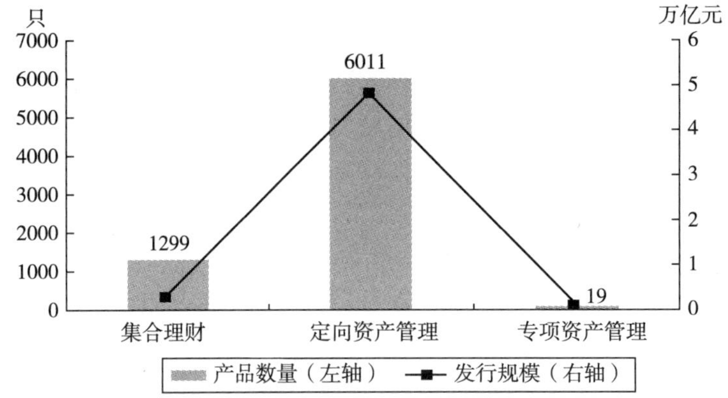

资料来源：华宝证券研究所，公司金融研究中心。

图4－23　资产管理业务发展状况（2013年）

在4.84万亿元的定向资产管理产品中，主动管理型为4212亿元，占比8.7%；被动管理型约4.42万亿元，占定向资产管理比例为91.3%（见图4－24）。

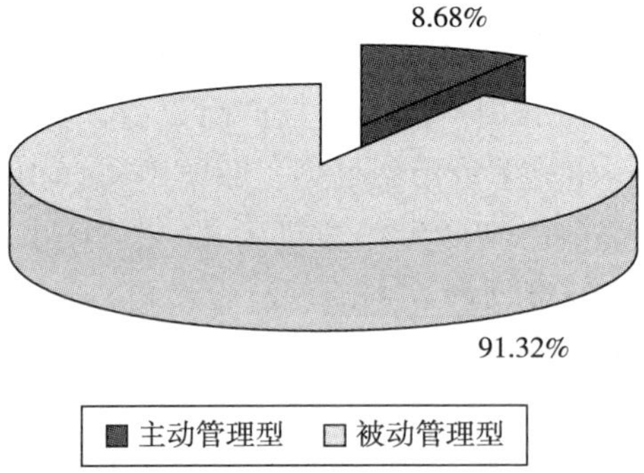

资料来源：华宝证券研究所，公司金融研究中心。

图4－24　主动管理型和被动管理型定向资产管理产品占比（2013年）

从图4－25中可以看出，主动型产品和被动型产品的发行趋势基本保持一致。被动管理型产品发行量从7月开始就在每个月400只左右的范围维持，保持在一个全年的相对高位；下半年定向被动管理型产品的发行量加大和券商集合产品发行困境有密切的联系。主动管理型产品只有在3月突破了150只的水平，其余全年基本都在50只的水平徘徊。市场的波动以及资金面的紧张等因素是券商定向主动管理型发行在低位徘徊的主要原因。

（2）券商资产管理产品的业绩排名概况

2013年，券商集合理财整体表现相比2012年有所提高。根据Wind统计数据，截至12月31日，全年集合理财产品年平均收益率为4.92%，同比提高了近3.7个百分点。截至2013年底，各类型的集合理财产品实现正收益的产品占55.48%，收益为0的产品

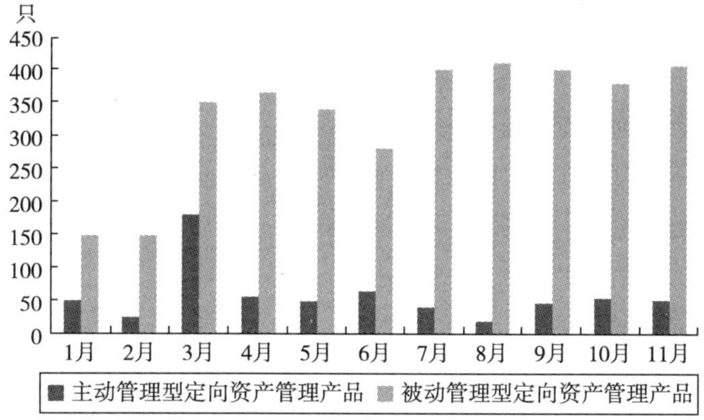

资料来源：华宝证券研究所，公司金融研究中心。

图4-25　定向资产管理计划月度发行趋势（2013年）

占23.69%，亏损产品占20.83%。整体来看，全年券商集合理财的收益情况好于2012年，从产品来看，收益率排名前10位的集合理财产品的表现要好于2012年（见表4-8）。

表4-8　TOP10投资收益的集合理财产品情况（2013年）　单位：亿元

产品简称	单位净值	总回报（%）	管理公司	托管人
国泰君安君享重阳	1.39	66.61	国泰君安资产管理	兴业银行
东方红5号	1.41	46.83	上海东方资产管理	中国工商银行
中银中国红稳定价值	1.11	43.11	中银国际	华夏银行
东方红4号	2.13	41.31	上海东方资产管理	中国工商银行
招商智远成长	1.35	41.26	招商证券	招商银行
东方红新睿1号	1.36	35.94	上海东方资产管理	招商银行
光大阳光6号	1.14	34.71	上海光大资产管理	中国工商银行
东方红公益	1.25	33.68	上海东方资产管理	中国工商银行
中信优选成长	1.11	31.61	中信证券	中国银行
中山金砖1号	1.06	31.24	中山证券	华夏银行

资料来源：Wind资讯，公司金融研究中心。

全年19只股票型集合理财产品中，有统计的7只获得正收益，最大涨幅为29.35%，最大跌幅为8.97%（银河99指数），平均业绩为6.07%（见表4-9）。

表4-9　TOP10股票型集合理财产品单位净值和回报情况（2013年）　单位：亿元

产品简称	单位净值	一年总回报（%）	管理公司	托管人
中信卓越成长	1.19	29.35	中信证券	中信银行
招商股票星	1.07	12.58	招商证券	中国建设银行
宏源新兴成长	0.95	10.13	宏源证券	中国建设银行
中金消费指数	0.86	6.94	中金公司	中信银行

续表

产品简称	单位净值	一年总回报（%）	管理公司	托管人
中信红利价值	0.99	6.72	中信证券	中信银行
国联金如意3号	0.92	6.10	国联证券	交通银行
高华证券盛享1号	1.01	0.27	北京高华	中国工商银行
东北证券6号	0.98	-0.41	东北证券	中国建设银行
华融稳健成长2号	0.84	-2.02	华融证券	中国工商银行
银河99指数	0.85	-8.97	银河证券	中国建设银行

资料来源：Wind资讯，公司金融研究中心。

在2013年700只债券型集合理财产品中，有统计的68只获得正收益，最大涨幅为18.11%，最大跌幅为53.13%（海通月月赢风险级），平均业绩为0.84%（见表4-10）。

表4-10　　TOP10债券型集合理财产品单位净值和回报情况（2013年）　　单位：亿元

产品简称	单位净值	一年总回报（%）	管理公司	托管人
大通三石二号B	1.13	18.11	大通证券	中国证券登记结算有限责任公司
民族金港湾1号	1.02	10.19	民族证券	华夏银行
华鑫鑫财富智享1号	1.01	8.23	华鑫证券	兴业银行
银泰2号稳健收益	1.00	7.22	银泰证券	交通银行
创业创金安享收益	1.03	6.69	第一创业	中国工商银行
创业创金安享收益2期	1.01	6.29	第一创业	中国工商银行
西藏同信如意稳健1号	1.00	5.80	西藏同信	上海银行
东兴5号	1.02	5.71	东兴证券	中国工商银行
华泰领先1号	1.00	5.61	华泰证券	中国工商银行
中银国际中国红债券宝	1.02	5.59	中银国际	中国银行

资料来源：Wind资讯，公司金融研究中心。

在2013年479只混合型集合理财产品中，有统计的135只获得正收益，最大涨幅为46.83%，收益最大跌幅为20.99%（齐鲁金泰山2号），平均业绩为7.13%（见表4-11）。

表4-11　　TOP10混合型集合理财产品单位净值和回报情况（2013年）　　单位：亿元

产品简称	单位净值	一年总回报（%）	管理公司
东方红5号	1.41	46.83	上海东方资产管理
中银中国红稳定价值	1.11	43.11	中银国际
东方红4号	2.13	41.31	上海东方资产管理
招商智远成长	1.35	41.26	招商证券
中信优选成长	1.11	31.61	中信证券
中山金砖1号	1.06	31.24	中山证券

续表

产品简称	单位净值	一年总回报（%）	管理公司
东方红先锋6号	1.05	30.90	上海东方资产管理
东方红先锋6号Ⅱ期	1.10	30.57	上海东方资产管理
东方红先锋5号	1.00	29.37	上海东方资产管理
东方红8号	1.31	28.43	上海东方资产管理

资料来源：Wind资讯，公司金融研究中心。

在2013年272只FOF集合理财产品中，有统计的32只获得正收益，最大涨幅为15.59%，最大跌幅为19.96%（中航金航2号），平均收益为3.33%（见表4-12）。

表4-12　　TOP10 FOF集合理财产品（2013年）　　单位：亿元

产品简称	单位净值	一年总回报（%）	管理公司	托管人
申银万国3号基金宝	1.03	15.59	申银万国	中信银行
广发理财4号	1.00	13.65	广发证券	招商银行
东方红基金宝	1.06	12.44	上海东方资产管理	中国银行
中投汇盈基金优选	0.97	12.20	中投证券	中国银行
浙商汇金1号	1.16	11.63	浙商证券	中国农业银行
渤海蓝海系列巴南改造	1.01	10.42	渤海证券	中国建设银行
东兴1号	0.78	9.70	东兴证券	中国光大银行
华泰紫金鼎锦上添花	0.79	9.48	华泰证券	中国银行
华创证券限额特定1号	1.09	8.08	华创证券	广发银行
信达满堂红基金优选	0.83	7.76	信达证券	中国建设银行

资料来源：Wind资讯，公司金融研究中心。

在2013年107只货币市场型集合理财产品中，有统计的16只获得正收益，最大涨幅为4.84%，最大跌幅为0，平均收益为1.55%（见表4-13）。

表4-13　　TOP10货币市场型集合理财产品（2013年）　　单位：亿元

产品简称	单位净值	一年总回报（%）	管理公司	托管人
华泰紫金定存宝	1.00	4.84	华泰证券	浦发银行
华泰紫金天天发	1.00	4.75	华泰证券	中国证券登记结算有限责任公司
中银国际中国红货币宝	1.00	4.18	中银国际	中国银行
华泰紫金现金管家	1.07	4.13	华泰证券	交通银行
招商现金牛货币	1.00	4.13	招商证券	招商银行
民族现金港	1.00	3.98	民族证券	中国证券登记结算有限责任公司
长江超越理财货币管家	1.00	3.94	长江证券	中国证券登记结算有限责任公司
齐鲁锦泉	1.03	3.84	齐鲁证券	交通银行
安信天利宝	1.00	3.69	安信证券	中国证券登记结算有限责任公司
高华证券盛誉货币	1.00	3.67	北京高华	中国建设银行

资料来源：Wind资讯，公司金融研究中心。

在2013年5只QDII集合理财产品中，有统计的2只获得正收益，最大涨幅为18.79%，平均收益为10.64%（见表4－14）。

表4－14　TOP10 QDII集合理财产品（2013年）　单位：亿元

产品简称	单位净值	一年总回报（%）	管理公司	托管人
华泰紫金龙大中华	1.09	18.91	华泰证券	中国银行
国信金汇宝人口红利	1.03	2.37	国信证券	中国工商银行
光大金马海外高息	1.00	—	上海光大资产管理	中国工商银行
广发全球稳定收益债券	1.04	—	广发证券	中国工商银行
国信金汇宝香江收益2号	1.04	—	国信证券	中国工商银行

资料来源：Wind资讯，公司金融研究中心。

3. 资产管理集合理财业务排名

2012年，开展集合理财业务的证券公司为85家，2013年增加了中邮证券一家。国泰君安资产管理以69只产品数量、269.49亿份的份额和273.22亿元的资产净值名列榜首，中信证券（600030）和浙商证券分别以67只和48只的发行数量位列第二和第三；从资产净值上来看，华泰证券（601688）以216.30亿元位列第二，华融证券以186.73亿元位列第三（见附录1表4－15）。

从图4－26可以看出，TOP20证券公司发行集合理财产品的数量在2013年有了大规模的增加。其中，排名第一的国泰君安资产管理从2012年的31只增加到2013年的69只，排名第二的中信证券（600030）从2012年的30只增加到2013年的67只，排名第三的浙商证券从2012年的10只增加到2013年的48只。

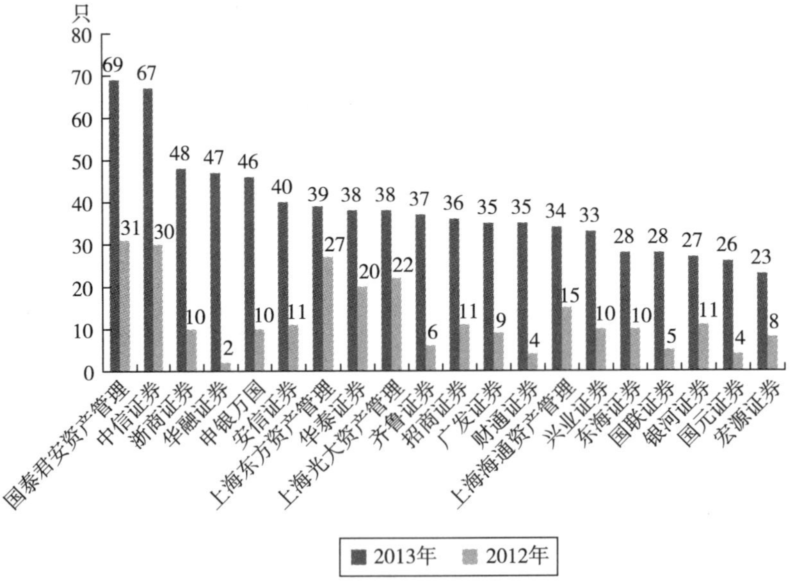

资料来源：公司金融研究中心。

图4－26　TOP20证券公司发行集合理财产品数量比较

从图4－27可以看出，华融证券从2012年的第56名上升到2013年的第3名，上海东方资产管理从2012年的第4名滑落到2013年的第12名。

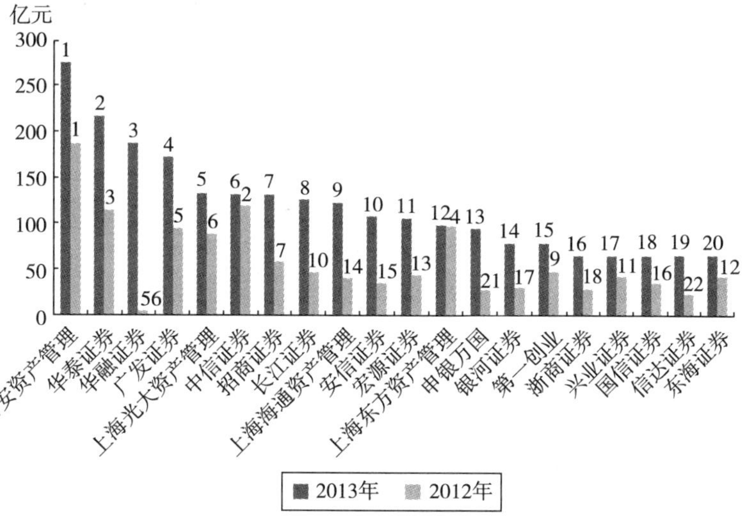

资料来源：公司金融研究中心。

图4－27　TOP20证券公司发行集合理财资产净值排名比较

4.2　财务指标

4.2.1　2013年主要财务指标概况

2013年证券行业资产规模较2012年出现了较大幅度的提升。截至年底，中国证券行业的总资产、净资产以及净资本分别达到了23929.70亿元、8026.88亿元和5189.01亿元，同比增幅分别达到了24.45%、9.33%以及4.52%，实现了行业规模的稳定增长。

2013年是全行业自2009年之后首次重新出现业绩正增长的年份，有望自此成为全行业经营业绩的一个转折点。中国证券行业的营业收入自2008年全球金融危机期间跌入低谷，此后在2009年出现反弹之后至2012年的几年间始终呈现出一个逐年下滑的态势。

整个行业2013年营业收入和净利润都出现了一定程度的增幅，而且净利润增幅超过营业收入增幅13.4个百分点，这反映出2013年中国证券行业的盈利能力有了一定幅度的提升。115家证券公司全年实现营业收入1921.18亿元，同比增长24.89%；全年实现净利润513.17亿元，同比增长37.59%，共有104家公司实现盈利，占证券公司总数的90.4%。各主营业务收入分别为代理买卖证券业务净收入866.70亿元，证券承销与保荐业务净收入178.25亿元，手续费及佣金净收入1265.39亿元，利息净收入236.38亿元，受托客户资产管理业务净收入90.43亿元，投资净收益470.34亿元。证券公司行业全年ROA和ROE分别为3.72%、6.83%，与2012年相比分别上升1.81个和2.09个百分点（见图4－28）。

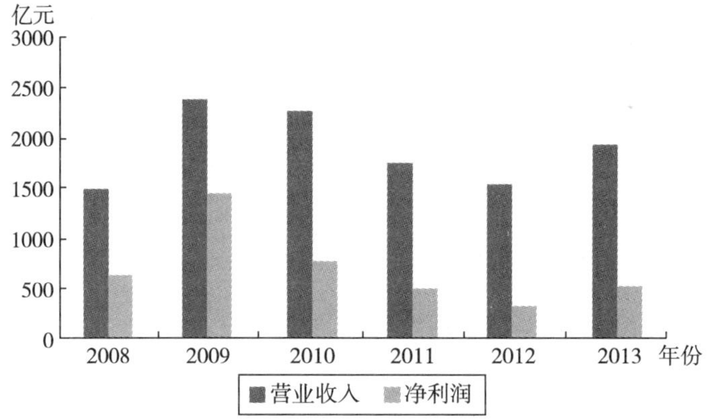

资料来源：Wind 资讯，公司金融研究中心。

图 4－28　中国证券行业营业收入和净利润（2008—2013 年）

4.2.2　2013 年主要财务指标排名

1. 总资产、营业收入和净利润排名

2013 年，115 家证券公司总资产总和为 23929.71 亿元，中信证券（600030）以 2713.54 亿元的总资产名列榜首，海通证券（600837）以 1691.24 亿元名列第二，国泰君安稍逊于海通证券（600837），以 1531.65 亿元的总资产名列第三。无论是从总资产、营业收入还是净利润，中信证券（600030）、海通证券（600837）和国泰君安都分别名列第一、第二和第三。115 家证券公司的总资产、营业收入和净利润排名见附录 1 表4－16。

总的来说，2012 年和 2013 年 TOP20 总资产排名不是很大，2012 年与 2013 年 TOP9 证券公司排名没有变化，中信证券（600030）、海通证券（600837）和国泰君安已连续三年总资产名列前三名，而且 2013 年中信证券（600030）总资产相比 2012 年增长了 61.03%，海通证券（600837）和国泰君安总资产增长率分别为 33.86% 和 44.38%（见图 4－29）。

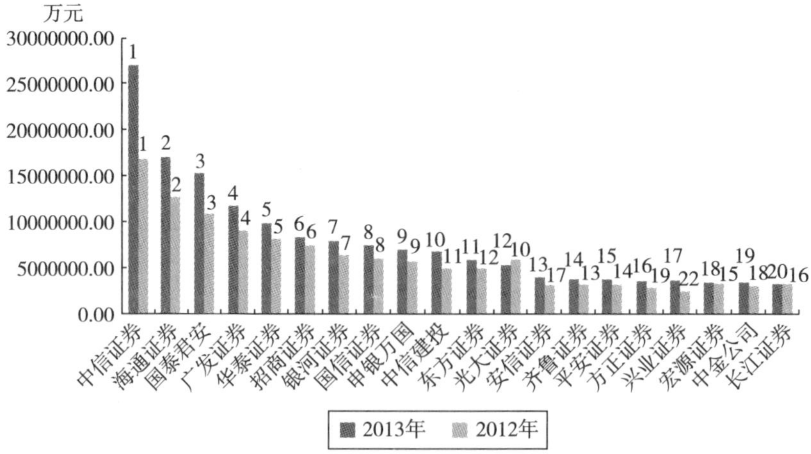

资料来源：公司金融研究中心。

图 4－29　TOP20 总资产排名比较（2012—2013 年）

从图 4-30 可以看出，中信证券（600030）、海通证券（600837）和国泰君安已连续三年营业收入名列前三名，中信证券（600030）营业收入相比 2012 年增长了 37.81%，海通证券（600837）和国泰君安总资产增长率分别为 14.38% 和 15.32%。2012 年中金公司排在第 15 名，而 2013 年不在 TOP20 之列，取而代之的是中投证券。

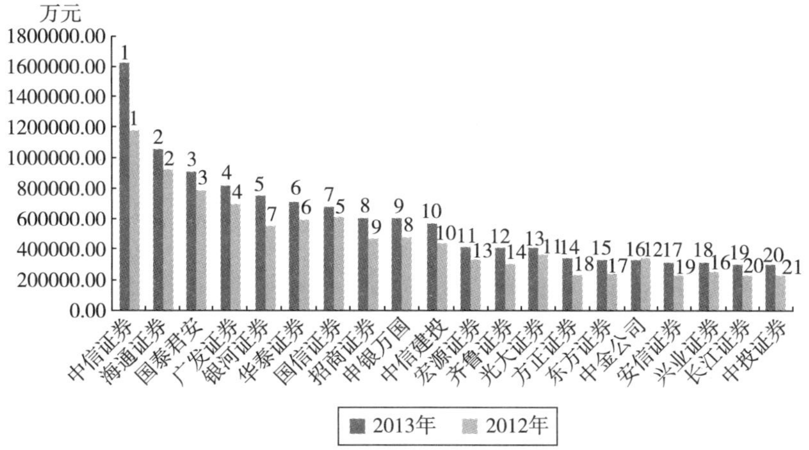

资料来源：公司金融研究中心。

图 4-30　TOP20 营业收入排名比较（2012—2013 年）

从图 4-31 可以看出，中信证券（600030）、海通证券（600837）和国泰君安已连续三年净利润名列前三名，中信证券（600030）净利润相比 2012 年增长了 23.25%，海通证券（600837）和国泰君安总资产增长率分别为 32.35% 和 17.81%。2012 年和 2013 年 TOP20 净利润排名变化是较大的，2013 年，广发证券、平安证券和国开证券不在 TOP20 之列，取而代之的是中投证券、国元证券（000728）和华西证券。

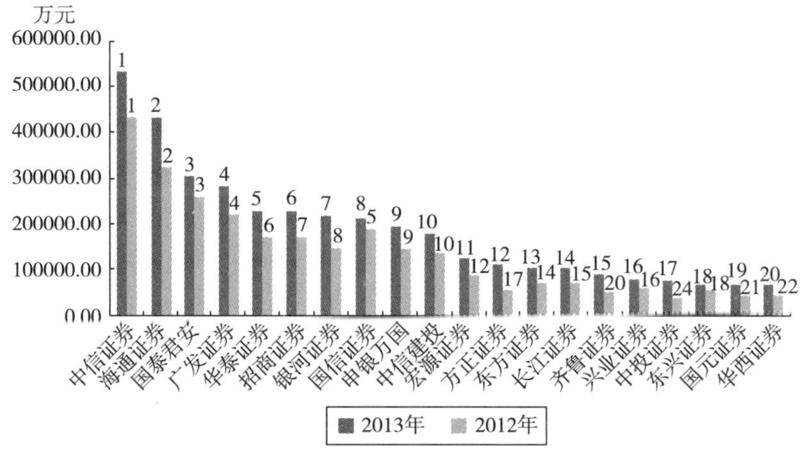

资料来源：公司金融研究中心。

图 4-31　TOP20 净利润排名比较（2012—2013 年）

为了更加直观地描述各个证券公司的盈利状况，本报告对115家证券公司的资产收益率（ROA）和净资产收益率（ROE）进行了排名（见附录1表4－17）。

从图4－32可以看出，上海光大资产管理以20.82%位列第一，其次分别是国泰君安资产管理和恒泰证券，ROA分别为8.85%和4.03%。

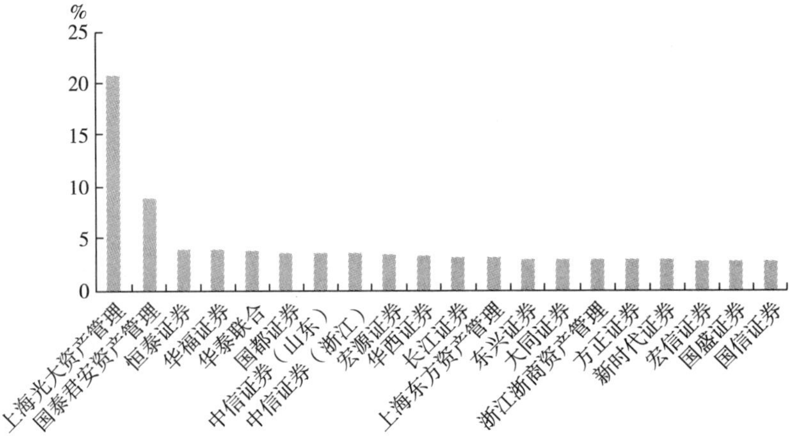

资料来源：公司金融研究中心。

图4－32　TOP20证券公司ROA排名（2013年）

从图4－33可以看出，上海光大资产管理以26.39%名列榜首，其次分别是中信证券（浙江）和华福证券，ROE分别为20.78%和14.32%。

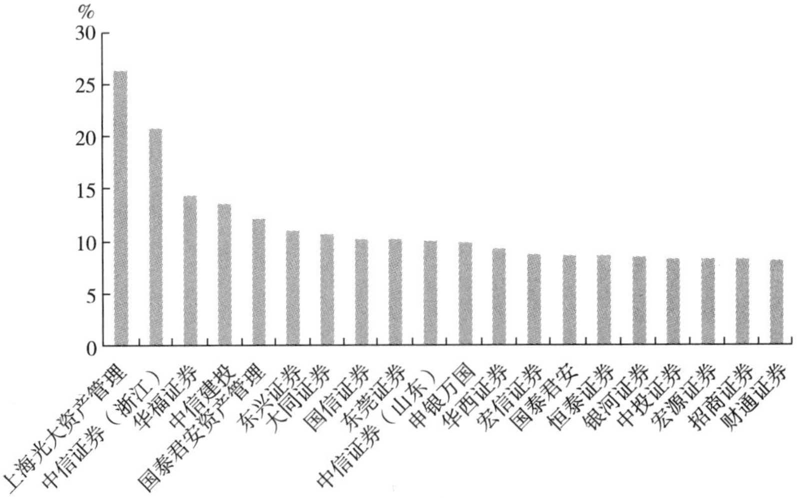

资料来源：公司金融研究中心。

图4－33　TOP20证券公司ROE排名（2013年）

2. 净资产与净资本排名

截至 2013 年末，115 家证券公司净资产总和为 8032.05 亿元，同比增长 9.33%；净资本总和为 5194.01 亿元，同比增长 4.53%。从净资产来看，中信证券（600030）以 894.02 亿元名列榜首，同比增长 3.14%。其次是海通证券（600837），以 641.05 亿元位列第二，同比增长 6.08%，排名第三的是华泰证券（601688），净资产总额为 363.25 亿元，同比增加 4.87%；从净资本来看，海通证券（600837）以 390.41 亿元排名第一，小幅增长 0.09%，排名第二的中信证券（600030）则同比下降 14.02%，排名第三的是国泰君安，净资本为 233.18 亿元，同比增加 2.81%（见附录 1 表 4－18）。

2012 年和 2013 年的 TOP20 证券公司没有变化，只是名次有升有降。中信证券（600030）、海通证券（600837）和华泰证券（601688）已连续三年净资产位列前三位。从 TOP20 的证券公司净资产排名来看，银河证券（06881. HK）和兴业证券（601377）的名次变化相对较大，银河证券从 2012 年的第 10 名升至 2013 年的第 7 名，2013 年的净资产为 254.22 亿元，同比增长 44.78%；兴业证券（601377）从 2012 年的第 20 名上升到 2013 年的第 15 名，2013 年的净资产为 134.33 亿元，同比增长 48.08%（见图 4－34）。

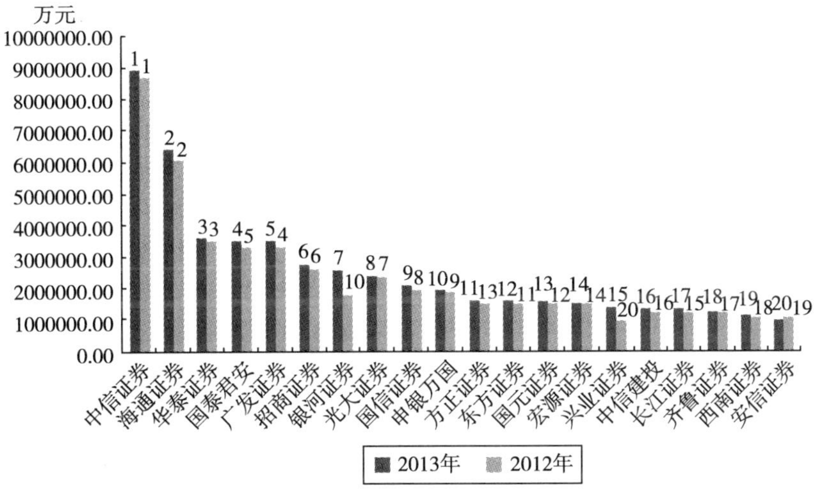

资料来源：公司金融研究中心。

图 4－34　TOP20 净资产排名比较（2012—2013 年）

从图 4－37 可以看出，排名上升幅度较大的是东方证券、兴业证券（601377）和中银国际。2013 年，东方证券净资本为 111.88 亿元，同比增长 31.98%；兴业证券（601377）净资本为 93.07 亿元，同比增长 51.074%；中银国际净资本为 72.92 亿元，同比增长 42.17%（见图 4－35）。

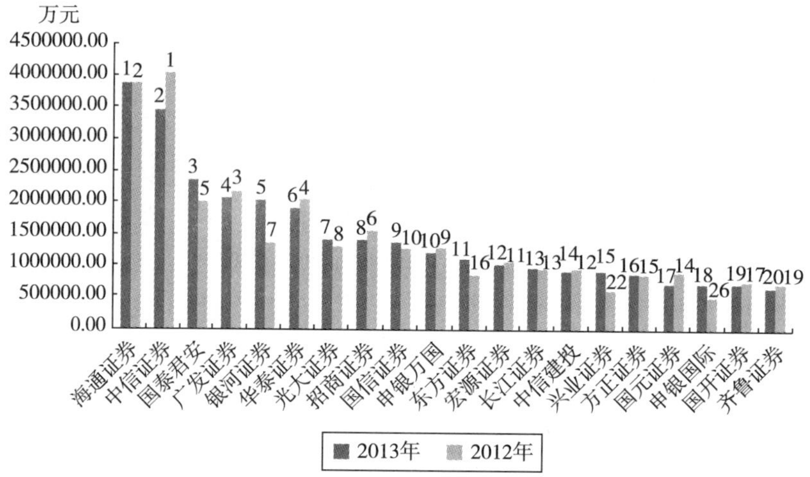

资料来源：公司金融研究中心。

图 4－35　TOP20 净资本排名比较（2012—2013 年）

第5章　中国投资银行综合指标及竞争力排名

本章将对所有证券公司的业务创新能力和综合竞争能力进行排名，这章既是整个研究报告的结论部分，也是整个研究报告的核心部分。证券公司综合竞争力的重要作用不言而喻，综合竞争力不仅是证券公司保持竞争优势的重要指标，同时也是决定证券公司行业地位的决定性因素。

公司的经营状况与证券公司的综合创新能力高度正相关，创新能力作为综合竞争力的重要组成部分，在决定证券公司未来发展能力方面起到举足轻重的作用。综合创新能力较强的证券公司往往在整个行业保持领先地位。证券公司积极地探索各种创新业务，不仅有利于公司改善单一的收入结构，实现多元化的发展方向和差异化经营战略，增加盈利份额和机会，同时还有助于增强公司自身市场的竞争力，更有助于增强在整个证券市场的风险抵御能力。

相比2012年，2013年整个证券行业的内外环境都有利于证券公司提升自身的综合竞争力。一方面，从2013年度证券行业内部经营环境来看，证券公司总体经营优于2012年。2013年营业收入达到1592.41亿元，同比增长23%；有104家券商实现盈利，占比达到90.4%。其中作为券商创新范畴的融资融券业务利息收入达184.62亿元，较2012年的52.60亿元大幅增长251%。另一方面，我国监管转型有序推进，多层次资本市场体系建设步伐加快，金融创新进一步深化，互联网金融加速发展，整个证券业环境利好，中国宏观环境依然有利于证券行业的快速发展，为我国证券公司金融创新业务的开拓和发展提供了环境支持。

在这一章中，我们针对全部证券公司的创新能力和竞争力进行计算和排名。在计算出证券公司创新能力和排名之后，结合前述各单项指标的计算得分，通过加权处理得出各证券公司的综合指标结果，将第一名得分按一定比例放大为100分，其他各证券公司按相同比例进行放大，最后将各证券公司的综合指标得分由高到低进行排序，从而得出证券公司竞争力排名。

5.1　创新能力排名

中国证监会副主席姚刚在“证券经营机构创新发展研讨会”上指出，推进证券机构创新发展要坚持防范系统性、区域性金融风险，既要做好传统业务，也要开拓创新业务。具体将从五个方面开展工作：一是放宽行业准入，鼓励市场竞争。二是实施业务牌照管理，探索功能监管。三是拓展基础功能，推进全面创新。四是拓宽融资渠道，提升资本实力。五是实施双向开放，加快国际化进程。① 在此次会议前夕，中国证监会下发《关于进一步推进证券经营机构创新发展的意见》，提出了大力支持行业创新的 3 条 15 项措施，进一步明确了证券公司创新发展的方向。这两个重要文件的颁布，为整个证券行业创新发展带来了巨大的机遇，促进行业的创新发展进入新的阶段。

2013 年，我国证券经纪业务代理买卖证券净收入为 759.21 亿元，相比于 2012 年的 504 亿元同比上升了 50%以上，全年市场交投活跃，代理买卖证券净收入贡献度比 2012 年上升了近 10 个百分点。经纪业务的竞争格局发生了较大变化，创新业务获得较好进展，但传统业务领域竞争更加激烈，新设网点放开，加之互联网金融爆发式增长，传统经纪业务的发展面临着更为严峻的问题和挑战。近年来，证券行业创新业务取得了突破性进展，传统经纪业务占比呈现下滑趋势（见图 5－1），尽管如此，传统业务收入比重仍然过大，仍是证券公司赖以生存的基本业务，而且竞争战略和业务结构仍维持多年以前品种单一的特点，竞争手段创新不足，缺乏特色，代理买卖证券业务净收入仍是证券公司最主要的收入来源。据统计，2013 年证券公司超四成业务收入来源于该项指标。

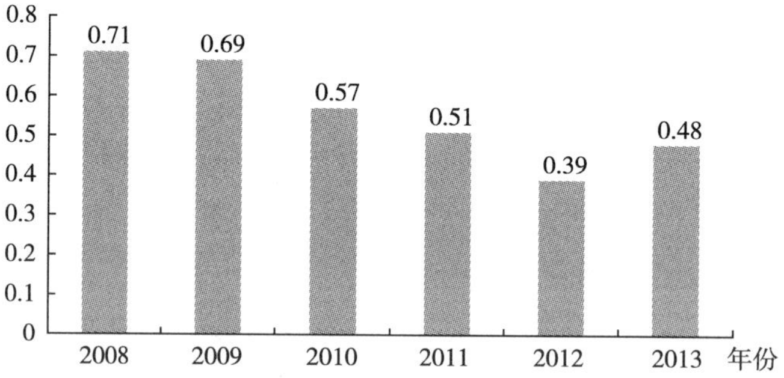

资料来源：中国证券业协会，公司金融研究中心。

图 5－1 证券行业经纪业务比重（2008—2013 年）

在传统业务中，证券公司一直靠着高佣金率来实现“暴利”，业务单一，发展同质化，这种情况下，创新能力严重匮乏。随着 2013 年中国证监会放开了对证券公司新设网点的限制，放开了分支机构设立的主体资格限制、地域限制、数量限制，使营业部大幅度增加。同时，随着互联网金融的快速发展，行业竞争格局日趋激烈，客户争夺将更加激烈，引发佣金率的下降（见图 5－2），进一步挤压营业部的盈利空间，在最高上限向下浮动的佣金制度下，佣金水平的变动势必将对公司经纪业务造成一定的影响。显然，寻找差异化发展之路、推动经济业务转型、努力开拓创新业务将是券商迫切追求的生存与发展问题，是提高公司竞争力的关键。

根据中国证监会证券公司分类评级以及本研究第 3 章中关于研究能力（包括研究人

① 2014 年券商创新大会，详见 http：//news.cnstock.com/news/sns_ jd/jjdh/。

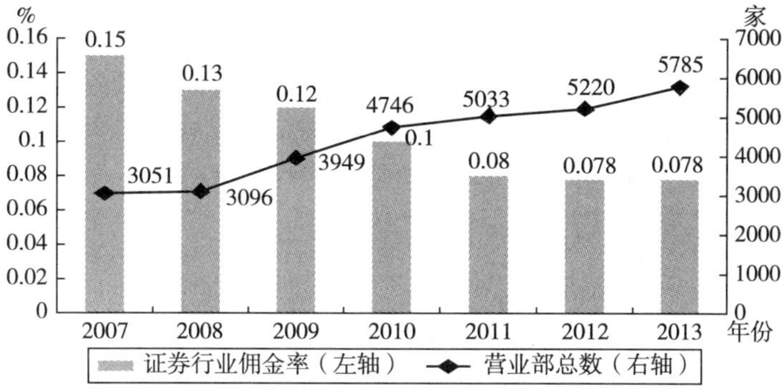

资料来源：2013 年证券公司年报，中国证券业协会，公司金融研究中心。

图 5－2　证券行业佣金率及营业部数量变化（2007—2013 年）

员数量、研究报告数量、分析师评比获奖人次）得分的计算方法，本研究计算证券公司的创新能力得分（见附录 1 表 5－1）。

根据附录 1 表 5－1 的计算结果，整理得到 2013 年 TOP20 证券公司创新能力排名（见图5－3），并根据 2011 年和 2012 年的创新能力排名（见《中国投资银行竞争力研究报告（2012）》与《中国投资银行竞争力研究报告（2013）》）整理得到证券公司排名情况变化图（2011—2013 年）（见图 5－4）。2013 年中信证券（600030）、海通证券（600837）、国泰君安在创新能力排名中位列前三甲。

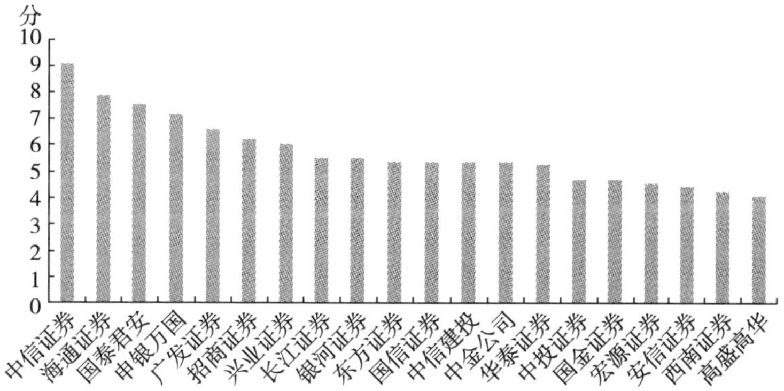

资料来源：公司金融研究中心。

图 5－3　TOP20 证券公司创新能力排名（2013 年）

从图 5－4 中可以清晰地看出 2013 年 TOP20 证券公司在 2011—2013 年的变化情况，从创新能力排名变化上看，中信证券（600030）创新能力排名超过申银万国名列榜首，海通证券（600837）从 2012 年的第 12 名上升到 2013 年的第 2 名，中投证券从 2012 年的第 20 名上升到 2013 年的第 15 名，西南证券（600369）从 2012 年的第 41 名上升到 2013 年的第 19 名，高盛高华从 2012 年的第 25 名上升到 2013 年的第 20 名；申银万国从 2012 年的第 1 名下降到 2013 年的第 4 名，华泰证券（601688）从 2012 年的第 4 名下降到 2013 年的第 14 名，安信证券从 2012 年的第 10 名下降到 2013 年的第 18 名。需要特

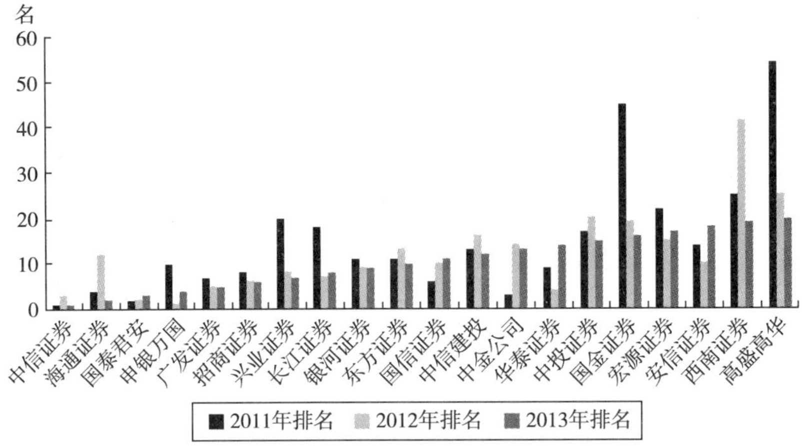

资料来源：公司金融研究中心。

图5-4 证券公司排名情况变化（2011—2013年）

别说明的是，光大证券（601788）因“乌龙指”事件造成评级的大幅度下调（从AA级下降到C级）从2012年的第17名下降到2013年的第109名。另外，我们发现，在大型券商中，中信证券（600030）、国泰君安的研究能力一直名列前茅，一直为行业所公认；多数券商创新能力排名相较于2012年变动幅度并不是太大，基本保持稳定。

5.2 竞争力排名

在过去的20年时间里，我国证券公司业务一直依赖经纪业务等传统业务收入，但是，随着证券行业竞争日益激烈，加之外部环境的变化，经纪业务已经开始进入“微利时代”，而且随着网上金融业务的快速发展，网上交易模式向传统经纪业务模式提出了挑战，加之商业银行进驻证券公司分担了证券公司的一部分业务。在如此严峻的背景下，如果证券公司继续开展同质化业务，维持现状，将是对自身生存发展的最大威胁。

从2013年证券公司盈利状况来看，利润变化、净资本和净资产变化明显优于2012年。证券公司的经营能力和盈利能力决定了证券公司的生存能力，营业收入在一定程度上度量了一个证券公司的经营能力，证券业营业收入相比于2012年同比增长了24.89%，净利润相比于2012年同比增长了37.59%（见图5-5）。

证券业能否发展壮大和净资产等财务指标密切相关。证券业净资产相比于2012年同比增长了9.33%；证券公司的风险控制能力核心在净资本，2013年证券业净资本相比于2012年同比增长了4.52%（见图5-6）。

在中国，大多数证券公司的业务范围主要是传统的承销、经纪和自营业务，只有少数大型证券公司才涉及某些创新业务，比如融资融券、股指IB、代销金融产品和质押式报价回购等业务。而一个证券公司将来的发展潜力与所进行的创新业务高度正相关，可以说创新业务能力将决定一个证券公司在整个证券行业中的地位。因此，在对证券公司

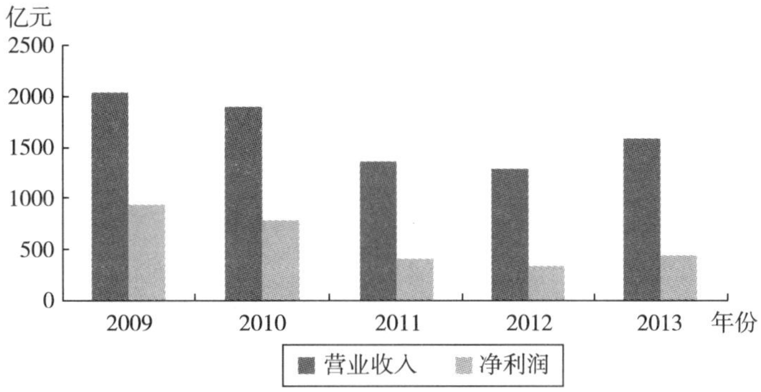

资料来源：中国证券业协会，公司金融研究中心。

图 5－5　证券业利润变化图（2009—2013 年）

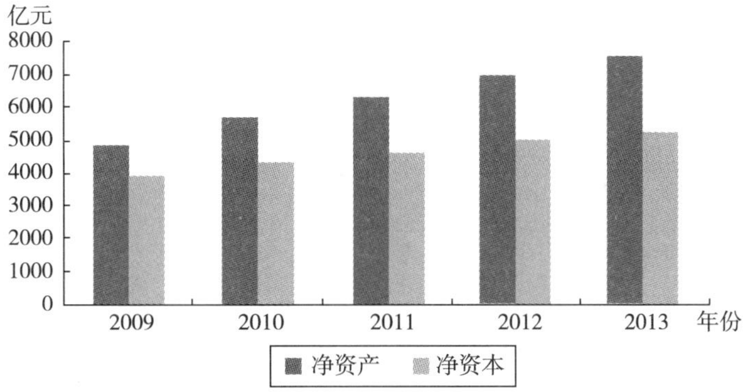

资料来源：中国证券业协会，公司金融研究中心。

图 5－6　证券业净资产与净资本变化图（2009—2013 年）

进行排名时，绝不应该仅仅局限于传统业务，应该对整个证券公司竞争力进行全面的、合理的、多角度的分析。

本章根据第 3 章对中国证券公司综合指标，也就是竞争力进行计算和排名。证券公司竞争力是由经营能力、盈利能力、风险控制能力、业务创新能力、业务结构优化能力和成长能力多个指标共同决定，证券公司竞争力结果及排名如附录 1 表 5－2 所示，全部单项指标的计算结果列在研究报告最后部分附录 3《中国投资银行竞争力指标汇总表》中。

根据附录 1 表 5－2 证券公司竞争力的排名，整理 TOP20 证券公司的数值分布（见图5－7）。

在证券公司竞争力排名中（见附录 1 表 5－2），我们根据证券公司竞争力 TOP20 计算结果制成图 5－8，图 5－8 是 2012 年 TOP20 证券公司竞争力排名。

通过图 5－7 和图 5－8 对比后可以看出 2013 年竞争力 TOP20 证券公司组成变化并不大，但证券公司之间综合竞争力得分差距较大。具体变化如下：

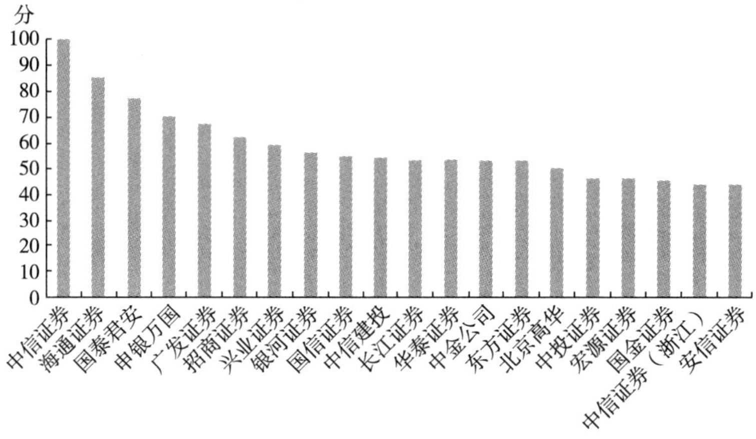

资料来源：公司金融研究中心。

图 5－7　TOP20 证券公司竞争力排名（2013 年）

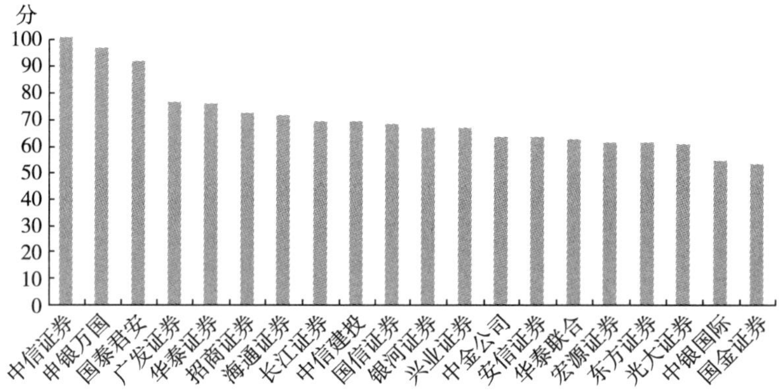

资料来源：公司金融研究中心。

图 5－8　TOP20 证券公司竞争力排名（2012 年）

1. 证券公司前 5 名的排名发生变化

中信证券（600030）仍保持行业“领头羊”的地位，但相比于 2012 年，2013 年各分项指标中除了盈利能力指标（E_2）排名有所下降之外，其他分项指标排名均有所提升；海通证券（600837）综合竞争力排名从 2012 年的第 7 名上升到 2013 年的第 2 名，申银万国综合竞争力排名由 2012 年的第 2 名下降到 2013 年的第 4 名，华泰证券（601688）综合竞争力排名从 2012 年的第 5 名下降到 2012 年的第 12 名，均与其创新能力指标（E_4）排名的变化相关。从图 5－8 中还可以看出，前 5 名证券公司中海通证券（600837）、国泰君安、申银万国、广发证券（000776）与中信证券综合竞争力排名之间的差距不仅没有缩小，反而增加了，原因是各分项指标中除盈利能力指标（E_2）有所下降之外，其他分项指标均有所提升，而后 4 家分项指标除创新指标（E_4）变动较大外，其他指标基本保持稳定。

2. 证券公司前20名的组成变化不大，但梯度效应明显

2013年证券公司综合竞争力排名前20名的名单与2012年、2011年前20名的名单基本上一致，不同的是，中信证券（浙江）、北京高华在2011年、2012年均未出现在前20名的名单中；2011年光大证券（601788）、平安证券、国元证券（000728）和华西证券没有出现在2013年名单中；2012年华泰联合、光大证券（601788）和中银国际没有出现在2013年名单中（见图5－9）。

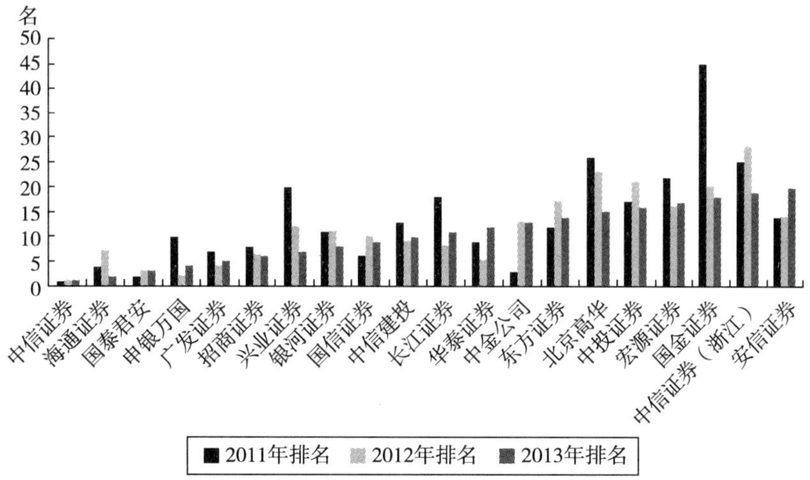

资料来源：公司金融研究中心。

图5－9　TOP20证券公司名单及排名变化（2011—2013年）

从图5－9中可以看出，证券公司竞争力明显分为三个梯队：竞争力最强的第一梯队共有五家：中信证券（600030）、海通证券（600837）、申银万国、国泰君安和广发证券（000776），这五家公司竞争力明显很强；第三梯队包括中投证券、宏源证券（000562）、国金证券（600109）、中信证券（浙江）和安信证券，其竞争力相对较弱，但差距也不是很大；其余证券公司属于第二梯队，其中证券公司竞争实力基本持平。从图5－9中还可以看到各个梯队之间差距很大，尤其是第一梯队与第三梯队之间实力非常悬殊，这说明在短时期内第三梯队的证券公司进入到第一梯队是不可能的，但其进入第二梯队是比较容易的，而且进入之后竞争也会异常激烈；第二梯队与第一梯队之间的差距也是显而易见的，第二梯度想挤进第一梯队的难度也将会很大，但会很容易跌入第三梯队中。

根据2011—2013年TOP20证券公司综合竞争力得分绘成图5－10。从图5－10中可以很清楚地看出2013年TOP20证券公司之间综合竞争力得分差距很大，尤其是第1名和第20名之间，两者差距56分；从中还可以看出，在2013年不但第1名综合竞争力得分与第20名之间的差距远大于2011年和2012年，而且第1名综合竞争力排名得分与TOP20其他证券公司的差距也都大于2011年和2012年。这一方面说明了短期内中信证券（600030）行业“领头羊”的地位不容易撼动，这也从另一方面说明第二梯队和第三

梯队证券公司进入到第一梯队不是一件容易的事。

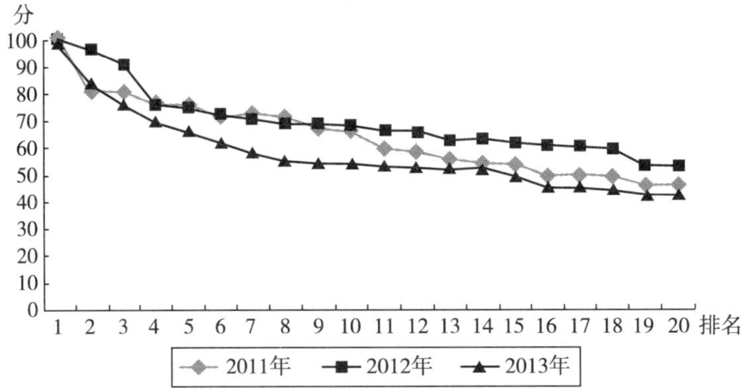

资料来源：公司金融研究中心。

图 5－10　TOP20 证券公司竞争力变化幅度（2011—2013 年）

3. 前 20 名证券公司综合竞争力排名有一定的变化

华泰证券（601688）综合竞争力排名从 2012 年的第 5 名下降到 2013 年的第 12 名，分析华泰证券的运行情况，一方面，盈利能力指标（E_2）排名方面从 2012 年的第 30 名下降到 2013 年的第 43 名，其中，ROA 排名从 2012 年的第 25 名下降到 2013 年的第 38 名，ROE 排名从 2012 年的第 29 名下降到 2013 年的第 37 名。ROA 和 ROE 大幅度地下降降低了华泰证券的盈利能力。另一方面，在业务创新能力指标（E_4）方面，华泰证券（601688）排名从 2012 年的第 4 名下降到 2013 年的第 14 名，创新能力指标（E_4）排名的下降更加拉大了其与其他证券公司的差距。安信证券综合竞争力排名从 2012 年的第 14 名下降到 2013 年的第 20 名，其业务创新能力指标（E_4）排名的下降是其排名下降的主要原因，业务创新能力指标（E_4）排名从 2012 年的第 10 名下降到 2013 年的第 18 名。

海通证券（600837）综合竞争力排名从 2012 年的第 7 名上升到 2013 年的第 2 名，2013 年各分项指标与 2012 年相比，虽然海通证券（600837）在盈利能力指标（E_2）排名和风险控制能力指标（E_3）排名有一定的下降，但随着中国证监会证券公司分类评级由 2012 年的 A 级变为 2013 年的 AA 级，以及业务创新能力指标（E_4）排名的大幅度上升（从 2012 年的第 12 名上升到 2013 年的第 2 名）完全抵消了部分指标的下降，使其排名大幅度上升。兴业证券（601377）综合竞争力的提升离不开其成长能力指标（E_6）排名的提高，兴业证券（601377）成长能力指标（E_6）排名从 2012 年的第 66 名上升到 2013 年的第 22 名；北京高华和中投证券竞争力的提升与盈利能力指标（E_2）排名提高密切相关，北京高华的盈利能力指标（E_2）排名从 2012 年的第 8 名上升到 2012 年的第 5 名，使其综合竞争力从 2012 年的第 23 名上升到 2013 年的第 15 名；中投证券盈利能力指标（E_2）排名从 2012 年的第 45 名提升到了 2013 年的第 25 名，使综合竞争力从 2012 年的第 21 名上升到 2013 年的第 16 名。

4. “中信系”券商综合竞争力排名有所上升

中信证券（600030）综合竞争力排名连续多年名列第一，而2013年中信证券（600030）下两个子公司中信证券（浙江）和中信证券（山东）的综合竞争力排名较2012年有了一定的上升：中信证券（浙江）综合竞争力排名从2012年的第28名上升到2013年的第19名，中信证券（山东）综合竞争力排名从2012年的第35名上升到2013年的第26名。两个子公司排名上升的原因均得益于盈利能力指标（E_2）和成长能力指标（E_6）的上升，中信证券（浙江）盈利能力指标（E_2）排名从2012年的第14名上升到2013年的第2名，成长能力指标（E_6）排名从2012年的第96名上升到2013年的第14名；中信证券（山东）盈利能力指标（E_2）排名从2012年的第39名上升到2013年的第10名，成长能力指标（E_6）排名从2012年的第90名上升到2013年的第30名。从“中信系”证券综合竞争力排名变化中可以看出“中信系”券商整体规范运作。

5. 部分证券公司名次变化较大

华融证券综合竞争力排名从2012年的第46名上升到2013年的第40名，上升了6个名次，分析其原因，各分项指标排名除了盈利能力指标（E_2）排名之外，其余指标排名均有所提升，而盈利能力指标（E_2）排名下降的原因是单个营业部交易额排名的下降，从2012年的第10名下降到2013年的第69名；信达证券综合竞争力排名从2012年的第34名下降到2013年的第57名，下降了23个名次，下降的一个原因是2013年分类评级的下降，从2012年的A级下降到2013年的BBB级，另外一个原因是业务结构优化能力指标（E_5）排名的下降，从2012年的第25名下降到2013年的第51名。中原证券的盈利能力指标（E_2）排名和成长能力指标（E_6）排名相较于2013有了小幅度下降，使其综合竞争力排名从2012年的第56名下降到2013年的61名；民生证券的风险控制能力指标（E_3）排名从2012年的第84名下降到2013年的第108名，综合竞争力排名从2012年的第91名下降到2013年的第108名；上海证券分类评级从2012年的A级下降到2013年的CCC级，使其综合竞争力排名受到很大程度的影响——从2012年的第60名下降到2013年的第109名；南京证券综合竞争力排名从2012年的第107名下降到2013年的第114名，2013年其风险控制能力指标（E_3）排名和成长能力指标（E_6）排名比2012年有了一定的下降，但是其下降对综合竞争力排名影响并不是很大（见图5-11）。

6. 监管分类评级变化对证券公司排名影响显著

光大证券（601788）综合竞争力从2012年的第18名下降到2013年的第110名，下降了92名，一个非常显著的原因就是中国证监会对证券公司分类评级的降低——因“乌龙指”事件连降7级——从2012年的AA级下降到2013年的C级，虽然有的分项指标排名很高，但分类评级的危害远远大于某几项分项指标对综合竞争力的贡献。此外，华鑫证券分类评级从2012年的A级下降到2013年的BB级，综合竞争力排名从2012年的第35名下降到2013年的第85名，下降了50名；海际大和分类评级从2012年的BBB

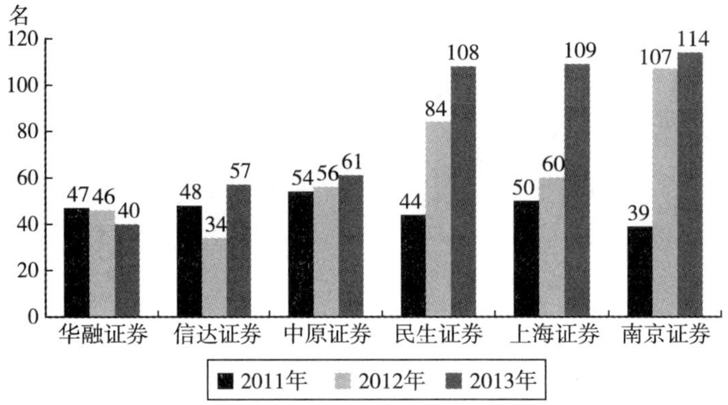

资料来源：公司金融研究中心。

图 5-11 部分证券公司竞争力变化（2011—2013 年）

级下降到 2013 年的 CCC 级，综合竞争力排名从 2012 年的第 63 名下降到 2013 年的第 111 名，下降了 48 名；广州证券分类评级从 2012 年的 AA 级下降到 2013 年的 BB 级，综合竞争力排名从 2012 年的第 29 名下降到 2013 年的第 77 名，下降了 48 名；川财证券分类评级从 2012 年的 A 级下降到 2013 年的 BB 级，综合竞争力排名从 2012 年的第 45 名下降到 2013 年的第 83 名，下降了 38 名；华宝证券分类评级从 2012 年的 BB 级下降到 2013 年的 B 级，综合竞争力从 2012 年的第 73 名下降到 2013 年的第 102 名，下降了 29 名。

华林证券分类评级从 2012 年的 CC 级上升到 2013 年的 BBB 级，综合竞争力排名从 2012 年的第 106 名上升到 2013 年的第 62 名，上升了 42 名；国联证券分类评级从 2012 年的 BB 级上升到 2013 年的 A 级，综合竞争力排名从 2012 年的第 76 名上升到 2013 年的第 44 名，上升了 32 名；华英证券分类评级从 2012 年的 BB 级上升到 2013 年的 A 级，综合竞争力排名从 2012 年的第 81 名上升到 2013 年的第 54 名，上升了 27 名；国海证券（000750）分类评级从 2012 年的 BB 级上升到 2013 年的 A 级，综合竞争力排名从 2012 年的第 61 名上升到 2013 年的第 35 名，上升了 26 名；宏信证券分类评级从 2012 年的 CCC 级上升到 2013 年的 BBB 级，综合竞争力排名从 2012 年的第 88 名上升到 2013 年的第 65 名，上升了 23 名；平安证券分类评级从 2012 年的 C 级上升到 2013 年的 BB 级，综合竞争力排名从 2012 年的第 74 名上升到 2013 年的第 52 名，上升了 22 名；西南证券分类评级从 2012 年的 A 级上升到 2013 年的 AA 级，综合竞争力排名从 2012 年的第 42 名上升到 2013 年的第 21 名，上升了 21 名；长城证券分类评级从 2012 年的 BBB 级上升到 2013 年的 A 级，综合竞争力排名从 2012 年的第 54 名上升到 2013 年的第 34 名，上升了 20 名。

第6章　中国上市投资银行市场统计数据

国外成熟市场的经验表明，上市融资是证券公司实现规模经营和做大做强的有效途径和必经之路。因此，国内证券公司要想在短时间内壮大资本实力从而为提升自身竞争力奠定基础，上市成为首选。上市证券公司与非上市证券公司相比在净资本、公司治理、品牌、业务牌照和股权激励等方面具有更强的竞争优势。目前中国证监会对证券公司实施以净资本为核心的风险控制管理，净资本规模成为决定证券公司从事的业务种类、业务规模和盈利水平的重要因素。而且现阶段我国证券行业正处于从传统业务模式向资本中介业务模式转型时期，而资本中介型业务如融资融券业务、股权质押业务等，大多是资本消耗型，因此，证券公司的融资需求愈加强烈。证券公司通过公开发行股票并上市，不仅可以迅速增加资本金规模，壮大自身的资本实力，而且上市以后成为公众公司，通过股权结构的适度分散化，依靠证券市场的种种约束力量形成公司重要的外部治理机制，可以进一步完善公司治理结构，减少大股东“一股独大”和内部人控制现象。

本章通过上市证券公司的业务数据、财务数据和估值指标的对比，分析各个上市证券公司的资金投资效率以及开拓新业务情况，进一步分析上市证券公司竞争力状况；通过上市证券公司与证券行业、上市证券公司与其他金融企业的对比，分析上市证券公司的市场影响力状况。

6.1　上市投资银行总体概况

2013年末，在全国115家证券公司中有19家证券公司在沪、深证券交易所上市，另有3家证券公司在香港证券交易所上市，较2012年新增银河证券（06881. HK）。2013年5月22日，银河证券（06881. HK）在港交所主板挂牌。银河证券H股成为继中信证券（600030）和海通证券（600837）之后，第三家赴港上市的国内本土证券公司，也是首家上市的汇金公司控股证券公司。银河证券（06881. HK）完成H股上市后，A股上市计划也在推进中，此外申银万国借壳宏源证券（000562）上市重组也在进行中。各证券公司上市后，借助资本市场力量，竞争将会更加激烈。

2013年，沪、深两市共有上市公司2489家，同比减少5家；总市值和流通市值分别为23.91万亿元和19.96万亿元，同比分别增长3.79%和9.87%。19家上市证券公司占总上市公司的0.76%。截至2013年末，19家境内上市证券公司总股本为714.86亿股，其中流通股合计为642.48亿股，流通股合计比例达到89.88%。从证券公司上市板块分布来看，19家中有17家在主板上市，占比达到89.5%，只有山西证券（002500）和西部证券（002673）在中小板上市。

19家上市证券公司2013年合计实现营业收入793.7亿元，同比增长25.5%；净利润247.3亿元，同比增长32.1%。从各业务收入来看，2013年有两类业务增长最为明显：一是经纪业务，二是资本中介业务①。2013年经纪业务收入同比增长54%，对收入增长的贡献度②为74%，经纪业务收入的大幅增长主要得益于2013年市场交易量的同比大幅提升。2013年，以融资融券、股权质押为代表的资本中介业务规模快速增长，资本中介利息收入达118亿元，同比增长280%，这使得上市证券公司收入同比大幅增长。

上市证券公司2013年经纪业务、投行业务、资管业务、自营业务、利息收入和其他收入的占比分别为43%、9%、4%、24%、14%和5%。除经纪业务收入占比从34%上升至43%，投行业务收入占比从15%下滑至9%以外，其他业务收入占比变化均不显著（见表6-1）。其中收入占比提升的业务为经纪业务、资产管理业务；收入占比下降的业务为投行业务、自营业务和利息收入，利息收入占比下滑是上市公司通过债务工具融资引起的。

表6-1　　上市证券公司的收入结构（2012—2013年）　　单位:%

年份 / 收入结构	经纪业务		投行业务		资产管理		自营业务		利息收入		其他	
	2012	2013	2012	2013	2012	2013	2012	2013	2012	2013	2012	2013
中信证券	25	35	23	13	2	8	35	34	10	5	5	4
海通证券	25	38	9	8	0	1	28	23	23	20	15	11
长江证券	45	49	10	5	3	3	24	25	17	17	0	0
国元证券	38	44	7	3	1	3	22	28	30	21	2	2
东北证券	41	44	17	7	3	3	20	28	11	9	8	8
宏源证券	24	34	27	13	3	9	31	30	10	11	5	3
太平洋证券	36	53	28	12	0	3	27	21	8	11	0	0
国金证券	29	41	27	12	0	3	17	16	10	14	17	14
西南证券	30	28	25	19	3	3	24	38	16	6	3	5
光大证券	42	58	7	9	3	6	20	-6	18	23	10	11
招商证券	38	49	11	7	2	4	35	25	12	14	1	1
广发证券	33	44	16	5	2	2	29	35	15	12	5	1
华泰证券	50	53	11	8	1	4	19	14	19	18	-2	2
兴业证券	25	36	8	12	3	3	29	20	9	11	25	17
山西证券	35	46	20	17	1	1	8	8	28	28	0	0
方正证券	39	43	7	6	1	1	14	21	25	22	13	6
国海证券	46	52	11	17	1	2	21	6	3	9	17	14
东吴证券	42	52	14	5	1	2	27	25	16	14	2	2
西部证券	57	61	3	3	0	1	8	14	29	21	3	0
合计	34	43	15	9	2	4	27	24	16	14	7	5

注：部分数据可能因统计差异有偏差。

资料来源：2013年各公司年报，平安证券研究所，公司金融研究中心。

---

① 资本中介业务是公司利用自有资金，以方便客户交易、提供市场流动性等为目的，在承担有限风险的情况下，赚取较为稳定的息差或价差收益，根据交易方式和风险特征不同，可大致分为三大类：一是做市商业务；二是各类融资产品，如资产证券化、结构性融资、股权质押式回购等；三是融资融券服务。

② 增量收入贡献度=（2013年经纪业务收入-2012年经纪业务收入）/（2013年营业收入-2012年营业收入）。

6.2 上市投资银行业务分析

2013 年，证券公司传统业务和创新业务齐头并进给公司盈利带来增长点，行业盈利能力得到了一定程度的改善。伴随着证券行业的成长，创新逐步成为行业发展的主旋律。随着证券行业一系列创新转型举措的推进，融资融券、股权质押等新业务获得了突破性增长。

6.2.1 经纪业务

2013 年国内证券市场交投活跃度明显提升，证券公司经纪业务收入大幅增长。上市证券公司经纪业务收入 401 亿元，同比增长 53.27%，各家收入增幅均在 30% 以上，增幅最大的是中信证券（600030），达 77.84%，兴业证券（601377）、西南证券（600369）、华泰证券（601688）和方正证券（601901）增幅均在 60% 以上，海通证券（600837）、太平洋证券（601099）和光大证券（601788）增幅相对小，也在 30% 以上（见表 6－2）。受此影响，大部分证券公司经纪业务收入占营业收入比重较 2012 年明显上升，华泰证券（601688）达到 80.7%，上市证券公司经纪业务合计占比达 50.5%（见表 6－2）。

表 6－2　上市证券公司经纪业务收入变化（2012—2013 年）　单位：亿元

公司名称	2012 年	2013 年	同比增长率（%）	占营业收入比重（%）
中信证券	36.77	65.40	77.84	40.58
华泰证券	35.48	57.84	63.01	80.71
海通证券	35.80	46.55	30.04	44.53
招商证券	26.82	42.06	56.84	69.10
广发证券	22.32	34.99	56.76	42.63
长江证券	14.37	21.39	48.85	70.19
方正证券	10.30	16.63	61.48	48.33
光大证券	12.35	16.56	34.03	41.19
宏源证券	10.37	15.15	46.08	36.79
兴业证券	8.14	13.72	68.43	44.20
国海证券	6.32	10.03	58.72	55.14
国元证券	7.00	9.92	41.73	49.97
西南证券	5.3	8.86	67.12	45.09
国金证券	6.12	8.29	35.47	53.58
东吴证券	5.69	8.06	44.51	50.42
西部证券	5.71	7.93	38.96	70.27
东北证券	5.56	7.84	41.01	44.35
山西证券	5.08	6.97	37.33	52.98
太平洋证券	2.13	2.82	32.52	57.98
合计	261.63	401.01	53.27	50.52

资料来源：Wind 资讯，公司金融研究中心。

2013 年上市证券公司经纪业务市场总份额为 46.27%，同比下降 0.89 个百分点，8 家证券公司份额上升，而 11 家证券公司份额出现下降。总体上，大部分上市证券公司市场份额较为稳定，综合实力较强的大证券公司占更多的份额，比如中信证券（600030）占 7.55%，华泰证券（601688）占 6.67%，海通证券（600837）占 5.37%。从市场份额的变动来看，中信证券（600030）、兴业证券（601377）和西南证券（600369）市场份额有较大的提升，分别提升 13.85%、7.83% 和 6.99%（见图 6－1）。

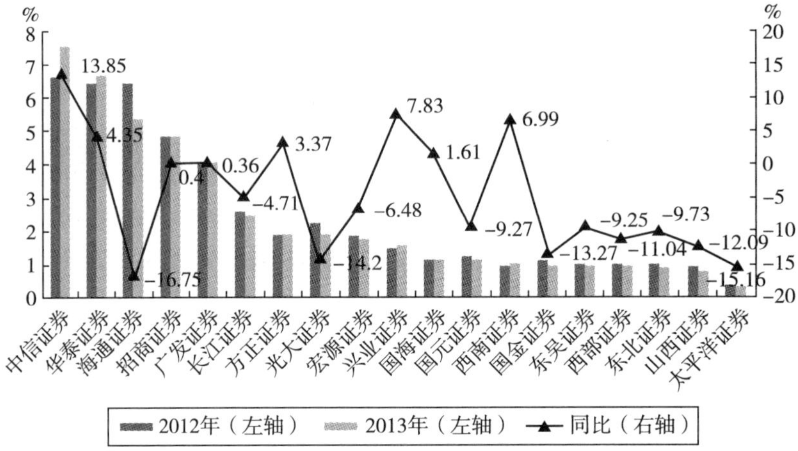

资料来源：Wind 资讯，公司金融研究中心。

图 6－1 上市投资经纪业务份额变化（2012—2013 年）

6.2.2 自营业务

2013 年上市证券公司自营业务收入为 197.01 亿元，同比下降 0.73%。其中，有 9 家上市证券公司的自营收入同比上升，10 家上市证券公司的自营收入同比下降（见图 6－2），主要归于 2013 年权益类指数（沪深 300 指数）下跌了 7.6%，固定收益类指数（中证全债指数）下跌了 1.1%。

总体来看，上市证券公司自营资产日趋多元化（见图 6－3），使得上市证券公司自营业务的收益率受股市影响的效应在收窄。从具体资产配置来看，2013 年上市证券公司的固定收益类资产占比仍较高，大部分超过 50%，东北证券（000686）占比最高为 75%；仅有光大证券（601788）权益资产占比 60%（见表 6－3）。

各上市证券公司 2013 年，更加重视“金融衍生工具”的使用。其中，股指期货与利率互换为发展重点，个股期权有望成为未来业务的新增长点。共有 12 家证券公司明确提出“综合运用金融衍生品等投资工具，提高收益稳定性”。海通证券（600837）明

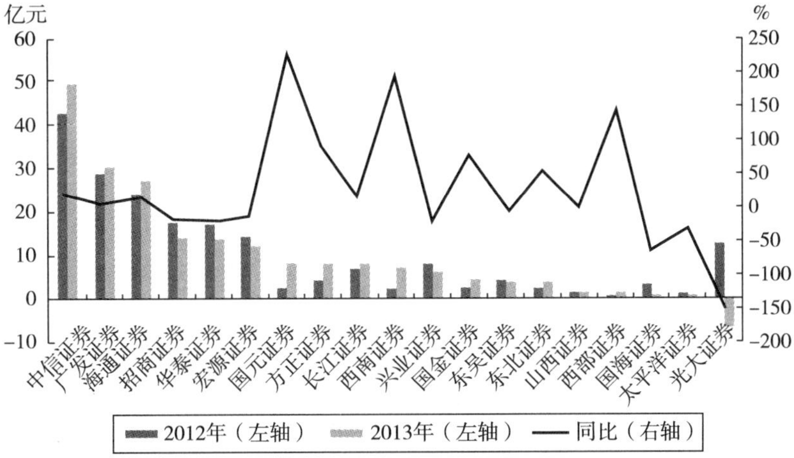

注：自营投资收益 = 投资净收益 + 公允价值变动净收益 + 可供出售金融资产公允价值变动；可供出售金融资产公允价值变动取自其他综合收益附注，可供出售金融资产公允价值变动 = 可供出售金融资产产生的利得（损失）金额 - 前期计入其他。

资料来源：Wind 资讯，公司金融研究中心。

图 6-2 上市证券公司自营业务收入情况（2013 年）

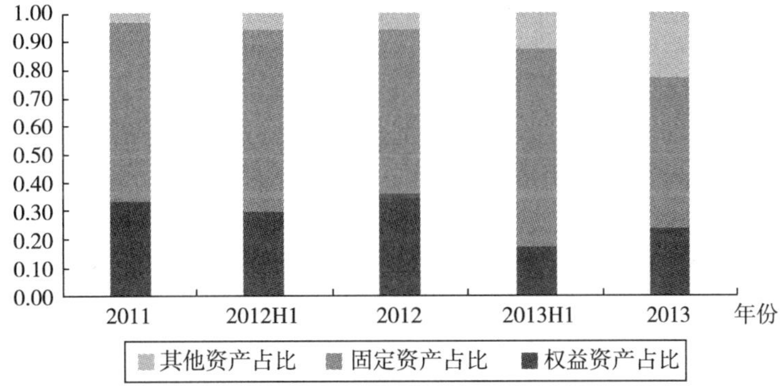

资料来源：上市公司年报，公司金融研究中心。

图 6-3 上市证券公司自营资产配置情况（2011—2013 年）

确提出将“拓展被动套利、主动套利、阿尔法策略①等多元化盈利模式”，中信证券（600030）将包括“对冲套利”的国内外多元化投资机会纳入投资发展战略。

① 投资者在市场交易中面临着系统性风险（即贝塔或 Beta、β 风险）和非系统性风险（即阿尔法或 Alpha、α 风险），通过对系统性风险进行度量并将其分离，从而获取超额绝对收益（即阿尔法收益）的策略组合，即为阿尔法策略。

表 6－3　　上市证券公司固定收益资产和权益资产占比（2012—2013 年）　　单位:%

公司名称	固定收益资产/自营资产		权益资产/自营资产	
	2012 年	2013 年	2012 年	2013 年
中信证券	54	46	39	24
海通证券	49	57	48	31
长江证券	83	68	14	21
国元证券	60	46	20	11
东北证券	76	75	23	13
宏源证券	49	53	28	29
太平洋证券	53	60	40	35
国金证券	52	66	47	15
西南证券	49	62	50	11
光大证券	48	25	52	60
招商证券	69	42	29	30
广发证券	52	63	45	23
华泰证券	54	51	33	21
兴业证券	66	72	28	21
山西证券	41	62	1	24
方正证券	55	51	35	17
国海证券	83	69	16	18
东吴证券	67	55	27	30
西部证券	76	73	16	22
合计	56	53	37	25

资料来源：上市公司年报，公司金融研究中心。

6.2.3 承销与保荐业务

2013 年 IPO 均处于停发状态，这对上市证券公司的投行业务收入产生了较大的影响。受 IPO 暂停影响，A 股股权融资额同比减少 11%，债券融资额同比减少 77%。受此影响，上市证券公司投行收入为 72.56 亿元，同比下滑 20%，其中，10 家上市证券公司的投行收入同比下降，广发证券（000776）、太平洋证券（601099）、国金证券（600109）和东吴证券（601555）降幅较大，超过 55%；9 家上市证券公司的投行收入同比上升，国海证券（000750）和兴业证券（601377）实现了较大的增幅（见图 6－4）。

据 Wind 数据统计，2013 年，上市证券公司股权融资承销相对于债券融资比重较 2012 年进一步下降，19 家上市证券公司的股票承销市场份额也由 2012 年的 44.42% 降至 2013 年的 32.9%，其中广发证券（000776）、中信证券（600030）市场份额下降最明显；债券承销市场份额由 2012 年的 33.76% 上升至 39.49%，其中广发证券（000776）、

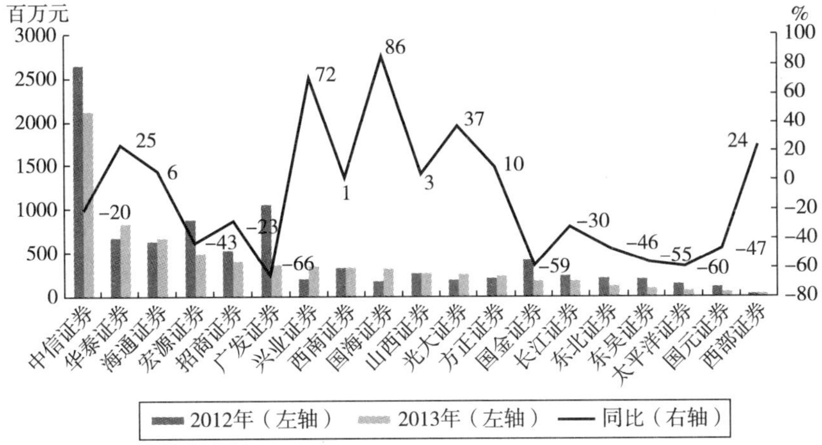

资料来源：Wind 资讯，公司金融研究中心。

图 6-4　上市证券公司承销与保荐业务收入（2013 年）

招商证券（600999）、兴业证券（601377）、华泰证券（601688）份额有所提升。总体而言，国元证券（000728）、山西证券（002500）、华泰证券（601688）三家证券公司无论是股票还是债券承销，市场份额均实现了提升（见表 6-4）。

表 6-4　上市证券公司股权融资和债券融资主承销情况（2012—2013 年）　单位：亿元

公司名称	股权融资主承销金额（IPO、增发）		股权融资主承销金额市场份额（IPO、增发）（%）		债券主承销金额		债券主承销金额市场份额（%）	
	2012 年	2013 年	2012 年	2013 年	2012 年	2013 年	2012 年	2013 年
宏源证券	106.19	28.07	3.51	1.04	447.54	283.23	3.04	2.81
东北证券	37.27	8.45	1.23	0.31	20.9	31	0.14	0.31
国元证券	15.14	20.9	0.50	0.78	1.4	1.6	0.01	0.02
广发证券	178.35	24.51	5.89	0.91	277	314.52	1.88	3.12
长江证券	13.36	15.31	0.44	0.57	169.9	67.5	1.15	0.67
山西证券	28	38.68	0.93	1.44	80.4	142.3	0.55	1.41
国海证券	21.89	81.75	0.72	3.04	119.25	71.83	0.81	0.71
中信证券	374.15	243.25	12.37	9.04	1609.92	1169.72	10.93	11.59
国金证券	83.22	1.1	2.75	0.04	70	49	0.48	0.49
西南证券	118.1	55.61	3.90	2.07	192.87	123.33	1.31	1.22
海通证券	78.54	66.01	2.60	2.45	739.69	502.2	5.02	4.98
招商证券	110.91	65.78	3.67	2.45	318.2	335	2.16	3.32
太平洋证券	22.21	0	0.73	0.00	77.5	50.5	0.53	0.50
兴业证券	30.27	17.27	1.00	0.64	112.5	188.27	0.76	1.87
华泰证券	71.07	107.62	2.35	4.00	256.83	310.91	1.74	3.08
光大证券	35.31	30.11	1.17	1.12	166.9	136.83	1.13	1.36
方正证券	11.11	78.31	0.37	2.91	270.5	139	1.84	1.38
东吴证券	4.81	2.29	0.16	0.09	43.5	52.34	0.30	0.52
西部证券	4.13	0	0.14	0.00	0	16.1	0.00	0.16

资料来源：Wind 资讯，中信建投研究发展部，公司金融研究中心。

6.2.4 资产管理业务

随着2013年金融改革的深入，资产管理业务分业经营壁垒逐步被打破，证券公司与银行、保险、基金、信托等各类金融机构的业务交叉渗透将日益加深，同时受管制放松、银证合作和理财增长等因素影响，证券公司资产管理业务和其他业务的协作通道基本打通，资产管理产品类型和规模持续扩张。

13家证券公司2013年明确提出要积极创新、丰富产品以服务不同客户的需求，其中固定收益类、量化类等非权益类产品已成为证券公司资产管理业务发展的重点。广发证券（000776）、华泰证券（601688）、方正证券（601901）等多家大中型证券公司明确提出要“加大产品开发力度，完善非权益类产品”，注重高附加值的主动管理型资产管理产品的开发成为证券公司未来资产管理业务持续稳定发展的方向。

表6－5　上市证券公司各类资产管理业务规模对比（2012—2013年）　单位：亿元

	2012年	2013年	同比增速（%）
定向资产管理计划	7673	16500	115
集合资产管理计划	920	1603	74
专项资产管理计划	35	60	72
资产管理业务规模	8628	18163	111

资料来源：上市公司年报，平安证券研究所，公司金融研究中心。

上市证券公司2013年资产管理收入为33.22亿元，同比增长49.35%，主要得益于证券公司资产管理业务规模及产品种类的快速扩张。2013年底上市证券公司定向资产管理计划的总规模为16500亿元，同比增长115%；集合资产管理计划规模为1603亿元，同比增长74.3%；专项资产管理计划规模为60亿元，同比增长72%（见表6－5）。17家上市证券公司的资产管理收入较2012年有所上升，仅2家上市证券公司的资产管理收入较2012年有所下降，其中，国金证券（600109）、太平洋证券（601099）由于业务均获批于2012年下半年，因而同比增长高达77287%、2678%，中信证券（600030）受华夏基金并表影响，导致同比数值高达484%（见表6－6）。

表6－6　上市证券公司资管业务收入情况（2012—2013年）　单位：百万元

公司名称	2012年	2013年	同比增长（%）
中信证券	232.87	1360.49	484.24
宏源证券	95.48	363.50	280.72
华泰证券	86.70	314.35	262.56
招商证券	83.34	235.94	183.10
光大证券	454.81	224.18	－50.71
广发证券	111.99	205.08	83.13
兴业证券	84.37	107.59	27.52
长江证券	68.37	89.59	31.04

续表

公司名称	2012 年	2013 年	同比增长（%）
海通证券	861.77	71.10	-91.75
西南证券	34.06	58.23	70.97
东北证券	34.55	54.17	56.76
国元证券	14.19	50.27	254.31
国金证券	0.06	49.69	77286.63
方正证券	22.65	40.94	80.74
东吴证券	11.17	33.22	197.41
国海证券	18.63	30.72	64.87
太平洋证券	0.55	15.15	2677.82
西部证券	3.03	11.38	275.91
山西证券	6.22	7.23	16.30

资料来源：Wind 资讯，公司金融研究中心。

6.2.5　融资融券业务

2013 年是融资融券市场跨越式发展的一年。融资融券业务已经成为证券公司营业收入中占比不断提高的一部分，从中国证券业协会公布的数据来看，2013 年证券业实现融资融券利息收入 184.62 亿元，同比增幅达 251%，占当年营业收入的 11.59%，同比增加 7.53 个百分点。2013 年，上市证券公司融资融券余额都出现巨幅增长，表现最突出的是山西证券（002500）、西部证券（002673）、东北证券（000686）、国金证券（600109）等（见图 6－5），这些小券商基本是从 2012 年下半年开始拿到业务资格的，因而 2013 年规模扩张较为明显。

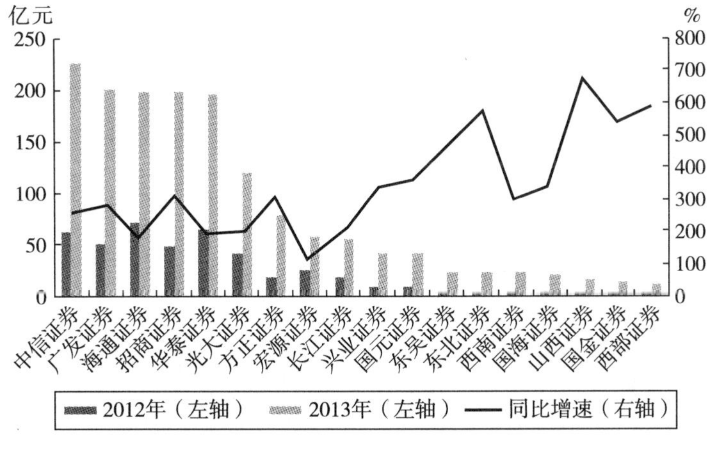

资料来源：Wind 资讯，公司金融研究中心。

图 6－5　上市证券公司融资融券余额及同比增速（2012—2013 年）

2013 年中，有融资融券业务资格的 18 家上市证券公司占据了 44.5% 的市场份额，融资融券余额市场份额排名前 5 位的上市证券公司分别为：中信证券（600030）、广发证券（000776）、海通证券（600837）、招商证券（600999）、华泰证券（601688）（见表 6－7）。

表 6－7　　　　上市证券公司融资融券市场份额（2013 年）　　　　单位：%

公司名称	市场份额	排名	公司名称	市场份额	排名
中信证券	6.49	1	兴业证券	1.22	10
广发证券	5.76	2	国元证券	1.18	11
海通证券	5.73	3	东吴证券	0.7	12
招商证券	5.7	4	东北证券	0.67	13
华泰证券	5.65	5	西南证券	0.64	14
光大证券	3.48	6	国海证券	0.6	15
方正证券	2.29	7	山西证券	0.44	16
宏源证券	1.64	8	国金证券	0.43	17
长江证券	1.6	9	西部证券	0.31	18

资料来源：Wind 资讯，公司金融研究中心。

6.2.6 股票质押式回购

从 2013 年 6 月股票质押式回购业务试点以来，规模增长迅猛。总质押股数从 2013 年 6 月的 4.3 亿股增加到 2013 年 12 月的 26.7 亿股，而相应的参考市值月度新增规模也从 34.7 亿元扩大到了 309.8 亿元（见图 6－6）。根据 Wind 数据统计，股票质押交易的质押方主要是一般公司、银行、信托和证券公司，在证券公司股票质押业务中，又分质押式回购和非质押式回购。从目前股票质押交易的质押方占比来看，质押式回购业务试点以来，迅速抢占了银行、信托等公司股票质押业务的原有份额。从股票质押式回购新增规模占证券市场总市值之比来看，目前股票质押式回购仍属于发展初期，从月度平均

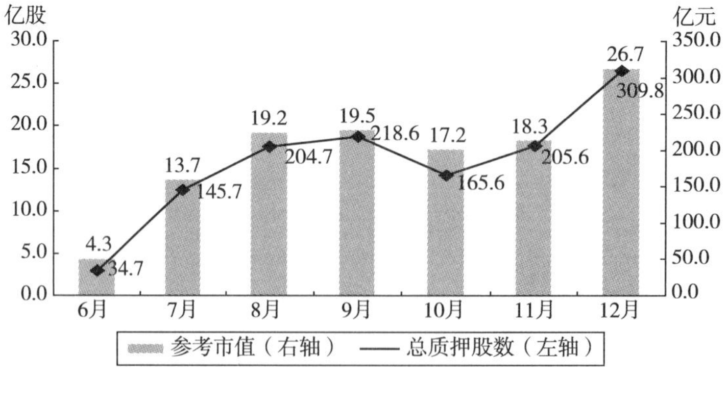

资料来源：Wind 资讯，公司金融研究中心。

图 6－6　质押式回购业务规模（2013 年）

数据来看，仅占证券市场总市值的千分之一左右。股票质押式回购有着成本低、券源广、期限灵活、资金渠道多等方面优势，随着该业务的进一步成熟，可以成为上市公司大股东的重要融资手段，未来的上涨空间有望类比于融资融券的增长速度。

各证券公司质押式回购业务发展规模差距较大。从表 6－8 可以看出，2013 年大型证券公司依靠资金来源广和资金成本低的双重优势，占有较多的市场份额，其中位居榜首的中信证券交易次数达到 60 次，总质押股数为 16.99 亿股；而中小型证券公司远落后于大型证券公司，方正证券交易次数仅为 1 次，总质押股数为 450 万股。

表 6－8　上市证券公司质押式回购业务规模（2013 年）　单位：万股

公司名称	交易次数	总质押股数	参考市值（万元）
中信证券	60	169872.39	1631958.28
广发证券	58	91426.94	863768.21
兴业证券	43	100876.24	865877.96
华泰证券	25	37808.50	582121.93
国元证券	24	52670.38	618149.65
海通证券	24	47252.11	501532.33
招商证券	24	29888.50	345051.40
宏源证券	17	53934.77	483498.00
西南证券	14	21163.23	197595.50
东吴证券	10	16863.88	247583.42
东北证券	9	7560.00	183250.30
长江证券	7	21830.00	138412.20
西部证券	7	16919.80	178722.58
光大证券	6	16404.09	157953.17
太平洋证券	5	6354.25	51921.80
国金证券	4	9131.64	72768.32
山西证券	4	6882.00	57314.48
国海证券	3	3684.64	95052.99
方正证券	1	450.00	12015.00

资料来源：Wind 资讯，公司金融研究中心。

综上所述，上市证券公司行业经营对传统业务仍然有比较大的依赖性，但近年来行业整体还是呈现出对传统业务依赖度下降的态势，受托客户资产管理以及融资融券业务正逐渐发挥作用，构筑了证券公司新的盈利支点。而主要以资本中介和交易业务为主的创新业务的核心竞争力在于客户资源、券商融资成本和产品创新能力，在这些方面大券商拥有天然的竞争优势，从而在创新业务上具有较高的市场份额。

6.3 上市投资银行财务和估值指标分析

6.3.1 营业收入和净利润

2013 年证券公司盈利状况较 2012 年明显改善，特别是中小证券公司业绩表现出色。2013 年，19 家上市证券公司共实现营业收入 793.77 亿元，同比增长 25.6%，实现净利润 247.30 亿元，同比增长 32.1%。从上市证券公司的业绩情况来看，中小证券公司的业绩表现出色。从 2013 年净利润同比增长率来看，东北证券（000686）以 219.7% 的涨幅排名第一，其次为西部证券（002673），涨幅达到 130.25%，除光大证券（601788）受“乌龙指”影响净利润同比出现大幅下滑外，其余 18 家上市券商均有不同幅度的上涨（见表 6-9）。从营业收入的同比增长率来看，排名第一的是西南证券（600369），同比上涨 54.9%，其次为方正证券（601901），同比上涨 47.6%。整体来看，上市券商 2013 年业绩复苏明显。

表 6-9　上市证券公司净利润和营业收入排名（2013 年）　单位：亿元

公司名称	营业收入			净利润			净利率（%）	
	2012 年	2013 年	同比（%）	2012 年	2013 年	同比（%）	2012 年	2013 年
中信证券	116.94	161.15	37.81	43.07	53.08	23.24	36.83	32.94
海通证券	91.41	104.55	14.37	32.34	42.81	32.37	35.38	40.95
广发证券	69.71	82.08	17.74	21.90	28.13	28.45	31.42	34.27
华泰证券	58.83	71.67	21.83	16.61	22.69	36.60	28.23	31.66
招商证券	46.66	60.87	30.45	16.46	22.35	35.78	35.28	36.72
宏源证券	32.96	41.19	24.97	8.68	12.28	41.47	26.33	29.81
光大证券	36.52	40.20	10.08	10.33	2.84	-72.51	28.29	7.06
方正证券	23.32	34.42	47.60	5.59	10.99	96.60	23.97	31.93
兴业证券	25.39	31.04	22.25	5.74	7.84	36.59	22.61	25.26
长江证券	22.86	30.48	33.33	6.83	10.06	47.29	29.88	33.01
国元证券	15.31	19.85	29.65	4.07	6.64	63.14	26.58	33.45
西南证券	12.68	19.64	54.89	3.42	6.36	85.96	26.97	32.38
国海证券	14.60	18.19	24.59	1.64	3.43	109.15	11.23	18.86
东北证券	12.00	17.67	47.25	1.51	4.83	219.87	12.58	27.33
东吴证券	13.98	15.99	14.38	2.88	3.86	34.03	20.60	24.14
国金证券	15.34	15.47	0.85	2.75	3.16	14.91	17.93	20.43
山西证券	10.48	13.16	25.57	1.43	2.46	72.03	13.65	18.69
西部证券	7.93	11.29	42.37	1.19	2.74	130.25	15.01	24.27
太平洋证券	5.26	4.86	-7.60	0.70	0.75	7.14	13.31	15.43
合计	632.18	793.77	25.56	187.14	247.30	32.15	29.60	31.16

注：净利率 = 净利润/营业收入 ×100%。

资料来源：Wind 资讯，公司金融研究中心。

净利率是衡量证券公司财务效率的衡量指标之一。从净利率看，2013 年海通证券（600837）、招商证券（600999）、广发证券（000776）净利率分别为 40.95%、36.72% 和 34.27%，居上市证券公司前三位；而从净利率的提升幅度看，东北证券（000686）、国海证券（000750）、西部证券（002673）居上市证券公司前列（见图 6－7）。

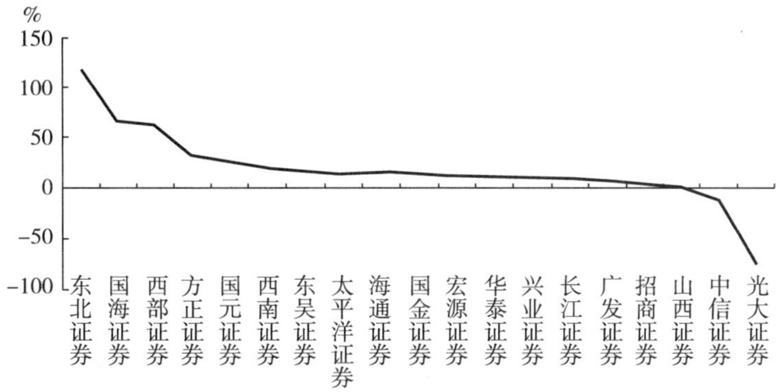

资料来源：Wind 资讯，公司金融研究中心。

图 6－7　净利率同比变动（2013 年）

费用的管控能力是证券公司财务效率的另一个衡量指标。相对 2012 年来说，2013 年除光大和中信证券外，上市证券公司的业务及管理费占营业收入的比例（费用收入比）普遍呈现下降趋势。2013 年，19 家上市证券公司的费用收入比为 52.99%，而 19 家证券公司的 2012 年这一数据为 56.64%。2013 年海通证券（600837）、方正证券（601901）、中信证券（600030）费用收入比分别为 43.54%、48.23% 和 50.15%，在上市证券公司处于较低水平；而从费用收入比的变动看，东北证券（000686）、方正证券（601901）和长江证券（000783）2013 年费用收入比下降较快，降幅分别为 27.34%、23.2% 和 15.62%（见表 6－10）。证券公司费用收入比的下降，原因在于互联网金融的快速发展，跨界经营成为趋势。随着创新的持续深化，证券公司的盈利能力普遍有了更大的提升，而部分创新业务领先的大型证券公司已取得先发优势，从行业内部竞争的角度看，中小证券公司将面临更加不利的生存发展环境。

表 6－10　上市证券公司费用收入比（2013 年）　单位:%

公司名称	2012 年	2013 年	同比
海通证券	43.88	43.54	－0.78
方正证券	62.81	48.23	－23.2
中信证券	49.77	50.15	0.76
招商证券	54.55	50.45	－7.52
长江证券	61.18	51.62	－15.62
广发证券	52.73	51.62	－2.09
宏源证券	53.73	51.94	－3.34
西南证券	61.76	52.19	－15.49

续表

公司名称	2012 年	2013 年	同比
华泰证券	58.46	53.28	-8.87
国元证券	62.57	54.44	-13
东北证券	82.78	60.15	-27.34
西部证券	71.49	61.46	-14.03
兴业证券	67.31	61.63	-8.44
东吴证券	70.48	62.96	-10.67
光大证券	60.8	64.46	6.01
国金证券	71.44	68.39	-4.27
山西证券	77.16	68.43	-11.31
国海证券	79.6	68.47	-13.98
太平洋证券	75.28	72.29	-3.97

注：费用收入比＝业务及管理费/营业收入×100%。

资料来源：Wind 资讯，公司金融研究中心。

6.3.2 总资产与总资产收益率（ROA）

截至 2013 年末，19 家上市证券公司资产合计 10910.58 亿元，较 2012 年末增长 30.50%。其中，中信证券（600030）、海通证券（600837）和广发证券（000776）总资产分别为 2713.54 亿元、1691.24 亿元和 1173.49 亿元，位居上市证券公司的前三位。从图 6－8 可以看出，2013 年上市证券公司总资产变动较大的有西南证券（600369）（增长 73.83%）、中信证券（600030）（增长 61.03%）和兴业证券（601377）（增长 56.74%）。

2013 年，宏源证券（000562）总资产收益率（ROA）排在第 1 位，长江证券

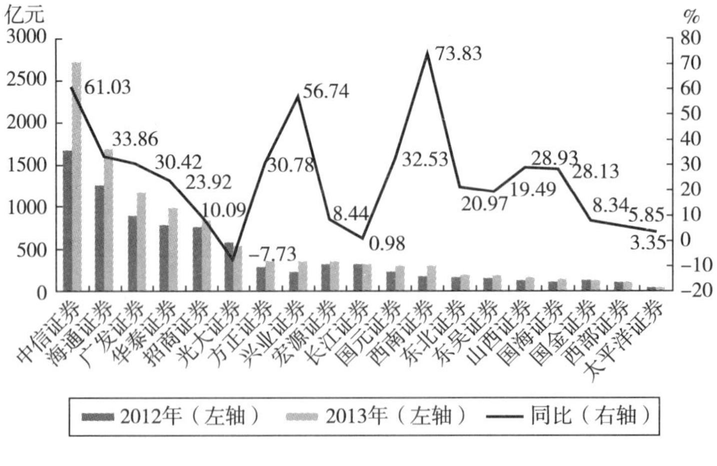

资料来源：Wind 资讯，公司金融研究中心。

图 6－8 总资产变动情况（2012—2013 年）

（000783）、方正证券（601901）分别排在第 2 位、第 3 位。同比变动较大的为东北证券（000686）（增长 164.40%）、西部证券（002673）（增长 117.50%）和国海证券（000750）（增长 63.20%），而光大证券（601788）、中信证券（600030）分别下降 70.20% 和 23.50%（见表 6－11）。

表 6－11　　上市证券公司总资产收益率（2012—2013 年）　　单位：%

公司名称	2012 年		2013 年		同比变动
	ROA	排名	ROA	排名	
宏源证券	2.72	1	3.55	1	30.5
长江证券	2.18	6	3.19	2	45.9
方正证券	2.00	10	3.00	3	50.3
招商证券	2.18	7	2.69	4	23.3
海通证券	2.56	2	2.53	5	-1.1
西部证券	1.13	17	2.46	6	117.5
东北证券	0.92	19	2.42	7	164.4
广发证券	2.43	5	2.4	8	-1.5
国海证券	1.44	16	2.35	9	63.2
国金证券	2.18	8	2.31	10	6.1
华泰证券	2.1	9	2.31	11	10.2
兴业证券	2.53	4	2.2	12	-12.9
国元证券	1.78	13	2.19	13	23.1
西南证券	1.98	11	2.12	14	7
东吴证券	1.83	12	2.05	15	12.2
中信证券	2.56	3	1.96	16	-23.5
太平洋证券	1.56	15	1.62	17	3.7
山西证券	1.12	18	1.49	18	33.4
光大证券	1.77	14	0.53	19	-70.2

资料来源：Wind 资讯，公司金融研究中心。

6.3.3　净资产与净资产收益率（ROE）

截至 2013 年末，19 家上市证券公司净资产合计 4015.36 亿元，较 2012 年末增长 6.55%。其中，中信证券（600030）、海通证券（600837）和华泰证券（601688）净资产位居上市证券公司的前三位，分别为 894.02 亿元、641.05 亿元和 363.25 亿元。净资产的变动，可以用来衡量证券公司的投资效率。2013 年上市证券公司净资产都普遍增加，图 6－9 反映出净资产变动较大的有国海证券（000750）（增长 115.29%）、兴业证券（601377）（增长 48.07%）和山西证券（002500）（增长 14.81%）。

2013 年，招商证券（600999）净资产收益率为 8.43%，位列上市证券公司第一位，广发证券（000776）和宏源证券（000562）分别排在第 2 位、第 3 位。而从净资产收益

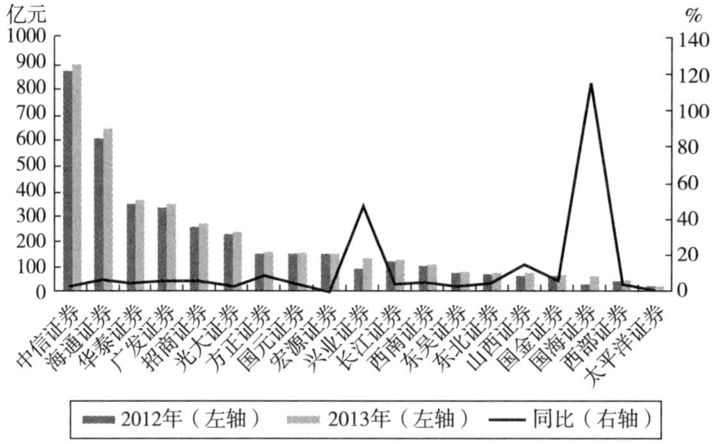

资料来源：Wind资讯，公司金融研究中心。

图6-9　净资产变动情况（2012—2013年）

率的提升幅度看，2013年，东北证券（000686）、西部证券（002673）、方正证券（601901）、西南证券（600369）、山西证券（002500）和国元证券（000728）实现单位资产盈利能力增长较快，分别同比增长124.1%、92.95%、88.29%、76.11%、69.06%和59.45%。上市证券公司中只有国金证券（600109）和光大证券（601788）出现净资产收益率下降，下降幅度分别为-15.3%和-80.1%（见图6-10）。

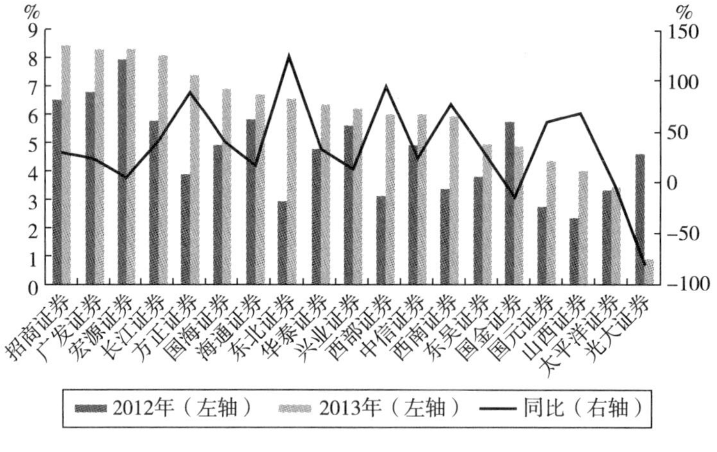

资料来源：Wind资讯，公司金融研究中心。

图6-10　净资产收益率变动情况（2012—2013年）

6.3.4　每股收益

每股收益（EPS）是衡量上市公司盈利能力最常用的财务指标，反映普通股的获利水平，但是不反映股票所含有的风险。该指标反映了每股创造的税后利润，比率越高，表明所创造的利润越多。2013年末，东北证券（000686）以0.49元/股排在上市证券公司的首位，同比增加145%，也是同比增幅最大的证券公司。同比实现较大增幅的还有西部证券（002673）、国海证券（000750）和方正证券（601901），而只有光大证券（601788）、宏源证券（000562）和国金证券（600109）出现同比下降（见图 6－11）。

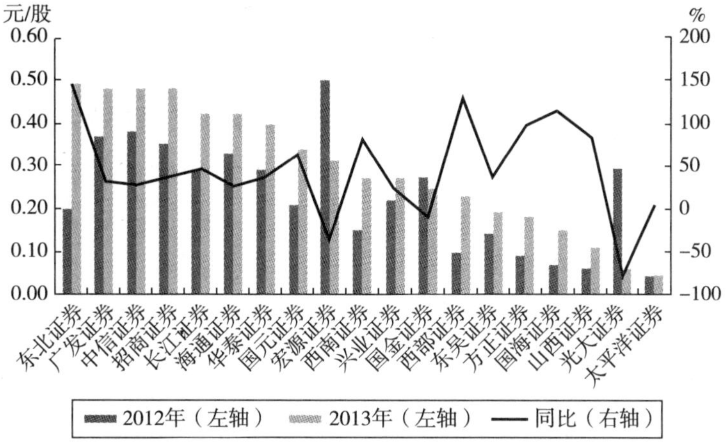

资料来源：Wind 资讯，公司金融研究中心。

图 6－11　每股收益变动情况（2012—2013 年）

6.3.5　市盈率

截止 2013 年末，光大证券（601788）以 144.34 倍的市盈率成为上市证券公司中最高的，太平洋证券（601099）和国海证券（000750）紧随其后。而也只有光大证券（601788）和太平洋证券（601099）出现同比上升，其中光大证券（601788）同比增幅达到 200.39%，远高于太平洋证券（601099）2.75% 的增幅。其他 17 家上市证券公司都出现了不同程度的下降，华泰证券（601688）以 22.69 倍的市盈率处于最低水平（见图 6－12）。

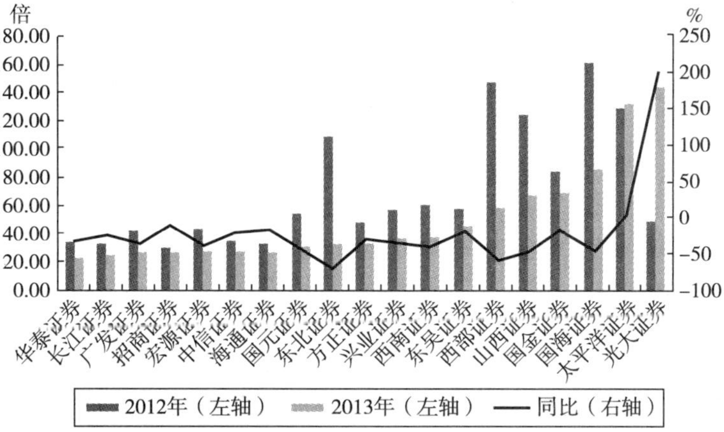

注：市盈率数据为每年的最后一个交易日数据。

资料来源：Wind 资讯，公司金融研究中心。

图 6－12　市盈率变动情况（2012—2013 年）

6.3.6 市净率

市净率（PB）指的是每股股价与每股净资产之比。市净率可用于投资分析，一般来说市净率较低的股票，投资价值较高；相反，则投资价值较低。2013 年末，市净率较低的前三家证券公司为国元证券（000728）、光大证券（601788）和华泰证券（601688），分别为 1.29 倍、1.30 倍和 1.41 倍；市净率较高的前三家证券公司为太平洋证券（601099）、国海证券（000750）和西部证券（002673），分别为 4.51 倍、4.27 倍和 3.14 倍。而同比降幅较大的是国海证券（000750）、光大证券（601788）、兴业证券（601377）和广发证券（000776），降幅分别为 45.5%、45.16%、39.03% 和 22.8%；同比增幅较大的是方正证券（601901）和招商证券（600999），增幅分别为 25% 和 14.03%（见图 6－13）。

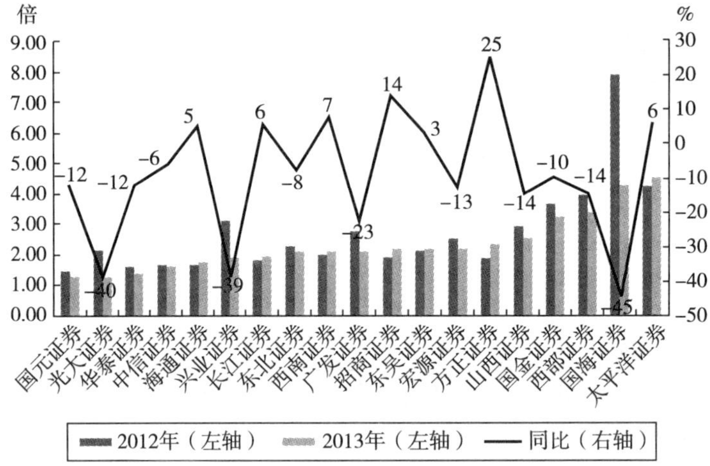

注：市净率数据为每年的最后一个交易日数据。

资料来源：Wind 资讯，公司金融研究中心。

图 6－13 市净率变动情况（2012—2013 年）

6.4 上市投资银行市场影响力分析

6.4.1 上市投资银行与证券行业比较

1. 总市值比较

2006—2013 年，境内上市证券公司由 10 家增加至 19 家，平均每年增加 1 家。上市证券公司稳步发展，但是上市证券公司家数和总市值占比变动不大。从上市家数变化来看，沪深股市 A 股从 2006 年的 1398 家增加到 2013 年的 2468 家，平均每年增加 134 家。与 2012 年相比，沪深股市 A 股上市公司家数在 2013 减少 4 家，上市证券公司家数占比维持在 0.77%（见表 6－12）。总体而言，证券公司上市的步伐仍然较慢。从上市证券公司总市值占比来看，2013 年为 2.75%，比 2012 年下降 0.13 个百分点，近几年上市公司总市值占比维持在 2%—3% 的比例。

表 6-12 境内上市证券公司和沪深股市 A 股对比（2006—2013 年） 单位：亿元

年份	上市证券公司家数（家）	上市证券公司总市值	沪深股市 A 股家数（家）	沪深股市 A 股总市值	家数占比（%）	总市值占比（%）
2006	10	1200.58	1398	101863.31	0.72	1.18
2007	11	8161.44	1507	396986.47	0.73	2.06
2008	11	2760.06	1581	146409.07	0.70	1.89
2009	13	7947.33	1678	287583.5	0.77	2.76
2010	17	7447.21	2041	301951.88	0.83	2.47
2011	18	5360.8	2320	248402.39	0.78	2.16
2012	19	7664.7	2472	266235.65	0.77	2.88
2013	19	7470.07	2468	271709.33	0.77	2.75

注：总市值以每年的最后一个交易日收盘价统计。

资料来源：Wind 资讯，公司金融研究中心。

从总市值的变动来看，上市证券公司总市值的同比变化要大于沪深股市 A 股的变化。从图 6-14 可以看出，在总市值增加的年份，上市证券公司总市值的增幅大于沪深股市 A 股的增幅；在总市值降低或增速降低的年份，上市证券公司总市值的降幅大于沪深股市 A 股的降幅。这表明上市证券公司对外部环境的变化更敏感。2013 年，沪深股市 A 股总市值增速比 2012 年下降了 5 个百分点，但上市证券公司总市值却下滑了 46 个百分点，这是对我国经济增长速度下滑的自然反应，同时表明经济下滑对上市证券公司市

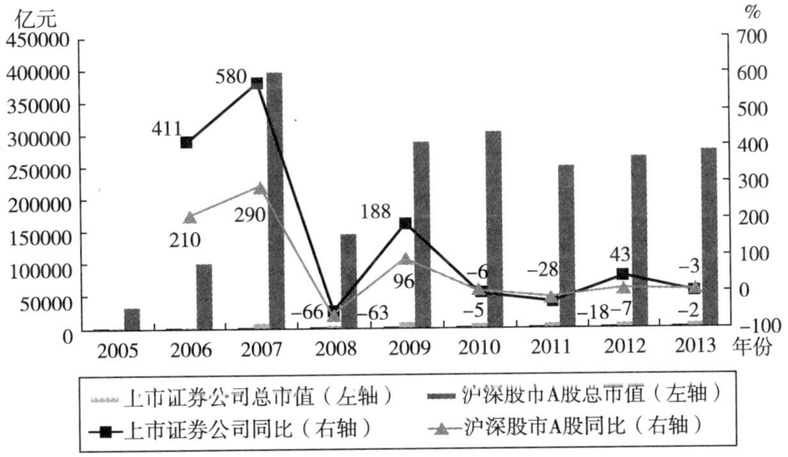

注：总市值以每年的最后一个交易日收盘价统计；图中线上数据为上市证券公司市值同比数据，线下数据为沪深股市 A 股市值同比数据。

资料来源：Wind 资讯，公司金融研究中心。

图 6-14 上市证券公司市值占 A 股总市值之比（2005—2013 年）

值的影响更大。

从各个行业板块来看，2013 年，19 家上市证券公司总市值处于中等偏上的水平。沪深股市 A 股总市值最大的为银行业板块，总市值为 36708.46 亿元，16 家上市银行平均每家市值为 2294.28 亿元，远高于餐饮旅游板块 19 家上市公司的市值 1333.64 亿元（见图 6－15）。

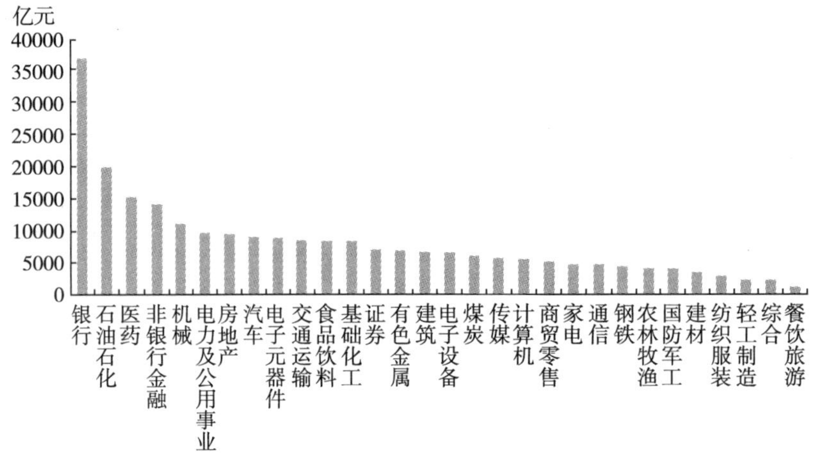

注：1. 总市值以 2013 年最后一个交易日收盘价统计。

2. 图中板块分类按照中信证券行业分类。

资料来源：Wind 资讯，公司金融研究中心。

图 6－15　各板块 A 股总市值情况（2013 年）

2. 营业收入比较

2013 年，证券行业和上市证券公司营业收入都实现了较大增长，且上市证券公司营业收入增幅大于整个行业增幅，对行业营业收入影响比较大。受益于市场交易活跃度以及创新业务的大力发展，2013 年成为证券行业自 2009 年之后首次重新出现业绩正增长的年份，有望自此成为全行业经营业绩的一个转折点。据中国证券业协会统计，全年 115 家证券公司全年实现营业收入 1592.41 亿元，同比增长 22.99%；19 家上市证券公司实现营业收入 793.77 亿元，同比增长 25.6%，占全行业营业收入的 49.85%，比 2012 年提升 1.03 个百分点。其中，大型券商中中信证券（600030）营业收入份额为 10.12%，比 2012 年提升 1.09 个百分点，而海通证券（600837）、广发证券（000776）和华泰证券（601688）营业收入份额都有不同程度的下降（见表 6－13）。

表 6－13　上市证券公司营业收入占行业营业收入比重（2012—2013 年）　单位：%

公司名称	2012 年	2013 年	公司名称	2012 年	2013 年
中信证券	9.03	10.12	国元证券	1.18	1.25
海通证券	7.06	6.57	西南证券	0.98	1.23
广发证券	5.38	5.15	国海证券	1.13	1.14

续表

公司名称	2012 年	2013 年	公司名称	2012 年	2013 年
华泰证券	4.54	4.50	东北证券	0.93	1.11
招商证券	3.60	3.82	东吴证券	1.08	1.00
宏源证券	2.55	2.59	国金证券	1.18	0.97
光大证券	2.82	2.52	山西证券	0.81	0.83
方正证券	1.80	2.16	西部证券	0.61	0.71
兴业证券	1.96	1.95	太平洋证券	0.41	0.31
长江证券	1.77	1.91	合计	48.82	49.85

资料来源：Wind 资讯，公司金融研究中心。

3. 净利润比较

2013 年，证券行业净利润实现大幅增长，高于上市证券公司的增速，但上市证券公司净利润占行业净利润的比重仍然超过 50%。2013 年，证券行业净利润实现 440.21 亿元，同比增长 33.68%；19 家上市证券公司实现净利润 247.30 亿元，同比增长 32.1%。证券行业净利润的增幅超过营业收入增幅 10 个百分点，也从一个侧面反映出中国证券行业的盈利效率有了一定幅度的提升。尽管上市证券公司数量仅占全行业公司数量的 17%，但上市证券公司净利润占比达到 56%，对整个证券行业有举足轻重的作用。中信证券（600030）仍然占据市场最多的市场份额，达到 12.06%，同比下降 7.8%；而东北证券（000686）、西部证券（002673）和国海证券（000750）净利润市场份额同比实现了较大的增长，分别为 139.13%、72.22% 和 56%（见表 6－14）。

表 6－14　各上市证券公司净利润占行业净利润比重（2012—2013 年）　单位:%

公司名称	2012 年	2013 年	同比
中信证券	13.08	12.06	-7.80
海通证券	9.82	9.72	-1.02
广发证券	6.65	6.39	-3.91
华泰证券	5.04	5.15	2.18
招商证券	5	5.08	1.60
宏源证券	2.64	2.79	5.68
方正证券	1.7	2.5	47.06
长江证券	2.07	2.29	10.63
兴业证券	1.74	1.78	2.30
国元证券	1.24	1.51	21.77
西南证券	1.04	1.44	38.46
东北证券	0.46	1.1	139.13
东吴证券	0.87	0.88	1.15
国海证券	0.5	0.78	56.00

续表

公司名称	2012 年	2013 年	同比
国金证券	0. 84	0. 72	-14. 29
光大证券	3. 14	0. 65	-79. 30
西部证券	0. 36	0. 62	72. 22
山西证券	0. 43	0. 56	30. 23
太平洋证券	0. 21	0. 17	-19. 05
合计	56. 83	56. 19	-1. 13

资料来源：Wind 资讯，公司金融研究中心。

6. 4. 2 上市投资银行与金融行业上市公司比较

按照证监会行业分类标准和中信行业分类标准，截至2013 年，我国上市金融企业包括16 家银行、19 家证券公司、4 家保险公司和2 家信托公司。我们重点比较上市证券公司与其他金融企业在总市值和净利润方面的变化趋势，以探讨上市证券公司在金融板块中的影响力。

1. 总市值比较

2013 年，金融板块总市值出现了较大的跌幅，但境内各类上市金融企业总市值跌幅程度不同。根据中国上市公司市值管理研究中心发布的《2013 年中国 A 股市值年度报告》显示，截至 2013 年 12 月 31 日，A 股总市值为 23. 76 万亿元，较 2012 年末增长3. 98%，市值增加 9106 亿元。然而，金融板块总市值却由 2012 年的 82311. 37 亿元下跌到73363. 81 亿元，市值跌幅达 10. 87%，缩水 8947. 56 亿元。其中，上市证券公司总市值跌幅为 2. 54%，远低于上市商业银行总市值的跌幅 9. 98% 和上市保险公司总市值的跌幅 20. 67%（见图 6 -15），这表明上市证券公司在金融板块中表现相对较好。

表 6 -15　　上市金融企业总市值情况（2007—2013 年）　　单位：亿元

年份	证券	增幅（%）	银行	保险	信托	合计	增幅（%）
2007	8161. 44	579. 79	95290. 2	27977. 32	219. 55	131648. 5	223. 45
2008	2760. 06	-66. 18	37712. 79	8080. 66	84. 49	48638	-63. 05
2009	7947. 33	187. 94	63937. 08	15176. 82	136. 29	87197. 52	79. 28
2010	7447. 21	-6. 29	60511. 76	12282. 73	97. 24	80338. 94	-7. 87
2011	5360. 8	-28. 02	58391. 17	10232. 97	97. 46	74082. 4	-7. 79
2012	7664. 7	42. 98	61939. 71	12571. 87	135. 09	82311. 37	11. 11
2013	7470. 07	-2. 54	55759. 54	9972. 80	161. 4	73363. 81	-10. 87

注：总市值以每年最后一个交易日收盘价统计。

资料来源：Wind 资讯，公司金融研究中心。

境内各类上市金融企业总市值占比存在较大差异，上市证券公司总市值占比上升趋势明显，影响力逐渐扩大。从图 6 -16 可以看出，上市银行总市值占比比较稳定，基本在 76% 左右，其市值变动对金融板块甚至沪深 A 股市值影响巨大；而上市证券公司总市值占比呈不断上升的态势，2013年达到10.18%，比2012年上升0.87个百分点；与证券公司形成鲜明对比的是上市保险公司总市值占比呈现下降的趋势，2013年占比为13.59%，比2012年下降1.68个百分点。所以，上市证券公司与保险公司总市值占比不断缩小，从2007年相差15.05个百分点到2013年仅相差3.41个百分点。

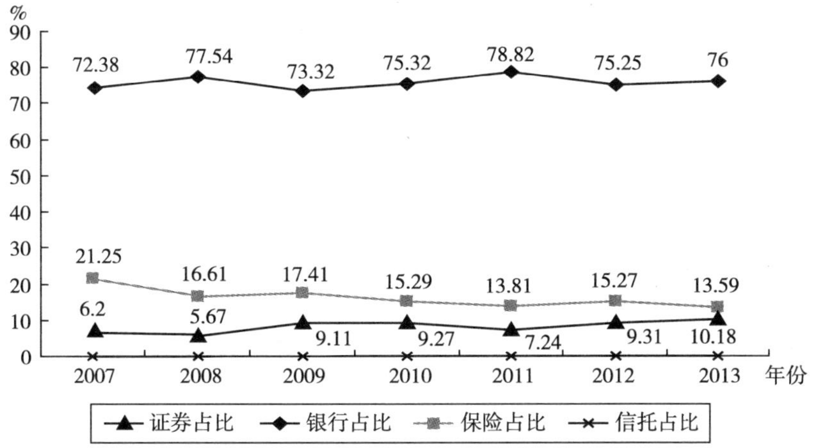

注：总市值以每年最后一个交易日收盘价统计。

资料来源：Wind资讯，公司金融研究中心。

图6-16 上市金融企业总市值占比变化（2007—2013年）

2. 净利润比较

2013年，境内各类上市金融企业净利润都有所增长，但是增速和发展趋势不同。上市金融企业全年实现净利润12579.85亿元，同比增长12.26%，比2012年降低1.54个百分点（见表6-16）。其中，上市证券公司和上市信托公司净利润实现了较大的增长，分别增长25.56%和56.23%，远高于银行和保险业的增幅。上市证券公司2013年业绩实现较高增长的主要原因一方面是交易量大幅回升，另一方面是资产管理业务及创新业务收入较上年同期大幅增加。近几年，信托公司依靠其灵活的经营体制和雄厚的市场基础，实现了迅速增长。

表6-16 上市金融企业净利润增幅（2007—2013年） 单位:%

年份	商业银行	保险公司	证券公司	信托公司	平均增幅
2007	42.86	37.25	353.09	69.42	46.96
2008	24.58	7.45	-50.64	-15.2	14.44
2009	1.99	6.28	54.57	15.75	4.68
2010	26.23	23.14	14.13	29.87	24.8
2011	27.22	9.61	-20.47	51.13	20.13
2012	16.23	10.17	-15.19	34.88	13.8
2013	12.15	11.67	25.56	56.23	12.26

我国以间接融资为主的融资结构使得银行业金融机构占有大部分的市场份额，净利润规模远高于信托、证券和保险等金融子行业，即使在上市金融板块中也如此。上市商

业银行 2013 年净利润达到 11584.11 亿元，同比增长 12.15%，比 2012 年回落 4.08 个百分点，但是商业银行净利润占有绝大部分市场份额，占比为 92%（见图 6－17）。商业银行净利润如此巨大得益于多年来利率管制下的稳定息差以及快速扩张的贷款规模。随着上市证券公司业绩的改善，净利润占比从 2012 年的 1.67% 增长到 1.92%，提升了 0.25 个百分点。随着资本中介型等创新业务的继续发展以及其他业务的不断转型，证券公司净利润有望实现持续增长，从而证券公司净利润市场份额将进一步提升。

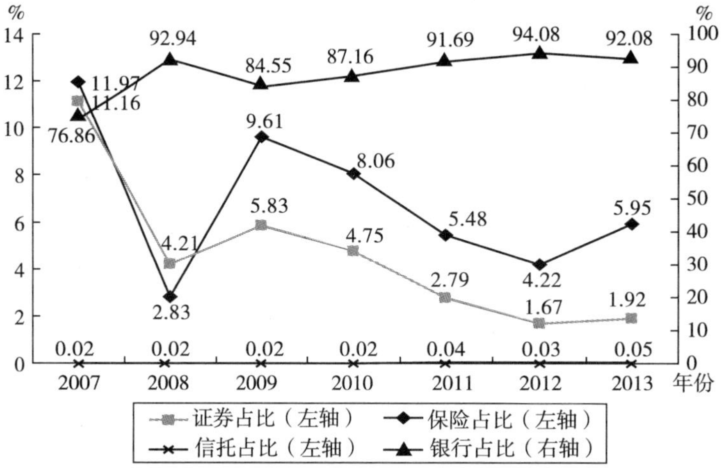

资料来源：Wind 资讯，公司金融研究中心。

图 6－17　上市金融企业净利润占比变动（2007—2013 年）

综上所述，2013 年上市证券公司的影响力有所扩大，但与上市商业银行相比，还存在较大的差距。此外，目前我国证券业在服务实体经济上还远远不够。多年来，我国证券行业收入主要来源于经纪、投行和自营业务，这些业务竞争激烈，通道性、同质化特征明显，行业业绩过度依赖二级市场的交易和投资。作为资本市场最重要的中介机构，证券行业应在资本市场发挥资源配置、助力实体经济发展的重要作用，但实际上证券行业对实体经济的贡献有限。究其原因，主要有以下几个方面原因：一是我国金融市场以间接融资为主，资本市场还不够发达，证券多样化发展的业务空间较小；二是证券公司受到的业务管制依然很多，基础功能不完善，融资渠道受阻等大大削弱了证券公司业务创新能力；三是行业牌照管制、佣金指导等导致市场化竞争不充分，没有足够的外力迫使其转型。从 20 世纪 70 年代佣金自由化后美国证券业发展历程以及近几年我国银行、信托业快速扩张的经验看，金融行业的发展离不开实体经济的需求，证券行业创新发展的本质还要服务于实体经济。在金融改革、市场改革和行业创新的大势下，证券业在政策、市场方面都迎来了良好的发展机遇，制约行业创新发展的三大因素将逐步打破，行业将进入成长通道，从而上市证券公司的市场影响力也将不断扩大。

参考文献

[1] Porter Michael E. Competitive Advantage of Nations [M]. London: The Macmillan Press, 1990.

[2] Gary Hamel and C. K. Frallalad. Competing for the Future [M]. Harvard Business School Press, 1997.

[3] World Economic Forum. Global Competitiveness Report [R]. Oxford University Press, 2003.

[4] Amazan, Andres. A Model of Competition in Banking: Bank Capital vs. Expertise. Journal of Financial Intermediation, 2002.

[5] Ronald I. McKinnon. The Order of Economic Liberalization [M]. Baltimore: Johns Hopkins University Press, 1991.

[6] Barney, J. B. Firm resources and sustained competitive advantage [J]. Journal of Management, 1991 (17).

[7] Porter Michael E. Competitive Advantage: Creating and Sustaining Superior Performance [M]. New York: The Free Press, 1985.

[8] Stalk G, Evans P, Schulman L. E. Competing on capabilities: the new rules of corporate [J]. Harvard Business Review, 1992, 4 (5).

[9] Teece D J, Pisano G, Shuen A. Dynamic capabilities strategic management [J]. Strategic Management, 1997, 18 (7).

[10] 安德鲁·坎贝尔．核心能力战略——以核心竞争力为基础的战略 [M]．辽宁：东北财经大学出版社，1999.

[11] 阿兰·莫里森，小威廉·维尔勒姆．投资银行制度、政治和法律 [M]．北京：中信出版社，2011，9.

[12] 查理斯·R. 吉斯特．金融体系当中的投资银行业 [M]．北京：经济科学出版社，1999.

[13] 曹凤岐．中国资本市场发展战略 [M]．北京：北京大学出版社，2003.

[14] 陈朝旭．中国股票市场波动与宏观经济波动的关联性研究 [M]．北京：经济科学出版社，2010，3.

[15] 何小峰，黄嵩．投资银行学 [M]．北京：北京大学出版社，2011，6.

[16] 黄素心．中国证券市场内幕交易监管研究 [M]．北京：经济管理出版社，2011，10.

[17] 章宏强．中国股票发行监管制度研究 [M]．北京．经济管理出版社，2011，5.

[18] 李扬．2014 年中国经济形势分析与预测 [M]．北京：社会科学文献出版社，2013，12.

[19] 梁忠辉．证券投资基金运行与管理 [M]．辽宁：东北财经大学出版社，2011，3.

[20] 罗伯特·劳伦斯·库恩．投资银行学 [M]．北京：北京师范大学出版社，1996.

[21] 罗纳德·I. 麦金农．经济发展中的货币与资本 [M]．北京：中国金融出版社，2006.

[22] 刘长春．中国证券市场监管制度及其变迁研究 [M]．北京：中国金融出版社，2010，1.

[23] 任淮秀．投资银行业务与经营 [M]．北京：中国人民大学出版社，2000.

[24] 尚福林．证券市场监管体制比较研究 [M]．北京：中国金融出版社，2006.

［25］沈炳熙．资产证券化：中国的实践［M］．北京：北京大学出版社，2008.

［26］沈坤荣．中国资本市场开放研究［M］．北京：人民出版社，2005.

［27］孙国茂．制度、模式与中国投资银行发展［M］．北京：中国金融出版社，2011，1.

［28］孙曙伟．证券市场个人投资者权益保护制度研究［M］．北京：中国金融出版社．2006，6.

［29］吴弘，胡伟．市场监管法论——市场监管法的基础理论与基本制度［M］．北京：北京大学出版社，2006.

［30］夏斌．金融控股公司研究［M］．北京：中国金融出版社，2001.

［31］杨其静．市场、政府与企业：对中国发展模式的思考［M］．北京：中国人民大学出版社，2010，5：200－211.

［32］叶德磊．中国证券市场发展研究［M］．南昌：江西人民出版社，2004.

［33］杨德勇．证券投资学［M］．北京：中国金融出版社，2010，5.

［34］张韶辉．我国金融体系的系统性研究［M］．北京：中国经济出版社，2011，5.

［35］郑则仕．资本市场的灵魂：投资银行全球揽胜［M］．沈阳：东北财经大学出版社，1998.

［36］中国证券业协会．中国证券市场发展前沿问题研究（2010）［M］．北京：中国财政经济出版社，2011.

［37］中国证券业协会．2013年中国期货业发展报告［M］．北京：中国财政经济出版社，2013，7.

［38］孙国茂．中国投资银行竞争力研究［J］．济南大学学报，2012（3）.

［39］孙国茂．中国股市与经济运行背离的原因分析［J］．理论学刊，2012（2）.

［40］孙国茂，姜顺其，张韶岩．中国股票市场IPO抑价原因研究［J］．山东大学学报，2013（4）.

［41］孙国茂．金融创新的本质、特征与路径选择［J］．理论学刊，2013（6）.

［42］孙国茂，陈国文．商品金融化形成机理研究［J］．济南大学学报，2013（6）.

［43］孙国茂，范跃进．金融中心的本质、功能与路径选择［J］．管理世界，2013（11）.

［44］孙国茂．从根本上改革股票发行制度［J］．理论学刊，2014（3）.

［45］孙国茂，陈国文．金融业利润增长对制造业的影响［J］．中国工业经济，2014（4）.

［46］白涛．上市证券公司核心竞争力研究［J］．中国外资，2013（11）.

［47］曹里加．中国证券监管稽查效率较低的原因及其改进对策［J］．当代经济科学，2005（6）.

［48］崔艳峰，秦子甲．融资融券及转融通保证金的法理基础与创新应用［J］．证券市场导报，2014（2）.

［49］崔满明．基于国际化视野的融资融券业务思考［J］．改革与战略，2014（1）.

［50］陈倩仪，李青，傅俊辉，徐维军．创新类证券公司竞争力的综合评价与分析［J］．改革与战略，2009，25（1）.

［51］陈淑芳，李将敏．COSO内部控制新框架的变化及对中国证券公司的启示［J］．西南金融，2014（4）.

［52］樊萱．我国投资银行核心竞争力问题研究［D］．湖南大学，2008.

［53］高建东，翟东升，郭湘平．我国证券公司核心能力之国际比较［J］．北京工业大学学报，2004，4（3）.

［54］龚映清．互联网金融对证券行业的影响与对策［J］．证券市场导报，2013（11）.

［55］何学松，贾蕊，陆迁．资本账户开放与中国证券公司竞争力［J］．特区经济，2006（6）.

［56］黄永安．分析师预测内容的信息含量——基于荐股修正和分析师职业变动的视角［J］．山西财经大学学报，2014（2）.

［57］金永红．中国证券业持续发展问题探讨［J］．金融与经济，2006（3）.

[58] 梁清华．我国私募禁止一般性招揽制度的构建——借鉴美国证券私募发行方式［J］．政法论坛，2014（1）．

[59] 刘志伟．金融创新中证券投资者知情权的法律保护［J］．西南金融，2014（3）．

[60] 梁志婷．完善我国证券投资者保护基金制度的探讨［J］．特区经济，2014（4）．

[61] 李筱璇．主办券商需向投行转型［J］．中国金融，2014（7）．

[62] 李文泓．资产证券化的资本充足率框架及其对我国的启示［J］．金融研究，2005（8）．

[63] 林远宁．我国投资银行竞争力研究［D］．暨南大学，2005.

[64] 林楠，蒋淑怡．证券公司风险控制制度的再造和完善［J］．西南金融，2014（2）．

[65] 刘强．基于主成分分析的上市证券公司竞争力研究［J］．经济研究导刊，2011（28）．

[66] 罗艳，高云峰，阮莉莉．我国上市证券公司竞争力评价研究［J］．西南农业大学学报，2012，10（5）．

[67] 宁向阳．中国证券公司竞争力研究［D］．暨南大学，2005.

[68] 聂祖荣．我国证券公司竞争力实证研究［J］．证券导刊，2003，（4）．

[69] 彭耿，殷强．基金管理公司治理与基金业绩相关性实证研究［J］．湖南科技大学学报，2014（3）．

[70] 闰增强，郭晓峰．中国证券市场的监管困境及解除［J］．上海金融，2004.

[71] 施生旭，谭婧园．我国A级以上证券公司经营效率研究［J］．经济与管理评论，2014（1）．

[72] 沈芬珠．我国经纪类券商竞争力研究［D］．浙江大学，2008.

[73] 孙智勇，张卫国，陆渝梅．RBV理论——券商的竞争力优势［J］．重庆大学学报，2003，26（2）．

[74] 谭显税．我国证券公司竞争力研究［J］．金融研究，2002（10）．

[75] 方芳．我国证券公司竞争行为分析［J］．中国经济问题，2004，2.

[76] 王敬，刘阳．证券投资基金投资风格：保持还是改变？［J］．金融研究，2007（8）．

[77] 王洪斌．两权分离度与A股上市证券公司竞争力的实证研究——基于因子分析的视角［J］．现代商业，2013（20）．

[78] 武飞．中国证券公司核心竞争力评价及管理建议［J］．中国流通经济，2013（4）．

[79] 肖云钢．信贷资产证券化的创新与监管［J］．中国金融，2014（10）．

[80] 薛妍，王菁．影响券商竞争力关键要素的选择与分析［J］．现代管理科学，2005（10）．

[81] 肖韶峰，陈灿平．创新：证券公司的必然选择［J］．西南民族大学学报，2003，（4）．

[82] 严莹．HT证券公司产品创新研究［D］．南昌大学，2013.

[83] 杨栋．券商国际竞争力评价指标体系构建与应用研究［D］．江西财经大学，2010.

[84] 杨丹，魏锡新，叶建明．股权分置对中国资本市场实证研究的影响及模型修正［J］．经济研究，2008（3）．

[85] 姚禄仕，何方，王丽娜，雷晓洁．利益冲突下的证券分析师跟进行为研究——基于面板数据的实证研究［J］．中国管理科学，2014（6），

[86] 张雪杉．J证券公司营业部合规管理研究［D］．西北农林科技大学，2013.

[87] 张哨军．证券公司竞争力评价指标体系的构建［J］．金融资本，2010（5）．

[88] 张宗新，朱伟弊．证券监管、执法效率与投资者保护——基于国际经验的一种实证分析［J］．财贸经济，2007（11）．

[89] 张旻．证券公司开展股指期货业务的风险度量与防范［J］．中国市场，2014（2）．

[90] 张琦．证券公司内部控制缺陷信息披露现状研究——基于我国上市证券公司的分析［J］．管理现代化，2014（2）．

［91］张汉斌．国有控股券商的公司治理［J］．中国金融，2014（6）．

［92］张保红．我国证券登记结算制度的缺陷及重构［J］．法商研究，2014（2）．

［93］张春红．融资融券会计处理之我见［J］．财会月刊，2014（7）．

［94］张春丽．论我国证券欺诈赔偿责任机制的完善［J］．法律科学，2014（3）．

［95］朱南，刘一．中国证券公司生产效率的数据包络分析［J］．金融研究，2008（11）．

［96］东方证券．2014 年证券行业年度策略［R］．2013，11.

［97］东北证券．融资融券业务评价分析报告［R］．2014，2.

［98］国泰君安．非银行金融将成为改革的大赢家——2014 年证券行业投资策略［R］．2013，11.

［99］海通证券．互联网券商——百花齐放：从价格竞争到内容竞争［R］．2014，5.

［100］华泰证券．网络化将带来新格局，行业盈利持续改善——2014 年证券行业投资策略［R］．2013，12.

［101］华融证券．创新业务逐条落实，券商开启黄金十年［R］．2014，5.

［102］广发证券．综合收益增长 31%，互联网领域持续布局——2013 年华泰证券年报点评［R］．2014，4.

［103］广发证券．综合收益增长 22%，停牌归于高送配因素——2013 年长江证券年报点评［R］．2013，11.

［104］林采宜，杨超，秦贞．国内券商综合竞争力研究［R］．国泰君安研究参考，2012，3.

［105］牛玉锐，段潇，孙明洁，李怡然．2013 年度债券市场统计分析报告［R］．中央结算公司债券信息部，2014，1.

［106］平安证券．政策业绩双轮驱动，板块表现必将惊艳——2014 年证券行业年度策略报告［R］．2013，12.

［107］平安证券．制度红利下的新三板市场必将乘风启航［R］．2013，12.

［108］清科研究中心．2013 年中国并购市场年度研究报告［R］．2014.

［109］唐卫峻，李向瑾．2013 年度中国债券市场统计分析报告［R］．上海清算所，2014，1.

［110］中信证券研究部．改革释放制度红利，开创新业务契机——证券行业 2014 年投资策略［R］．2013，12.

［111］中信建投证券．市场化中砥砺前行——2014 年投资策略报告［R］．2013，12.

［112］中信建投证券．重回增长　创新蓄力——证券行业 2013 年报及 2014 年一季报综述［R］．2014，5.

［113］民族证券．新三板扩容开启券商盈利新模式［R］．2013，9.

［114］民族证券．2013 年两融加速发展的一年［R］．2013，12.

［115］申银万国证券．融资活跃超台湾新标的有超额收益［R］．2013，11.

［116］申银万国证券．新三板市场定位高，企业融资成本低［R］．2013，12.

［117］中航证券．新三板扩容至全国，券商开启新的业务空间［R］．2013，12.

［118］中国人民银行．2013 年金融市场运行情况［R］．2014，1.

［119］中国证券业协会．中国期货业协会 2013 年报［R］．2014，1.

［120］中国证券业协会．中国证券业发展报告［R］．2014，4.

附录1　第3章—第5章部分表格

表3－3　　证券公司业务分类一览表

序号	公司名称	全牌照	经纪业务	承销业务	资产管理业务
1	宏源证券	Y			
2	东北证券	Y			
3	国元证券	Y			
4	申银万国	Y			
5	中信证券	Y			
6	西南证券	Y			
7	国开证券	Y			
8	国都证券	Y			
9	湘财证券	Y			
10	民生证券	Y			
11	中金公司	Y			
12	国泰君安	Y			
13	南京证券	Y			
14	广发证券	Y			
15	平安证券	Y			
16	爱建证券	Y			
17	上海证券	Y			
18	民族证券	Y			
19	华西证券	Y			
20	华鑫证券	Y			
21	兴业证券	Y			
22	长城证券	Y			
23	世纪证券	Y			
24	华安证券	Y			
25	国盛证券	Y			
26	大通证券	Y			
27	西部证券	Y			
28	招商证券	Y			
29	第一创业	Y			
30	华龙证券	Y			
31	广州证券	Y			
32	红塔证券	Y			
33	海通证券	Y			
34	中原证券	Y			
35	中银国际	Y			
36	厦门证券		Y		

续表3－3

序号	公司名称	全牌照	经纪业务	承销业务	资产管理业务
37	东莞证券	Y			
38	国金证券	Y			
39	东方证券	Y			
40	德邦证券	Y			
41	华林证券	Y			
42	中信万通		Y		
43	东海证券	Y			
44	财富证券	Y			
45	中山证券	Y			
46	新时代证券	Y			
47	中天证券	Y			
48	万联证券	Y			
49	齐鲁证券	Y			
50	财通证券	Y			
51	光大证券	Y			
52	首创证券	Y			
53	中信建投	Y			
54	银河证券	Y			
55	国信证券	Y			
56	北京高华		Y		
57	华泰证券	Y			
58	长江证券	Y			
59	渤海证券	Y			
60	浙商证券	Y			
61	安信证券	Y			
62	日信证券	Y			
63	瑞银证券	Y			
64	高盛高华			Y	
65	太平洋证券	Y			
66	信达证券	Y			
67	英大证券	Y			
68	金元证券	Y			
69	长江保荐			Y	
70	海际大和			Y	
71	华福证券	Y			
72	华创证券	Y			
73	国联证券	Y			
74	山西证券	Y			
75	大同证券		Y		
76	和兴证券		Y		
77	川财证券		Y		
78	东兴证券	Y			
79	华融证券	Y			
80	天源证券		Y		

续表3－3

序号	公司名称	全牌照	经纪业务	承销业务	资产管理业务
81	众成证券		Y		
82	恒泰证券	Y			
83	万和证券		Y		
84	东吴证券	Y			
85	瑞信方正			Y	
86	银泰证券		Y		
87	国海证券	Y			
88	江海证券	Y			
89	华宝证券		Y		
90	中德证券			Y	
91	华泰联合			Y	
92	诚浩证券		Y		
93	财富里昂	Y			
94	恒泰长财		Y		
95	中邮证券		Y		
96	联讯证券		Y		
97	财达证券	Y			
98	航天证券	Y			
99	中航证券	Y			
100	西藏同信	Y			
101	方正证券	Y			
102	开源证券	Y			
103	五矿证券	Y			
104	中投证券	Y			
105	中信证券（浙江）		Y		
106	天风证券	Y			
107	华英证券			Y	
108	摩根士丹利华鑫			Y	
109	一创摩根			Y	
110	东方花旗			Y	
111	上海东方资产管理				Y
112	上海光大资产管理				Y
113	国泰君安资产管理				Y
114	上海海通资产管理				Y
115	浙江浙商资产管理				Y

表 3-4　　　　证券公司分类评级一览表（2013 年）

公司名称	分类评级	公司名称	分类评级
北京高华	AA	红塔证券	BBB
东方证券	AA	宏信证券	BBB
广发证券	AA	华林证券	BBB
国金证券	AA	华龙证券	BBB
国开证券	AA	金元证券	BBB
国泰君安	AA	首创证券	BBB
国信证券	AA	西部证券	BBB
海通证券	AA	湘财证券	BBB
华福证券	AA	信达证券	BBB
华泰证券	AA	中原证券	BBB
华西证券	AA	财富证券	BB
申银万国	AA	川财证券	BB
西南证券	AA	德邦证券	BB
兴业证券	AA	东莞证券	BB
银河证券	AA	广州证券	BB
招商证券	AA	华创证券	BB
中金公司	AA	华鑫证券	BB
中投证券	AA	开源证券	BB
中信建投	AA	平安证券	BB
中信证券	AA	太平洋证券	BB
安信证券	A	天风证券	BB
长城证券	A	万联证券	BB
长江证券	A	厦门证券	BB
大同证券	A	新时代证券	BB
东兴证券	A	银泰证券	BB
方正证券	A	英大证券	BB
国都证券	A	中航证券	BB
国海证券	A	中山证券	BB
国联证券	A	中天证券	BB
国元证券	A	爱建证券	B
宏源证券	A	诚浩证券	B
华安证券	A	航天证券	B

续表3-4

公司名称	分类评级	公司名称	分类评级
华融证券	A	华宝证券	B
齐鲁证券	A	江海证券	B
瑞银证券	A	民族证券	B
山西证券	A	日信证券	B
浙商证券	A	世纪证券	B
中银国际	A	天源证券	B
渤海证券	BBB	五矿证券	B
财达证券	BBB	西藏同信	B
财通证券	BBB	中邮证券	B
大通证券	BBB	众成证券	B
第一创业	BBB	联讯证券	CCC
东北证券	BBB	上海证券	CCC
东海证券	BBB	万和证券	CCC
东吴证券	BBB	民生证券	CC
国盛证券	BBB	南京证券	CC
恒泰证券	BBB	光大证券	C

注：在115家公司中，有19家证券公司与其母公司合并评价，涉及华泰联合（母公司华泰证券）、恒泰长财（母公司恒泰证券）、高盛高华（母公司北京高华）、长江保荐（母公司长江证券）、财富里昂（母公司财富证券）、海际大和（母公司上海证券）、瑞信方正（母公司方正证券）、中德证券（母公司山西证券）、中信证券（浙江）和中信万通（母公司中信证券）、华英证券（母公司国联证券）、第一创业摩根大通证券（母公司第一创业证券）、摩根士丹利华鑫证券（母公司华鑫证券）、上海国泰君安证券资产管理有限公司（母公司国泰君安证券）、上海东方证券资产管理有限公司和东方花旗证券有限公司（母公司东方证券）、上海光大证券资产管理有限公司（母公司光大证券）、上海海通证券资产管理有限公司（母公司海通证券）和浙江浙商证券资产管理有限公司（母公司浙商证券）。

表4-2　　沪深两市证券公司融资融券交易统计　　单位：万元

公司简称	期末融资融券余额	期末融资余额	期末融券余额
国泰君安	2461685.47	2422199.78	39485.69
中信证券	2250244.70	2216858.06	33386.64
广发证券	1994513.06	1973229.73	21283.34
海通证券	1984821.12	1950739.15	34081.97
招商证券	1974699.01	1944490.15	30208.86
华泰证券	1956835.20	1930668.36	26166.83
中国银河	1778138.25	1764604.62	13533.63

续表 4－2

公司简称	期末融资融券余额	期末融资余额	期末融券余额
国信证券	1582695.41	1561976.94	20718.47
申银万国	1525790.21	1517456.34	8333.87
中信建投	1490926.18	1475663.29	15262.90
光大证券	1207477.99	1191364.30	16113.69
安信证券	844120.95	837244.85	6876.10
方正证券	792299.16	787512.24	4786.92
齐鲁证券	749751.30	738040.93	11710.37
中信证券（浙江）	731021.58	731021.58	0.00
中投证券	725347.98	723181.87	2166.11
宏源证券	569694.66	567581.71	2112.95
长江证券	555751.03	551746.73	4004.30
兴业证券	421613.75	420961.71	652.05
国元证券	409789.00	408744.96	1044.04
中信万通	360762.40	360752.20	10.20
平安证券	324380.08	323947.08	433.00
民族证券	311071.07	311069.31	1.76
华西证券	303421.62	302956.21	465.41
浙商证券	295582.82	295304.82	278.00
东兴证券	293689.40	293483.82	205.58
财通证券	293074.96	292084.82	990.14
东方证券	279899.41	279060.96	838.46
信达证券	266275.90	265808.21	467.70
东吴证券	241842.42	240784.28	1058.14
长城证券	241406.60	240540.06	866.54
东北证券	233608.34	232611.46	996.88
中原证券	226498.15	225763.99	734.16
西南证券	223070.62	222178.04	892.58
上海证券	210252.73	209873.23	379.51
国海证券	207080.35	205921.59	1158.76
东莞证券	204032.51	204032.51	0.00
中银国际	197206.70	197206.70	0.00
湘财证券	197018.80	196981.87	36.93
华安证券	176623.64	176623.64	0.00
华福证券	170906.22	170906.22	0.00
国都证券	166708.67	166649.67	59.00
东海证券	164674.78	164577.01	97.76
新时代证券	162026.69	162021.69	5.00
中金公司	156466.96	156466.96	0.00
山西证券	154094.79	153983.74	111.05

续表 4－2

公司简称	期末融资融券余额	期末融资余额	期末融券余额
华融证券	152417.48	151695.30	722.18
国金证券	148758.56	147791.77	966.79
南京证券	145734.54	145535.25	199.29
民生证券	141642.81	141589.54	53.27
金元证券	140013.27	139910.37	102.90
恒泰证券	126955.59	126892.59	63.00
财富证券	116346.41	116346.41	0.00
渤海证券	116332.30	116332.30	0.00
国联证券	114962.12	114617.27	344.85
西部证券	109042.07	109042.07	0.00
大通证券	101139.42	100696.71	442.71
中航证券	91589.34	91589.34	0.00
广州证券	88492.78	88425.78	67.00
华龙证券	82555.89	82552.77	3.12
财达证券	81729.35	81729.35	0.00
江海证券	80847.00	80847.00	0.00
万联证券	80284.63	80284.63	0.00
红塔证券	80249.46	80230.14	19.32
第一创业	73106.27	73106.27	0.00
国盛证券	57499.73	57498.73	1.00
中山证券	51192.32	51192.32	0.00
银泰证券	49704.36	49704.36	0.00
华鑫证券	45172.01	45034.01	138.00
首创证券	40419.46	40355.46	64.00
华创证券	38425.64	38384.64	41.00
华宝证券	33959.85	33750.51	209.34
天风证券	30806.28	30703.42	102.87
德邦证券	27166.14	27048.05	118.09
日信证券	23541.88	23541.88	0.00
开源证券	23269.62	23269.62	0.00
中天证券	22832.00	22832.00	0.00
英大证券	22249.73	22249.73	0.00
五矿证券	15215.11	15215.11	0.00
华林证券	11755.55	11755.55	0.00
中邮证券	8988.54	8988.54	0.00
国开证券	6874.86	6874.86	0.00
宏信证券	2477.26	2477.26	0.00
大同证券	50.59	50.59	0.00

资料来源：Wind 资讯，公司金融研究中心。

表4－4　　证券公司交易额、经纪业务收入排名（2013年）

公司简称	交易量排名	交易量（亿元）	经纪业务收入排名	经纪业务收入（万元）
国泰君安	1	138079.18	2	430461.66
海通证券	2	122288.47	4	392538.85
中信证券	3	121199.67	1	563353.46
国信证券	4	111407.52	5	389808.76
银河证券	5	109445.76	3	396644.85
申银万国	6	109040.20	8	338757.23
华泰证券	7	107118.19	6	381533.14
中信建投	8	95151.35	10	266319.13
招商证券	9	93726.67	9	298502.72
广发证券	10	87990.05	7	364412.15
中金公司	11	56706.57	19	120982.49
光大证券	12	53859.30	12	232303.85
东方证券	13	47148.85	21	114899.63
安信证券	14	47116.57	14	190350.77
长江证券	15	46142.24	15	149344.46
平安证券	16	41563.95	24	88129.57
兴业证券	17	40004.99	22	112569.35
齐鲁证券	18	38480.31	11	248910.87
中投证券	19	36663.62	13	197641.20
宏源证券	20	28924.46	17	140579.39
中信证券（浙江）	21	28350.98	18	121363.07
方正证券	22	27680.74	16	147802.00
北京高华	23	25201.91	85	11404.12
中银国际	24	18925.75	33	71174.80
东吴证券	25	18543.50	27	82433.01
长城证券	26	17720.46	40	63157.17
西南证券	27	17716.11	49	55579.67
国金证券	28	17558.28	39	64156.86
广州证券	29	17298.30	57	35168.67
财通证券	30	17222.83	37	65228.27
国元证券	31	17033.93	25	87498.43
上海证券	32	16671.75	48	56232.86
东兴证券	33	15799.21	29	77730.43
湘财证券	34	15554.57	44	57566.16
华西证券	35	15211.21	20	119651.12
渤海证券	36	14972.67	52	45701.72
浙商证券	37	14513.78	32	72958.88
民生证券	38	13845.93	47	56752.22
信达证券	39	13210.48	26	83363.36
东北证券	40	12942.07	28	78314.94
国联证券	41	12822.79	43	58706.45
华福证券	42	11730.27	51	47805.13
国海证券	43	10972.81	23	94970.08
东莞证券	44	10620.26	35	68858.07
红塔证券	45	10549.60	74	21882.82

续表4－4

公司简称	交易量排名	交易量（亿元）	经纪业务收入排名	经纪业务收入（万元）
英大证券	46	10472.15	75	21678.61
东海证券	47	10387.31	34	68888.86
第一创业	48	10300.65	76	21204.94
民族证券	49	10167.23	46	57158.32
中信证券（山东）	50	9900.54	38	64691.08
财达证券	51	9444.67	30	75001.64
南京证券	52	9187.88	42	59854.99
中原证券	53	9127.12	45	57185.94
华安证券	54	8958.06	31	73956.83
恒泰证券	55	8889.15	50	51649.08
国都证券	56	8888.74	63	28816.29
大通证券	57	8691.60	69	25415.74
中航证券	58	7912.19	59	31874.09
山西证券	59	7865.38	41	60217.99
华创证券	60	7806.20	55	39344.47
西部证券	61	7761.34	36	68752.30
金元证券	62	7754.91	61	29276.93
新时代证券	63	7227.53	53	41865.36
江海证券	64	6660.44	58	34669.23
华鑫证券	65	6389.85	56	35481.75
首创证券	66	6384.26	79	17712.51
华融证券	67	6048.41	66	26052.44
中山证券	68	5906.05	65	26521.80
瑞银证券	69	5659.89	70	24923.62
国盛证券	70	5594.11	62	28871.97
万联证券	71	5117.61	64	28376.86
财富证券	72	5083.59	60	29305.55
华林证券	73	5019.06	71	23690.17
德邦证券	74	4888.90	81	17174.49
华宝证券	75	4882.24	87	10167.80
世纪证券	76	4654.55	77	20880.79
西藏同信	77	4639.32	80	17449.55
华龙证券	78	4394.10	54	39540.95
太平洋证券	79	4162.33	67	25915.01
联讯证券	80	3518.22	73	21905.56
中天证券	81	3387.28	82	15324.85
天风证券	82	3107.99	78	19277.10
宏信证券	83	2991.90	68	25733.15
厦门证券	84	2846.04	83	11998.69
大同证券	85	2732.94	72	23228.21
国开证券	86	2602.14	92	7801.65
银泰证券	87	2539.28	86	10323.60
爱建证券	88	2467.89	84	11755.88
开源证券	89	2299.67	93	7467.88
天源证券	90	1823.35	91	7917.48

续表 4－4

公司简称	交易量排名	交易量（亿元）	经纪业务收入排名	经纪业务收入（万元）
五矿证券	91	1732.36	95	5882.38
日信证券	92	1364.99	88	9440.34
川财证券	93	1301.12	90	8316.47
万和证券	94	1045.79	94	6356.33
中邮证券	95	880.66	97	4979.05
恒泰长财	96	830.68	89	9210.92
众成证券	97	752.81	96	5830.38
航天证券	98	641.63	99	2167.36
诚浩证券	99	515.15	98	3709.27
财富里昂	100	299.77	100	1314.59

注：1. 在 115 家证券公司中，长江保荐、华泰联合、一创摩根、高盛高华、海际大和、华英证券、摩根士丹利华鑫证券、瑞信方正、中德证券、东方花旗、国泰君安资产管理、上海东方资产管理、上海光大资产管理、上海海通资产管理由于没有经纪业务资格，因此不参与排名。粤海证券和浙江浙商资产管理为 2013 年新增加公司，且没有经纪业务资格，因此也不参与排名。

2. 2014 年 4 月 15 日，中信证券股份有限公司（600030）董事会发表声明，中信万通证券有限责任公司（简称中信万通）更名为中信证券（山东）有限责任公司（简称中信证券（山东））。

3. 以上数据为合并公司数据。

资料来源：Wind 资讯，公司金融研究中心。

表 4－5　　证券公司营业部部均交易额、部均收入排名（2013 年）

公司简称	营业部部均交易额排名	营业部部均交易额（亿元）	营业部部均收入排名	营业部部均收入（万元）
北京高华	1	8400.64	4	3801.37
中金公司	2	3335.68	1	7116.62
国信证券	3	1326.28	2	4640.58
平安证券	4	944.64	12	2002.94
瑞银证券	5	943.32	3	4153.94
招商证券	6	937.27	5	2985.03
广州证券	7	752.10	28	1529.07
国泰君安	8	708.10	7	2207.50
申银万国	9	703.49	8	2185.53
东方证券	10	693.37	20	1689.70
英大证券	11	654.51	33	1354.91
兴业证券	12	635.00	17	1786.82
中信证券	13	594.12	6	2761.54
中银国际	14	573.51	9	2156.81
国金证券	15	548.70	11	2004.90
中信建投	16	543.72	29	1521.82
华宝证券	17	542.47	46	1129.76
海通证券	18	509.54	21	1635.58
中信证券（浙江）	19	480.53	10	2057.00
银河证券	20	467.72	19	1695.06

续表4-5

公司简称	营业部部均交易额排名	营业部部均交易额（亿元）	营业部部均收入排名	营业部部均收入（万元）
华泰证券	21	453.89	23	1616.67
东吴证券	22	431.24	13	1917.05
中山证券	23	421.86	14	1894.41
长江证券	24	415.70	34	1345.45
西南证券	25	393.69	42	1235.10
华林证券	26	386.08	15	1822.32
第一创业	27	381.51	76	785.37
广发证券	28	369.71	27	1531.14
光大证券	29	363.91	25	1569.62
长城证券	30	354.41	40	1263.14
中投证券	31	333.31	16	1796.74
红塔证券	32	329.68	84	683.84
东兴证券	33	329.15	22	1619.38
德邦证券	34	325.93	44	1144.97
国开证券	35	325.27	58	975.21
宏源证券	36	321.38	26	1561.99
民生证券	37	314.68	38	1289.82
渤海证券	38	311.93	60	952.12
安信证券	39	305.95	41	1236.04
财富里昂	40	299.77	35	1314.59
湘财证券	41	299.13	49	1107.04
上海证券	42	297.71	54	1004.16
金元证券	43	267.41	53	1009.55
国联证券	44	267.14	43	1223.05
财通证券	45	264.97	55	1003.51
国都证券	46	253.96	72	823.32
中航证券	47	247.26	56	996.07
华鑫证券	48	236.66	36	1314.14
大通证券	49	234.91	83	686.91
华西证券	50	227.03	18	1785.84
川财证券	51	216.85	32	1386.08
东莞证券	52	216.74	31	1405.27
五矿证券	53	216.55	78	735.30
中信证券（山东）	54	215.23	30	1406.33
国元证券	55	210.30	50	1080.23
首创证券	56	205.94	90	571.37
世纪证券	57	202.37	65	907.86
齐鲁证券	58	200.42	37	1296.41
民族证券	59	199.36	47	1120.75
方正证券	60	199.14	52	1063.32
东海证券	61	192.36	39	1275.72
华创证券	62	190.40	59	959.62
华福证券	63	186.19	77	758.81
国海证券	64	185.98	24	1609.66

续表 4-5

公司简称	营业部部均交易额排名	营业部部均交易额（亿元）	营业部部均收入排名	营业部部均收入（万元）
浙商证券	65	183.72	64	923.53
信达证券	66	180.97	45	1141.96
天风证券	67	172.67	51	1070.95
万联证券	68	170.59	61	945.90
华融证券	69	168.01	80	723.68
航天证券	70	160.41	91	541.84
江海证券	71	158.58	71	825.46
中原证券	72	157.36	57	985.96
爱建证券	73	154.24	79	734.74
东北证券	74	154.07	63	932.32
财富证券	75	149.52	68	861.93
恒泰证券	76	148.15	69	860.82
中天证券	77	147.27	85	666.30
厦门证券	78	142.30	89	599.93
西藏同信	79	136.45	92	513.22
新时代证券	80	136.37	75	789.91
联讯证券	81	135.32	70	842.52
万和证券	82	130.72	74	794.54
西部证券	83	125.18	48	1108.91
南京证券	84	122.51	73	798.07
山西证券	85	113.99	67	872.72
中邮证券	86	110.08	88	622.38
华安证券	87	107.93	66	891.05
天源证券	88	107.26	95	465.73
太平洋证券	89	106.73	86	664.49
华龙证券	90	104.62	62	941.45
开源证券	91	104.53	99	339.45
银泰证券	92	94.05	98	382.36
财达证券	93	89.10	82	707.56
宏信证券	94	83.11	81	714.81
国盛证券	95	82.27	97	424.59
大同证券	96	75.92	87	645.23
日信证券	97	68.25	94	472.02
众成证券	98	57.91	96	448.49
诚浩证券	99	46.83	100	337.21
恒泰长财	100	46.15	93	511.72

注：1. 在115家证券公司中，长江保荐、华泰联合、一创摩根、高盛高华、海际大和、华英证券、摩根士丹利华鑫证券、瑞信方正、中德证券、东方花旗、国泰君安资产管理、上海东方资产管理、上海光大资产管理、上海海通资产管理由于没有经纪业务资格，因此不参与排名。粤海证券和浙江浙商资产管理为2013年新增加公司，且没有经纪业务资格，因此也不参与排名。

2. 2014年4月15日，中信证券股份有限公司（600030）董事会发表声明，中信万通证券有限责任公司（简称中信万通）更名为中信证券（山东）有限责任公司（简称中信证券（山东））。

3. 营业部家数数据来自2013年证券公司的年报。

4. 以上数据为合并公司数据。

资料来源：Wind资讯，公司金融研究中心。

表4-7 证券公司承销业务排名表（2013年） 单位：万元

公司简称	家数排名	承销家数	金额排名	承销金额	收入排名	承销收入
中信证券	1	155	1	18231133.81	1	211988.88
中信建投	2	75	3	9081974.28	5	87050.26
国泰君安	3	65	4	7751512.58	3	89955.69
国开证券	4	64	5	7608313.19	16	34770.87
国信证券	4	64	7	4492064.26	6	85200.50
中金公司	6	58	2	9462429.09	2	107863.98
海通证券	7	39	6	7182082.22	4	88719.53
广发证券	8	35	13	3462017.43	11	40466.89
宏源证券	9	34	14	3113044.38	8	54248.10
华泰联合	9	34	8	4235258.33	7	55488.81
平安证券	9	34	20	2408333.33	17	34751.66
兴业证券	12	31	19	2458556.81	15	36475.58
银河证券	13	28	12	3491602.32	12	39018.16
招商证券	14	27	9	4007770.27	9	43315.34
浙商证券	14	27	33	920698.03	35	15059.12
光大证券	16	24	25	1694446.33	13	37742.80
瑞银证券	16	24	10	3886666.67	30	18070.43
中银国际	16	24	17	2528529.99	26	19579.41
齐鲁证券	19	23	28	1586000.00	25	21860.94
广州证券	20	21	21	1819791.15	32	17426.54
摩根士丹利华鑫	21	20	16	2591646.52	22	23532.33
申银万国	21	20	18	2516437.70	31	17533.71
西南证券	21	20	22	1789456.86	14	36898.82
东吴证券	24	18	46	546311.06	47	8634.53
长城证券	24	18	51	428635.25	75	411.09
渤海证券	26	17	31	1229666.67	38	12858.33
国海证券	26	17	29	1535878.78	19	30614.77
民生证券	26	17	30	1431279.54	10	42247.40
信达证券	26	17	35	814969.67	39	12536.25
华林证券	30	16	23	1712715.44	21	26404.15
安信证券	31	15	24	1701477.06	23	23095.53
瑞信方正	31	15	15	2693081.14	33	17181.63
财通证券	33	14	36	813821.98	42	11421.23
一创摩根	34	13	27	1607193.33	46	9203.52
中德证券	34	13	26	1686843.73	24	22103.72
中投证券	36	12	32	1224894.77	45	10537.68
高盛高华	37	11	11	3528007.22	43	10762.15
天风证券	37	11	39	665233.70	28	18713.36
东莞证券	39	10	63	162000.00	53	7334.88
金元证券	39	10	58	258230.60	51	7690.86
南京证券	39	10	62	183500.00	50	7939.17
新时代证券	39	10	52	415833.66	54	6856.54
东北证券	43	9	53	394547.87	40	12062.91
东方花旗	43	9	38	691001.19	34	16759.59
东海证券	43	9	55	328204.72	20	30101.78

续表 4－7

公司简称	家数排名	承销家数	金额排名	承销金额	收入排名	承销收入
东兴证券	43	9	60	238616.72	27	18882.19
国金证券	43	9	41	627789.79	29	18353.80
华创证券	43	9	66	121000.00	63	4019.81
华西证券	43	9	43	610841.70	41	11589.67
中原证券	43	9	37	764637.53	36	14861.33
德邦证券	51	8	42	615000.00	37	14699.49
恒泰证券	51	8	50	446360.00	59	5551.88
华英证券	51	8	45	555816.00	48	8496.78
中航证券	54	7	48	485448.74	52	7609.74
华龙证券	55	6	40	628000.00	44	10548.47
太平洋证券	55	6	47	505000.00	58	5942.36
红塔证券	57	5	34	863250.29	61	5304.52
西部证券	57	5	64	143000.00	66	3523.58
国都证券	59	4	67	83500.00	64	3983.17
国元证券	59	4	61	225027.43	60	5466.24
日信证券	59	4	56	290000.00	67	3399.60
英大证券	59	4	44	600000.00	70	1818.14
民族证券	59	4	57	283436.00	56	6606.92
华融证券	64	3	49	453880.00	18	30684.48
万联证券	64	3	68	64945.00	68	2325.68
长江保荐	64	3	65	130089.67	57	6523.55
财富里昂	67	2	54	383090.21	55	6640.68
国盛证券	67	2	59	250000.00	65	3688.93
首创证券	67	2	72	15000.00	69	1859.29
中山证券	67	2	71	24400.00	62	5004.19
川财证券	71	1	70	25000.00	74	621.00
大通证券	71	1	75	5000.00	71	1420.41
华安证券	71	1	75	5000.00	76	252.08
华福证券	71	1	73	10000.00	49	8283.83
江海证券	71	1	73	10000.00	72	1084.10
世纪证券	71	1	69	40000.00	73	928.02

注：1. 根据 Wind 数据显示，共有 81 家券商有承销资格，承销收入数据来源于维赛特数据库，其中爱建证券、财达证券、海际大和、西藏同信证券、湘财证券数据缺失，因此剔除。在股票承销业务统中，华泰证券（601688）与华泰联合、山西证券（002500）与中德证券、国联证券与华英证券、第一创业与一创摩根、长江证券（000783）与长江保荐、方正证券（601901）与瑞信方正、华鑫证券与摩根士丹利华鑫合并计算；在债券承销业务统计中，华泰证券（601688）与华泰联合证券、山西证券（002500）与中德证券、国联证券与华英证券、第一创业与一创摩根、长江证券（000783）与长江保荐、方正证券（601901）与瑞信方正、北京高华证券与高盛高华合并计算。证券主承销各项排名中，数据为股票和债券合计数据，承销收入来自券商财务报表数据。

2. 以上数据为合并公司数据。

资料来源：Wind 资讯，公司金融研究中心。

表4-15 证券公司集合理财产品业务统计（2013年） 单位：亿元

管理人	产品数量排名	产品数量（只）	份额统计排名	份额合计（亿份）	资产净值排名	资产净值合计
国泰君安资产管理	1	69	1	269.49	1	273.22
中信证券	2	67	6	134.34	6	130.43
浙商证券	3	48	21	64.07	16	66.12
华融证券	4	47	3	182.77	3	186.73
申银万国	5	46	13	87.05	13	95.04
安信证券	6	41	9	108.57	10	108.20
上海东方资产管理	7	39	10	96.25	12	98.21
上海光大资产管理	8	38	5	139.21	5	132.50
华泰证券	8	38	2	218.84	2	216.30
齐鲁证券	10	37	18	67.60	21	63.74
招商证券	11	36	7	131.00	7	130.26
广发证券	12	35	4	152.22	4	172.54
财通证券	12	35	22	63.73	22	59.03
上海海通资产管理	14	34	11	95.17	9	122.78
兴业证券	15	33	20	64.45	17	65.89
东海证券	16	28	16	72.29	20	64.74
国联证券	16	28	30	37.22	28	38.55
银河证券	18	27	15	81.19	14	79.27
国元证券	19	26	25	45.15	25	44.73
宏源证券	20	23	12	88.69	11	105.76
长江证券	21	22	8	127.00	8	125.29
东兴证券	21	22	23	56.95	23	56.70
第一创业	23	20	14	81.34	15	77.89
中信建投	23	20	27	41.25	26	40.98
西藏同信	25	17	44	14.44	41	15.01
国信证券	25	17	17	69.40	18	65.86
华西证券	25	17	32	33.39	31	33.91
恒泰证券	28	16	24	54.10	24	54.17
国海证券	28	16	38	18.32	40	18.21
中金公司	30	15	26	41.57	27	40.16
东北证券	31	14	29	38.29	32	32.79
渤海证券	31	14	28	38.38	29	36.72
国金证券	31	14	39	18.26	39	18.30
东吴证券	31	14	49	13.35	50	12.96
华安证券	35	13	47	13.75	47	13.59
信达证券	35	13	19	65.70	19	65.34
山西证券	35	13	42	14.82	44	14.47
中山证券	38	12	76	3.34	54	11.39
中投证券	38	12	34	26.59	35	25.82
东莞证券	38	12	36	20.17	36	19.06
太平洋证券	38	12	63	6.61	64	6.61
中银国际	42	11	41	15.55	46	13.93
长城证券	42	11	46	13.95	43	14.47
国都证券	44	10	48	13.52	51	12.87

续表 4－15

管理人	产品数量排名	产品数量（只）	份额统计排名	份额合计（亿份）	资产净值排名	资产净值合计
中原证券	45	9	43	14.51	45	14.36
湘财证券	45	9	37	18.94	37	19.01
中航证券	45	9	56	8.91	56	8.94
广州证券	48	8	50	13.16	48	13.33
宏信证券	48	8	40	16.69	34	27.67
天风证券	48	8	52	12.25	52	12.27
华龙证券	48	8	62	7.19	63	7.07
平安证券	48	8	33	30.25	33	30.40
华创证券	53	7	51	12.26	49	13.05
新时代证券	53	7	31	33.99	30	34.59
华鑫证券	53	7	58	7.93	59	8.07
日信证券	53	7	67	5.29	67	5.32
西南证券	53	7	35	21.86	38	19.01
大通证券	53	7	54	10.48	55	10.40
江海证券	53	7	65	6.30	65	6.50
方正证券	53	7	55	9.13	58	8.10
金元证券	61	6	57	7.95	57	8.40
万联证券	61	6	68	5.02	74	3.22
南京证券	63	5	74	3.61	72	3.68
民族证券	63	5	53	12.08	53	12.08
世纪证券	63	5	59	7.72	60	7.87
华宝证券	63	5	61	7.41	62	7.44
财达证券	63	5	45	14.40	42	14.48
开源证券	68	4	80	1.88	80	1.87
上海证券	68	4	66	5.53	66	5.54
北京高华	68	4	60	7.51	61	7.52
西部证券	68	4	69	4.49	71	3.92
银泰证券	68	4	78	2.17	79	2.06
联讯证券	68	4	75	3.57	73	3.57
民生证券	68	4	81	1.82	82	1.67
英大证券	68	4	71	4.10	70	3.99
华福证券	76	3	64	6.46	68	4.48
德邦证券	76	3	79	2.07	77	2.64
财富证券	78	2	82	1.67	81	1.68
华林证券	78	2	84	1.06	84	1.13
红塔证券	78	2	73	3.67	76	2.97
首创证券	78	2	77	2.49	78	2.51
五矿证券	78	2	83	1.44	83	1.44
中天证券	83	1	85	0.50	85	0.50
瑞银证券	83	1	72	3.71	75	3.10
国盛证券	83	1	70	4.38	69	4.45
中邮证券	83	1	86	0.30	86	0.30

资料来源：Wind 资讯，公司金融研究中心。

表4-16　　证券公司总资产、营业收入、净利润排名（2013年）　　单位：万元

公司简称	总资产排名	总资产	营业收入排名	营业收入	净利润排名	净利润
中信证券	1	27135424.90	1	1611527.22	1	530804.69
海通证券	2	16912360.37	2	1045495.40	2	428099.37
国泰君安	3	15316471.67	3	899348.01	3	301884.56
广发证券	4	11734899.56	4	820754.07	4	281256.62
华泰证券	5	9824826.31	6	716653.63	6	226872.55
招商证券	6	8315718.00	8	608656.48	8	223503.34
银河证券	7	7828436.75	5	748230.94	5	215493.17
国信证券	8	7481791.96	7	677598.73	7	210801.88
申银万国	9	7082691.14	9	597334.14	9	191544.06
中信建投	10	6740951.01	10	564966.96	10	177787.41
东方证券	11	5901248.86	15	328789.81	15	102078.71
光大证券	12	5384573.60	13	401954.46	13	28356.36
安信证券	13	3865682.58	17	314104.21	17	50213.98
齐鲁证券	14	3793781.59	12	408669.64	12	87848.55
平安证券	15	3763853.67	21	263867.41	21	51009.02
方正证券	16	3659836.46	14	344154.14	14	109936.82
兴业证券	17	3558617.95	18	310355.34	18	78374.36
宏源证券	18	3458961.91	11	411851.06	11	122779.87
中金公司	19	3283454.03	16	326150.05	16	37011.02
长江证券	20	3157622.50	19	304793.99	19	100621.30
中投证券	21	3139282.61	20	304028.92	20	73719.51
国元证券	22	3032993.46	24	198492.76	24	66413.19
西南证券	23	2999786.63	25	196412.65	25	63642.83
财通证券	24	2424006.65	22	225913.65	22	43259.96
东兴证券	25	2167578.31	23	203386.65	23	66849.40
东北证券	26	1993260.92	30	176704.02	30	48316.27
华西证券	27	1913303.05	26	196346.12	26	65280.94
东吴证券	28	1884405.73	32	159870.86	32	38601.79
长城证券	29	1878739.61	33	155038.56	33	39420.48
中银国际	30	1809783.09	39	128920.29	39	31717.29
国开证券	31	1769323.35	51	102641.41	51	44129.20
广州证券	32	1738366.47	58	90753.93	58	11054.52
信达证券	33	1692484.40	31	166133.62	31	32278.12
中信证券（浙江）	34	1689494.72	29	176967.59	29	61577.81
山西证券	35	1650014.51	37	131602.51	37	24584.47
浙商证券	36	1588620.76	27	191470.99	27	40323.06
江海证券	37	1581273.58	72	63066.82	72	10946.16
东海证券	38	1475794.45	35	137966.09	35	22720.02
国海证券	39	1458632.48	28	181876.08	28	34276.77
上海证券	40	1444113.60	46	111162.84	46	7015.43
渤海证券	41	1413335.20	42	117492.48	42	30867.34
民族证券	42	1401757.02	49	103966.50	49	15380.37
国金证券	43	1367398.91	34	154703.05	34	31573.02
民生证券	44	1294804.95	38	130734.95	38	10216.41
中原证券	45	1294591.40	43	117053.17	43	24608.25

续表 4－16

公司简称	总资产排名	总资产	营业收入排名	营业收入	净利润排名	净利润
湘财证券	46	1206631.33	61	83048.75	61	13036.07
华融证券	47	1165330.01	44	115324.16	44	30635.29
东莞证券	48	1161199.82	47	106760.91	47	26426.97
第一创业	49	1125920.70	50	103342.68	50	16965.11
财达证券	50	1121397.89	48	106135.46	48	23122.33
西部证券	51	1113536.76	45	112867.23	45	27409.61
南京证券	52	1092292.09	53	101399.90	53	27251.07
华龙证券	53	1075193.12	64	76237.69	64	17686.04
红塔证券	54	1062407.13	63	76493.60	63	22137.16
国都证券	55	1047266.91	56	96334.09	56	38844.79
国联证券	56	1020258.87	52	101654.46	52	26668.10
华安证券	57	1013244.88	54	99442.49	54	24422.26
财富证券	58	1006547.66	67	73999.45	67	12155.73
恒泰证券	59	990419.98	40	128362.51	40	39909.53
金元证券	60	976421.53	62	82381.15	62	8244.76
新时代证券	61	931644.13	36	132931.92	36	27768.01
华福证券	62	869350.27	55	98497.07	55	34085.48
中信证券（山东）	63	832794.04	57	95339.92	57	30579.49
首创证券	64	824020.73	82	43644.57	82	14542.63
中山证券	65	737034.80	74	55388.20	74	2832.40
华创证券	66	717116.82	66	74373.33	66	8672.22
北京高华	67	697049.75	41	118813.84	41	14603.20
万联证券	68	687459.71	78	49512.17	78	8422.75
华鑫证券	69	662789.83	59	87613.23	59	8993.00
大通证券	70	659510.01	73	60039.55	73	10200.44
中航证券	71	624413.20	76	52325.70	76	7462.12
中天证券	72	587649.28	92	23784.10	92	1491.20
德邦证券	73	558721.88	77	51789.23	77	8243.72
华泰联合	74	525736.85	60	83085.59	60	20003.66
英大证券	75	523416.24	80	44186.99	80	12611.04
国盛证券	76	504551.60	75	53140.57	75	14459.71
天风证券	77	481543.25	68	66893.69	68	10487.95
太平洋证券	78	462990.04	79	48642.42	79	7460.05
世纪证券	79	449049.00	86	30173.31	86	1065.63
宏信证券	80	439996.76	81	43948.44	81	12798.14
西藏同信	81	428640.46	83	35700.88	83	1593.09
日信证券	82	381731.07	87	27328.06	87	－6615.52
华林证券	83	379863.32	70	64370.71	70	7957.73
银泰证券	84	377173.32	93	23284.60	93	5411.75
华宝证券	85	338291.20	90	25858.49	90	4571.47
五矿证券	86	336740.13	101	14682.74	101	1331.90
开源证券	87	336651.14	100	16320.27	100	346.23
高盛高华	88	305350.11	69	65234.13	69	6917.87
联讯证券	89	270088.26	84	32344.71	84	806.14
大同证券	90	258598.15	85	30862.39	85	7843.94

续表4-16

公司简称	总资产排名	总资产	营业收入排名	营业收入	净利润排名	净利润
爱建证券	91	248632.65	98	18299.04	98	680.62
瑞银证券	92	226277.86	65	75288.03	65	1186.96
川财证券	93	211130.35	99	17263.21	99	3669.49
国泰君安资产管理	94	161418.90	71	64122.59	71	14291.44
厦门证券	95	134339.21	102	14618.46	102	-744.53
中邮证券	96	129495.29	104	13083.14	104	1592.79
摩根士丹利华鑫	97	119294.62	89	26369.92	89	-711.45
上海海通资产管理	98	112860.79	106	11960.81	106	-16184.78
恒泰长财	99	110079.62	107	11676.98	107	553.43
中德证券	100	99707.30	88	26481.43	88	-3824.69
华英证券	101	94409.66	105	12661.65	105	355.32
天源证券	102	90746.14	108	11027.65	108	-347.44
瑞信方正	103	89337.58	94	22806.41	94	501.85
航天证券	104	86706.68	113	2937.29	113	-1053.55
万和证券	105	84840.90	109	7688.22	109	90.08
一创摩根	106	84417.65	91	24837.92	91	1597.35
众成证券	107	78914.02	110	7606.67	110	-938.57
东方花旗	108	72115.86	96	19235.06	96	-7519.86
诚浩证券	109	67818.75	111	7366.13	111	322.52
财富里昂	110	60750.93	103	13818.65	103	910.87
上海东方资产管理	111	37249.48	97	19109.75	97	1175.35
海际大和	112	35758.70	114	1842.01	114	-4587.43
上海光大资产管理	113	34934.30	95	21319.98	95	7273.58
长江保荐	114	11084.50	112	6955.63	112	-5196.34
浙江浙商资产管理	—	56309.06	—	8907.19	—	1699.19

注：1. 浙江浙商资产管理成立时间不到一年，不参与排名。

2. 以上数据为合并公司数据。Wind数据与中国证券业协会数据有出入，以Wind资讯数据进行排名。

资料来源：Wind资讯，公司金融研究中心。

表4-17　　证券公司ROA、ROE排名（2013年）　　单位:%

公司简称	ROA排名	ROA	ROE排名	ROE
上海光大资产管理	1	20.82	1	26.39
国泰君安资产管理	2	8.85	5	12.09
恒泰证券	3	4.03	15	8.57
华福证券	4	3.92	3	14.32
华泰联合	5	3.80	64	4.21
国都证券	6	3.71	35	6.34
中信证券（山东）	7	3.67	10	10.03
中信证券（浙江）	8	3.64	2	20.78
宏源证券	9	3.55	18	8.29
华西证券	10	3.41	12	9.27
长江证券	11	3.19	22	7.93

续表 4－17

公司简称	ROA 排名	ROA	ROE 排名	ROE
上海东方资产管理	12	3.16	69	3.52
东兴证券	13	3.08	6	11.04
大同证券	14	3.03	7	10.65
方正证券	15	3.00	28	6.90
新时代证券	16	2.98	26	7.04
宏信证券	17	2.91	13	8.74
国盛证券	18	2.87	23	7.72
国信证券	19	2.82	8	10.23
银河证券	20	2.75	16	8.48
申银万国	21	2.70	11	9.88
招商证券	22	2.69	19	8.22
中信建投	23	2.64	4	13.52
华融证券	24	2.63	46	5.70
国联证券	25	2.61	24	7.71
浙商证券	26	2.54	27	7.01
海通证券	27	2.53	31	6.68
南京证券	28	2.49	32	6.63
国开证券	29	2.49	54	5.34
西部证券	30	2.46	42	5.90
东北证券	31	2.42	34	6.41
华安证券	32	2.41	49	5.60
英大证券	33	2.41	47	5.67
广发证券	34	2.40	21	8.08
国海证券	35	2.35	55	5.29
中投证券	36	2.35	17	8.30
齐鲁证券	37	2.32	25	7.32
华泰证券	38	2.31	37	6.25
国金证券	39	2.31	60	4.67
东莞证券	40	2.28	9	10.11
高盛高华	41	2.27	48	5.66
兴业证券	42	2.20	44	5.83
国元证券	43	2.19	62	4.28
渤海证券	44	2.18	53	5.38
天风证券	45	2.18	51	5.55
西南证券	46	2.12	45	5.83
长城证券	47	2.10	36	6.31
北京高华	48	2.10	38	5.95
华林证券	49	2.09	30	6.74
红塔证券	50	2.08	66	3.80
财达证券	51	2.06	58	4.88
东吴证券	52	2.05	57	4.89
国泰君安	53	1.97	14	8.62
中信证券	54	1.96	39	5.94
信达证券	55	1.91	50	5.59
中原证券	56	1.90	40	5.93

续表4-17

公司简称	ROA 排名	ROA	ROE 排名	ROE
一创摩根	57	1.89	86	2.05
财通证券	58	1.78	20	8.15
首创证券	59	1.76	29	6.82
中银国际	60	1.75	63	4.27
川财证券	61	1.74	74	3.23
东方证券	62	1.73	33	6.47
华龙证券	63	1.64	41	5.92
太平洋证券	64	1.61	71	3.42
大通证券	65	1.55	80	2.99
东海证券	66	1.54	65	4.17
第一创业	67	1.51	70	3.52
财富里昂	68	1.50	87	1.90
山西证券	69	1.49	72	3.36
德邦证券	70	1.48	76	3.12
银泰证券	71	1.43	77	3.09
华鑫证券	72	1.36	73	3.27
平安证券	73	1.36	43	5.89
华宝证券	74	1.35	82	2.66
安信证券	75	1.30	56	5.17
中邮证券	76	1.23	81	2.67
万联证券	77	1.23	78	3.04
华创证券	78	1.21	68	3.62
财富证券	79	1.21	61	4.30
中航证券	80	1.20	79	3.04
中金公司	81	1.13	52	5.39
民族证券	82	1.10	83	2.24
湘财证券	83	1.08	67	3.68
金元证券	84	0.84	85	2.05
民生证券	85	0.79	75	3.13
江海证券	86	0.69	59	4.78
广州证券	87	0.64	84	2.16
瑞信方正	88	0.56	99	0.58
光大证券	89	0.53	94	1.20
瑞银证券	90	0.52	98	0.80
恒泰长财	91	0.50	91	1.56
上海证券	92	0.49	90	1.61
诚浩证券	93	0.48	96	1.03
五矿证券	94	0.40	89	1.65
中山证券	95	0.38	95	1.09
华英证券	96	0.38	102	0.47
西藏同信	97	0.37	88	1.69
联讯证券	98	0.30	92	1.29
爱建证券	99	0.27	100	0.57
中天证券	100	0.25	97	0.90
世纪证券	101	0.24	93	1.28

续表 4－17

公司简称	ROA 排名	ROA	ROE 排名	ROE
万和证券	102	0.11	101	0.49
开源证券	103	0.10	103	0.21
天源证券	104	-0.38	105	-1.40
厦门证券	105	-0.55	107	-2.59
摩根士丹利华鑫	106	-0.60	104	-0.94
众成证券	107	-1.19	108	-3.83
航天证券	108	-1.22	106	-2.28
日信证券	109	-1.73	110	-7.06
中德证券	110	-3.84	109	-3.89
东方花旗	111	-10.43	111	-11.24
海际大和	112	-12.83	112	-13.18
上海海通资产管理	113	-14.34	113	-18.91
长江保荐	114	-46.88	114	-52.01
浙江浙商资产管理	—	3.02	—	3.29

注：以上数据为合并公司数据，中国证券业协会数据为母公司数据，以 Wind 资讯数据进行排名。浙江浙商资产管理成立时间不到一年，不参与排名。

资料来源：Wind 资讯，公司金融研究中心。

表 4－18　　证券公司净资产、净资本排名（2013 年）　　单位：万元

公司简称	净资产排名	净资产	净资本排名	净资本
中信证券	1	8940209.52	2	3479648.87
海通证券	2	6410515.89	1	3904141.83
华泰证券	3	3632525.43	6	1920456.61
国泰君安	4	3500214.90	3	2331833.17
广发证券	5	3478842.82	4	2070476.75
招商证券	6	2718438.05	8	1404132.24
银河证券	7	2542166.62	5	2048144.62
光大证券	8	2360602.79	7	1409052.40
国信证券	9	2059748.60	9	1374381.96
申银万国	10	1938029.52	10	1241180.15
方正证券	11	1592311.19	16	890438.55
东方证券	12	1577811.72	11	1118817.00
国元证券	13	1551583.08	17	733557.95
宏源证券	14	1480302.57	12	1034002.37
兴业证券	15	1343348.75	15	930676.96
中信建投	16	1315357.62	14	932198.91
长江证券	17	1269225.64	13	983389.80
齐鲁证券	18	1200324.71	20	671636.40
西南证券	19	1092364.51	23	612833.14
安信证券	20	971018.60	22	616899.84
中投证券	21	888479.48	26	585741.67
平安证券	22	866218.85	24	606088.23

续表4-18

公司简称	净资产排名	净资产	净资本排名	净资本
国开证券	23	826945.10	19	726809.00
东吴证券	24	789714.50	29	500661.75
东北证券	25	754155.39	38	410896.92
中银国际	26	742755.55	18	729180.94
山西证券	27	732588.32	40	397974.95
华西证券	28	704548.38	32	441271.18
民族证券	29	688137.48	21	628153.00
中金公司	30	686681.56	34	432690.23
国金证券	31	676501.04	27	526016.40
国海证券	32	647577.63	25	588200.58
长城证券	33	625130.73	39	405064.86
国都证券	34	612925.79	35	430333.51
东兴证券	35	605260.27	31	468795.56
红塔证券	36	582414.10	30	472913.00
信达证券	37	577049.59	33	440684.09
浙商证券	38	575384.79	44	338003.19
渤海证券	39	573344.45	36	422551.63
东海证券	40	544358.41	45	332038.63
华融证券	41	537155.90	28	515603.60
财通证券	42	530906.65	49	306392.89
广州证券	43	512158.46	41	392484.00
第一创业	44	481866.27	51	297129.23
华泰联合	45	474629.11	37	416059.53
财达证券	46	473771.99	43	384956.00
恒泰证券	47	465688.70	47	318341.47
西部证券	48	464648.29	42	386770.78
上海证券	49	436719.78	48	312377.23
华安证券	50	435800.51	53	278471.36
中原证券	51	415305.42	52	293615.73
南京证券	52	410873.09	50	301104.00
金元证券	53	401353.74	46	327638.00
新时代证券	54	394618.42	70	175830.56
湘财证券	55	354719.63	54	276316.32
国联证券	56	346051.76	62	207454.00
大通证券	57	340759.53	60	245563.00
民生证券	58	326067.45	61	232770.00
中信证券（山东）	59	304974.48	59	247548.00
华龙证券	60	298830.64	67	180654.00
中信证券（浙江）	61	296401.64	55	265699.00
财富证券	62	282863.06	68	179132.09
万联证券	63	277060.74	69	178700.00
华鑫证券	64	275042.08	74	166199.00
德邦证券	65	264089.72	64	203859.00
东莞证券	66	261364.73	65	193078.71
中山证券	67	260807.60	82	131156.16
中航证券	68	245825.73	58	251897.13
北京高华	69	245360.94	56	262247.00
华创证券	70	239883.32	81	143671.00

续表 4－18

公司简称	净资产排名	净资产	净资本排名	净资本
华福证券	71	238001.04	63	206148.00
江海证券	72	229046.18	77	156019.51
英大证券	73	222606.80	66	180663.00
太平洋证券	74	218336.46	73	168554.45
首创证券	75	213223.85	83	128746.00
天风证券	76	189011.04	85	108921.79
国盛证券	77	187350.72	78	155241.16
银泰证券	78	175090.98	76	159412.00
华宝证券	79	171686.46	79	154969.53
中天证券	80	166417.22	75	164752.14
开源证券	81	161448.12	87	103804.00
瑞银证券	82	149143.91	72	169023.00
宏信证券	83	146355.07	84	112897.07
高盛高华	84	122308.69	57	256499.00
爱建证券	85	119503.24	89	102640.18
国泰君安资产管理	86	118200.04	71	171448.00
华林证券	87	118018.89	92	93902.00
川财证券	88	113732.85	90	100607.54
中德证券	89	98202.72	94	89707.00
西藏同信	90	94430.10	96	80082.00
日信证券	91	93672.31	103	49936.00
瑞信方正	92	86950.81	95	82869.00
上海海通资产管理	93	85610.14	80	147049.00
世纪证券	94	83547.04	100	64279.00
五矿证券	95	80892.34	99	64949.55
一创摩根	96	77921.43	97	71447.00
摩根士丹利华鑫证券	97	75758.26	101	60763.00
华英证券	98	75484.15	88	103043.00
大同证券	99	73677.40	102	57414.08
东方花旗	100	66883.80	91	94483.97
联讯证券	101	62696.45	104	49435.81
中邮证券	102	59686.93	98	66167.04
财富里昂	103	48003.21	105	45704.00
航天证券	104	46231.42	106	37983.00
恒泰长财	105	35428.85	108	25977.64
海际大和	106	34811.42	107	33178.63
上海东方资产管理	107	33372.22	86	104155.00
诚浩证券	108	31292.17	109	25860.00
厦门证券	109	28718.46	112	19018.00
上海光大资产管理	110	27557.85	93	93703.87
天源证券	111	24791.22	111	19701.95
众成证券	112	24530.86	110	23421.71
万和证券	113	18507.48	113	13882.00
长江保荐	114	9991.49	114	6983.61
浙江浙商资产管理	—	51692.02	—	50090.42

注：以上数据为合并公司数据，中国证券业协会数据为母公司数据，以 Wind 资讯数据进行排名。浙江浙商资产管理成立时间不到一年，不参与排名。

资料来源：Wind 资讯，公司金融研究中心。

表5-1　　证券公司创新能力评价表（2013年）

公司简称	排名	分类评级	研究能力			创新能力得分
			研究人员数量①	研究报告数量②	分析师评比获奖人次③	
中信证券	1	4	0.517	2	2.58	9.097
海通证券	2	4	0.652	0.257	3	7.908
国泰君安	3	4	1.000	0.491	2.06	7.551
申银万国	4	4	0.730	0.513	1.96	7.203
广发证券	5	4	0.494	0.407	1.72	6.621
招商证券	6	4	0.798	0.411	1.07	6.279
兴业证券	7	4	0.461	0.359	1.23	6.049
长江证券	8	3.5	0.303	0.472	1.26	5.535
银河证券	9	4	0.416	0.330	0.77	5.516
东方证券	10	4	0.506	0.272	0.65	5.427
国信证券	11	4	0.539	0.278	0.58	5.398
中信建投	12	4	0.416	0.185	0.76	5.361
中金公司	13	4	0.652	0.333	0.37	5.354
华泰证券	14	4	0.933	0.391	0	5.324
中投证券	15	4	0.348	0.230	0.14	4.719
国金证券	16	4	0.112	0.028	0.55	4.691
宏源证券	17	3.5	0.404	0.370	0.35	4.624
安信证券	18	3.5	0.382	0.189	0.43	4.501
西南证券	19	4	0.191	0.083	0	4.274
高盛高华	20	4	0.112	0.020	0	4.132
长城证券	21	3.5	0.258	0.193	0.11	4.062
中银国际	22	3.5	0.315	0.157	0.09	4.061
华泰联合	23	4	0	0	0.06	4.060
东兴证券	24	3.5	0.258	0.137	0.14	4.035
齐鲁证券	25	3.5	0.236	0.096	0.19	4.022
北京高华	26	4	0	0	0	4
国开证券	26	4	0	0	0	4
华西证券	26	4	0	0	0	4
中信证券（山东）	26	4	0	0	0	4
中信证券（浙江）	26	4	0	0	0	4
华福证券	26	4	0	0	0	4
东方花旗	26	4	0	0	0	4
国泰君安资产管理	26	4	0	0	0	4
上海东方资产管理	26	4	0	0	0	4
上海海通资产管理	26	4	0	0	0	4
瑞银证券	36	3.5	0.371	0	0.11	3.981
国海证券	37	3.5	0.236	0.111	0.13	3.977
华创证券	38	2.5	0.303	0.246	0.7	3.749

① 研究人员数量是年内参研人员数量；数据统计来源于维赛特资讯。

② 研究报告数量用深度报告数量衡量；数据统计来源于维赛特资讯。

③ 根据网络公开资料整理。

续表 5-1

公司简称	排名	分类评级	研究能力			创新能力得分
			研究人员数量	研究报告数量	分析师评比获奖人次	
方正证券	39	3.5	0.124	0.061	0	3.684
国都证券	40	3.5	0.090	0.067	0	3.657
浙商证券	41	3.5	0.090	0.059	0	3.649
国联证券	42	3.5	0.067	0.033	0	3.600
山西证券	43	3.5	0.056	0.022	0	3.578
东北证券	44	3	0.281	0.207	0.06	3.547
华融证券	45	3.5	0.034	0.004	0	3.538
国元证券	46	3.5	0.011	0.004	0	3.516
华安证券	47	3.5	0	0.007	0	3.507
瑞信方正	48	3.5	0	0	0	3.5
大同证券	48	3.5	0	0	0	3.5
长江保荐	48	3.5	0	0	0	3.5
中德证券	48	3.5	0	0	0	3.5
华英证券	48	3.5	0	0	0	3.5
湘财证券	53	3	0.270	0.183	0	3.452
平安证券	54	2.5	0.449	0.204	0.25	3.404
信达证券	55	3	0.191	0.096	0.01	3.297
渤海证券	56	3	0.169	0.070	0	3.238
中原证券	57	3	0.146	0.035	0	3.181
第一创业	58	3	0.112	0.037	0	3.149
东吴证券	59	3	0.067	0.057	0	3.124
财通证券	60	3	0.056	0.030	0	3.087
财达证券	61	3	0.045	0.009	0	3.054
东海证券	62	3	0.034	0.007	0	3.040
大通证券	63	3	0.011	0.004	0	3.016
财富里昂	64	3	0.011	0.002	0	3.013
华龙证券	65	3	0.011	0.002	0	3.013
国盛证券	66	3	0	0	0	3
恒泰长财	66	3	0	0	0	3
恒泰证券	66	3	0	0	0	3
红塔证券	66	3	0	0	0	3
金元证券	66	3	0	0	0	3
西部证券	66	3	0	0	0	3
一创摩根	66	3	0	0	0	3
宏信证券	66	3	0	0	0	3
首创证券	66	3	0	0	0	3
华林证券	66	3	0	0	0	3
广州证券	76	2.5	0	0	0.22	2.720
德邦证券	77	2.5	0.090	0.063	0	2.653
东莞证券	78	2.5	0.079	0.046	0	2.624
中航证券	79	2.5	0.067	0.022	0	2.589
新时代证券	80	2.5	0.056	0.017	0	2.574
中山证券	81	2.5	0.056	0.015	0	2.571

续表5-1

公司简称	排名	分类评级	研究能力			创新能力得分
			研究人员数量	研究报告数量	分析师评比获奖人次	
英大证券	82	2.5	0.022	0.007	0.03	2.559
天风证券	83	2.5	0.034	0.009	0	2.542
开源证券	84	2.5	0.022	0.009	0	2.531
万联证券	85	2.5	0.011	0.007	0	2.518
厦门证券	86	2.5	0.011	0.002	0	2.513
太平洋证券	87	2.5	0.011	0.002	0	2.513
川财证券	88	2.5	0	0	0	2.5
华鑫证券	88	2.5	0	0	0	2.5
摩根士丹利华鑫证券	88	2.5	0	0	0	2.5
财富证券	88	2.5	0	0	0	2.5
银泰证券	88	2.5	0	0	0	2.5
中天证券	88	2.5	0	0	0	2.5
民族证券	94	2	0.101	0.070	0.04	2.211
日信证券	95	2	0.112	0.037	0	2.149
世纪证券	96	2	0.079	0.063	0	2.142
航天证券	97	2	0.045	0.011	0	2.056
五矿证券	98	2	0.011	0.039	0	2.050
爱建证券	99	2	0.022	0.007	0	2.029
华宝证券	100	2	0.011	0.002	0	2.013
众成证券	101	2	0	0	0	2
江海证券	101	2	0	0	0	2
诚浩证券	101	2	0	0	0	2
天源证券	101	2	0	0	0	2
西藏同信	101	2	0	0	0	2
中邮证券	101	2	0	0	0	2
民生证券	107	1	0.404	0.261	0.15	1.815
上海证券	108	1.5	0.146	0.067	0	1.713
光大证券	109	0.5	0.393	0.291	0.33	1.515
海际大和	110	1.5	0	0	0	1.5
联讯证券	110	1.5	0	0	0	1.5
万和证券	110	1.5	0	0	0	1.5
南京证券	113	1	0	0	0	1
上海光大资产管理	114	0.5	0	0	0	0.5
浙商证券资产管理	—	—	—	—	—	—

注：1. 2013年115家公司中，有19家证券公司与其母公司合并评价，因此采用母公司分类评级结果，其中包括华泰联合（母公司华泰证券）、恒泰长财（母公司恒泰证券）、高盛高华（母公司北京高华）、长江保荐（母公司长江证券）、财富里昂（母公司财富证券）、海际大和（母公司上海证券）、瑞信方正（母公司方正证券）、中德证券（母公司山西证券）、中信证券（浙江）和中信证券（山东）（母公司中信证券）、华英证券（母公司国联证券）、第一创业摩根大通证券（母公司第一创业证券）、摩根士丹利华鑫证券（母公司华鑫证券）、上海国泰君安证券资产管理有限公司（母公司国泰君安证券）、上海东方证券资产管理有限公司和东方花旗证券有限公司（母公司东方证券）、上海光大证券资产管理有限公司（母公司光大证券）、上海海通证券资产管理有限公司（母公司海通证券）和浙江浙商证券资产管理有限公司（母公司浙商证券）。其中，浙江浙商证券资产管理有限公司是成立不满一年公司，不参与排名。

2. 2014年4月15日，中信万通证券有限责任公司更名为中信证券（山东）有限责任公司。

3. 由于在维赛特资讯数据中，中信证券的深度报告仅涉及2013年12月，2013年有11个月份的研究人员数量和深度报告欠缺，为了保持数据的真实准确性和可比性，我们咨询了中信证券研究所的研究人员，最后将中信证券深度报告数量确定为920篇。

4. 截至2013年底，瑞银证券共有正式员工425人，来自瑞银证券公司2013年度财务报告，2013年瑞银证券研究报告数量435篇，更有一人年内出49篇深度报告，我们认为瑞银证券深度报告数量与常规的研究情况不符，数据失实，将数据做剔除处理。

5. 将维赛特资讯数据作为研究报告数量统计来源具有一定的局限性，这是一个非官方未经授权的平台，该平台有的报告不全，也有部分券商因为版权原因不愿被收录。

资料来源：中国证监会，Wind资讯，维赛特资讯，公司金融研究中心。

表 5－2　　证券公司竞争力排名（2013 年）

公司名称	综合竞争力	经营能力（E_1）	盈利能力（E_2）	风险控制能力（E_3）	业务创新能力（E_4）	业务结构优化能力（E_5）	成长能力（E_6）	最终得分
中信证券	1	1	41	12	1	22	16	100
海通证券	2	2	33	97	2	32	36	84.92
国泰君安	3	3	20	77	3	42	25	77.08
申银万国	4	9	15	44	4	65	62	70.46
广发证券	5	4	29	68	5	72	51	66.60
招商证券	6	7	18	35	6	64	70	62.13
兴业证券	7	17	38	98	7	17	22	58.78
银河证券	8	5	23	45	9	67	54	55.58
国信证券	9	8	8	16	11	60	64	55.08
中信建投	10	11	7	29	12	38	32	54.38
长江证券	11	18	21	71	8	73	74	53.79
华泰证券	12	6	43	99	14	59	57	53.18
中金公司	13	20	12	89	13	12	86	52.99
东方证券	14	12	34	82	10	40	50	52.88
北京高华	15	53	5	40	26	1	94	49.80
中投证券	16	22	25	21	15	85	43	46.06
宏源证券	17	13	17	76	17	23	79	46.02
国金证券	18	35	47	52	16	25	91	45.21
中信证券（浙江）	19	37	2	10	26	90	14	43.75
安信证券	20	16	67	48	18	58	47	43.66
西南证券	21	23	52	107	19	20	6	42.77
国泰君安资产管理	22	79	3	17	26	98	98	42.39
华福证券	23	62	4	27	26	62	41	42.10
国开证券	24	30	50	63	26	3	81	41.53
东兴证券	25	24	9	101	24	45	67	40.39
中信证券（山东）	26	63	10	9	26	91	30	40.21
瑞银证券	27	74	30	23	36	5	110	40.17
华泰联合	28	56	14	13	23	98	107	40.09
高盛高华	29	69	59	11	20	98	95	39.88
华西证券	30	27	13	55	26	69	72	39.47
齐鲁证券	31	14	39	69	25	80	58	39.44
中银国际	32	25	53	38	22	37	56	39.38
上海东方资产管理	33	100	32	6	26	98	101	39.28
长城证券	34	33	48	91	21	47	80	39.11
国海证券	35	28	56	54	37	28	42	38.59
东方花旗	36	101	111	8	26	98	97	38.51
上海海通资产管理	37	95	113	14	26	98	103	38.28
方正证券	38	15	26	87	39	55	29	36.55
国都证券	39	50	16	36	40	36	23	36.39
华融证券	40	39	46	32	45	6	11	36.22
华创证券	41	70	81	105	38	41	19	36.11
浙商证券	42	34	37	51	41	24	34	35.77
中德证券	43	93	110	1	48	98	109	35.64

续表 5-2

公司名称	综合竞争力	经营能力（E_1）	盈利能力（E_2）	风险控制能力（E_3）	业务创新能力（E_4）	业务结构优化能力（E_5）	成长能力（E_6）	最终得分
国联证券	44	60	31	22	42	66	37	35.14
大同证券	45	90	11	20	48	93	61	34.95
长江保荐	46	114	114	3	48	98	114	34.61
东北证券	47	31	45	95	44	44	24	34.61
山西证券	48	38	84	78	43	43	44	34.48
国元证券	49	21	64	66	46	77	35	34.26
财富里昂	50	107	78	24	64	2	9	34.12
瑞信方正	51	98	98	7	48	98	105	34.01
平安证券	52	19	24	90	54	27	87	33.88
华安证券	53	58	54	67	47	89	85	33.64
华英证券	54	102	102	18	48	98	99	33.54
湘财证券	55	57	73	103	53	82	88	32.96
第一创业	56	52	66	86	58	4	106	32.43
信达证券	57	32	65	92	55	51	68	31.88
恒泰证券	58	48	6	60	66	46	17	31.49
渤海证券	59	41	57	94	56	30	59	31.43
财通证券	60	26	36	100	60	11	18	31.25
中原证券	61	47	58	73	57	34	77	30.80
华林证券	62	81	44	5	66	13	90	30.73
东吴证券	63	29	55	93	59	70	71	30.31
红塔证券	64	46	63	33	66	19	15	29.82
宏信证券	65	83	22	70	66	54	28	29.65
东海证券	66	40	71	72	62	29	82	29.51
财达证券	67	49	68	46	61	92	84	29.43
金元证券	68	59	85	81	66	14	39	29.41
国盛证券	69	78	28	74	66	48	38	29.34
西部证券	70	45	51	28	66	87	53	29.20
大通证券	71	67	76	58	63	35	93	29.06
一创摩根	72	99	86	15	66	98	104	28.99
华龙证券	73	64	62	114	65	53	73	28.97
首创证券	74	77	49	79	66	61	83	28.92
恒泰长财	75	106	96	57	66	98	63	28.65
中航证券	76	68	83	43	79	56	3	26.90
广州证券	77	42	40	102	76	26	111	26.69
新时代证券	78	51	27	39	80	7	60	26.62
德邦证券	79	71	69	56	77	10	46	26.45
东莞证券	80	54	19	30	78	79	52	26.31
天风证券	81	76	60	104	83	8	8	26.16
英大证券	82	75	35	84	82	50	7	26.06
川财证券	83	94	72	34	88	68	5	25.54
中山证券	84	73	70	110	81	33	20	25.17
华鑫证券	85	66	75	85	88	15	26	24.76
开源证券	86	91	104	83	84	75	21	24.51

续表 5－2

公司名称	综合竞争力	经营能力（E_1）	盈利能力（E_2）	风险控制能力（E_3）	业务创新能力（E_4）	业务结构优化能力（E_5）	成长能力（E_6）	最终得分
财富证券	87	65	79	109	88	21	48	24.45
厦门证券	88	105	103	19	86	97	78	24.35
万联证券	89	72	87	88	85	84	33	24.31
太平洋证券	90	80	82	64	87	57	96	24.22
银泰证券	91	84	88	53	88	71	69	24.09
中天证券	92	82	97	49	88	95	92	24.01
摩根士丹利华鑫	93	96	107	37	88	98	100	23.98
民族证券	94	36	90	42	94	63	12	22.18
江海证券	95	61	77	112	101	52	1	22.17
中邮证券	96	104	91	26	101	16	2	21.85
五矿证券	97	97	92	106	98	49	4	21.54
日信证券	98	88	109	111	95	9	112	21.50
世纪证券	99	87	93	113	96	86	27	20.75
航天证券	100	109	101	50	97	81	76	19.85
上海光大资产管理	101	103	1	2	114	98	102	19.82
华宝证券	102	85	61	47	99	78	45	19.73
爱建证券	103	92	106	59	100	88	66	19.63
西藏同信	104	86	94	96	101	31	49	19.55
诚浩证券	105	112	99	61	101	98	40	19.38
天源证券	106	108	105	75	101	94	65	19.29
众成证券	107	111	108	65	101	98	75	19.27
民生证券	108	44	74	108	107	18	10	18.77
上海证券	109	43	89	80	108	83	13	17.32
光大证券	110	10	80	31	109	39	108	16.38
海际大和	111	113	112	4	110	98	113	15.75
万和证券	112	110	100	25	110	96	31	14.88
联讯证券	113	89	95	62	110	74	55	14.75
南京证券	114	55	42	41	113	76	89	10.48
浙商证券资产管理	—	—	—	—	—	—	—	—

注：1. 2014 年 4 月 15 日，中信万通证券有限责任公司更名为中信证券（山东）有限责任公司。

2. 浙江浙商证券资产管理有限公司是成立不满一年的公司，不参加排名，最终得分以百分制计算。

3. 为了保持证券公司数据的真实性、准确性与可比性，如果证券公司会计年度持续经营不满三年，在成长能力这项指标中，我们做剔除处理。

4. 详细排名见附录二《中国投资银行竞争力指标汇总表》。

资料来源：中国证券业协会，Wind 资讯，公司金融研究中心。

附录2　2013年中国证券市场大事记

1月

1月1日，《非上市公众公司监督管理办法》（以下简称《办法》）正式实施。《办法》确定了非上市公众公司的范围，提出了公司治理和信息披露的基本要求，明确了公开转让、定向转让、定向发行的申请程序，将股东超过200人，但不在股票交易所上市的非上市公众公司的监管纳入监管。

1月7日，上海证券交易所颁布《上海证券交易所上市公司现金分红指引》，旨在引导和推动上市公司建立持续、稳定、科学和透明的分红机制，促进资本市场理性投资、长期投资和价值投资，实现长期资金入市与现金分红之间的良性互动，保护投资者合法权益。

1月8日，中国证监会颁布《非上市公众公司监督管理办法》的配套规则，这三个监管指引分别是《非上市公众公司监管指引第1号——信息披露》、《非上市公众公司监管指引第2号——申请文件》以及《非上市公众公司监管指引第3号——章程必备条款》，三个监管指引是为了保证《办法》的顺利实施，积极、稳妥、务实地推进非上市公众公司监管工作。

1月13日，中国证监会颁布《证券期货业统计指标标准指引》，对证券期货行业的统计指标进行了全面梳理。这是自资本市场建立以来，中国证监会首次对外颁布的全行业、系统性、规范化的统计指标标准指引，填补了中国证监会系统统计指标标准的空白。

1月15日，深圳证券交易所颁布实施《中小企业板上市公司公开谴责标准》，明确中小板上市公司公开谴责的认定标准，标准突出了对重点违规行为的监管，按照违规行为类型设定不同的处分标准；从资金占用、违规担保、违规使用募集资金三个方面设定明确的处分标准，突出监管“高压线”，确保监管威慑力。

1月17日，“全国中小企业股份转让系统”（“新三板”）正式挂牌，这意味着“新三板”由此前的区域性市场正式向全国统一的场外交易市场转变。以主板、中小板、创业板和场外交易市场为主体，以及以京、沪、深三地格局共同构成的中国多层次资本市场体系建设进入全新发展阶段。

1月18日，上海证券交易所对《上海证券交易所上市公司以集中竞价交易方式回购股份业务指引》进行了修订，旨在维护证券市场秩序，保护投资者和上市公司合法权益。

1月31日，中国证监会公布并实施了《全国中小企业股份转让系统有限责任公司管理暂行办法》，初步建立了场外市场基本的法律框架和监管框架，对于加快推进全国股份转让系统的建设具有重要意义。

2月

2月1日，中国保监会颁布《关于债权投资计划注册有关事项的通知》，将保险资管公司发行基础设施债权投资计划的门槛调整为注册制。主要内容包括以下几方面：一是明确建立债权投资计划注册机制，二是指定中国保险保障基金有限责任公司担任临时注册机构，三是规范注册材料报送要求，四是明确注册机构职责和注册流程，五是建立专家独立评审机制，六是强化监管要求。《通知》的颁布有助于提高债权投资计划发行效率和透明程度，厘清市场主体和监管机构的风险责任，进一步满足业务发展需要和市场要求，维护市场秩序和投资人合法权益，推动债权投资计划业务健康发展。

2月2日，中国证监会公布《全国中小企业股份转让系统有限责任公司管理暂行办法》。暂行办法围绕对全国中小企业股份转让系统有限责任公司的管理，通过确立全国中小企业股份转让系统、股转系统公司及挂牌公司的法律地位和明确股转系统公司的组织机构和职能，初步建立了场外市场基本的法律框架和监管框架，对于加快推进全国股份转让系统的建设具有重要意义。

2月4日，中国保监会颁布《关于加强和改进保险机构投资管理能力建设有关事项的通知》，通知规定，对保险机构投资业务实施牌照化管理，并统一向社会公布险企每类投资能力的风险责任人，进一步放宽险资投资渠道；对投资能力建设的有关事项进行了优化和调整，厘清了市场和监管职责，加强和改进了保险机构投资管理能力建设。

2月8日，*ST创智（000787）因连续三年亏损被退市，退市时股价为4.68元，退市时每股净资产为0.04元，于2013年4月22日退入三板市场，退入三板后的简称为"创智5"。

2月18日，中国证监会公布《资产管理机构开展公募证券投资基金管理业务暂行规定》。暂行规定适当降低了证券公司、保险资产管理公司、私募证券基金管理机构三类机构直接开展公募基金管理业务的门槛，增加了符合条件的股权投资管理机构、创业投资管理机构等其他资产管理机构也可以申请开展基金管理业务的规定。

2月19日，《上海证券交易所直通车业务指引》颁布，这意味着上海证券交易所调整交易所目前的信息披露监管模式，减少事前形式审核，将工作重点转向于集中并整合现有监管资源，对违规行为进行事后重点监管。

2月20日，中国证监会公布《私募证券投资基金业务管理暂行办法（征求意见稿）》，对合格投资者、管理人资格等做出明确要求。该暂行办法修改完善后拟与新修订的《证券投资基金法》同步实施。

2 月 26 日，中国证监会公布《证券公司资产证券化业务管理规定（征求意见稿）》，并向社会公开征求意见。该规定降低了证券公司从事资产证券化业务的准入门槛，积极推动证券公司创新，丰富固定收益产品，发展资产证券化业务，提升社会存量资产的利用效率。

2 月 28 日，转融券试点启动。中信证券（600030）、光大证券（601788）、广发证券（000776）、国泰君安、国信证券、海通证券（600837）、华泰证券（601688）、申银万国、招商证券（600999）、银河证券和中信建投证券 11 家证券公司成为首批参与转融券试点的机构。

3 月

3 月 12 日，中国证监会公布《关于大连商品交易所上市焦煤期货的批复》，同意大连商品交易所上市焦煤期货并挂牌焦煤期货合约。

3 月 15 日，中国证监会公布《证券公司资产证券化业务管理规定》，允许符合具备证券资产管理业务资格等条件的证券公司申请设立专项计划、发行资产支持证券。

中国证监会颁布《非银行金融机构开展证券投资基金托管业务暂行规定》，允许符合条件的非银行金融机构申请开展基金托管业务。

中国证券业协会颁布《证券公司私募产品备案管理办法》（以下简称《备案办法》）。《备案办法》明确了私募产品备案范围、备案管理机构、备案程序、备案审查、备案管理等相关规定，《备案办法》的出台标志着证券公司私募产品备案自律管理工作更加规范。

3 月 19 日，中国银监会、中国证监会、中国保监会等联合颁布《关于扩大企业年金基金投资范围的通知》。通知明确，企业年金基金投资范围扩大至商业银行理财产品、信托产品、基础设施债券投资计划、特定资产管理计划和股指期货等。

3 月 27 日，*ST 炎黄（000805）因连续三年亏损被退市，退市时股价为 1.88 元，退市时每股净资产为 0.24 元，于 2013 年 6 月 4 日退入三板市场，退入三板时简称为“炎黄 5”。

4 月

4 月 1 日，上海证券交易所颁布《上市公司以集中竞价交易方式回购股份业务指引（2013 年修订）》。指引增加了鼓励上市公司回购股份的相关规定，进一步规范上市公司回购股份的操作要求特别是在时间安排方面，强化内幕知情人证券交易的信息披露义务，增加上市公司内控和异常交易监管规定。

4 月 2 日，《上海证券交易所上市公司募集资金管理办法（2013 年修订）》颁布实施，该办法进一步放宽闲置募集资金的管理和使用，提高募集资金使用效益，保护投资者的合法权益；并规范了超募资金的管理和使用，并进一步明确年度募集资金存放与使用情况的披露要求。

4 月 8 日，深圳证券交易所对《上市公司信息披露工作考核办法》进行了修订。该办法加强对上市公司直通披露工作质量的考核，加强对上市公司履行公平信息披露义务的考核等；并明确了上市公司对信息披露工作进行自评的内容，根据监管实践增加了部分考核指标。

4 月 9 日，中国银监会公布《关于加强 2013 年地方融资平台风险监管的指导意见》。意见要求各银行要控制地方平台贷款总量和比重，不得新增融资平台贷款规模，审慎持有融资平台债务，不得为平台债提供担保。

4 月 19 日，国家发展改革委下发《关于进一步改进企业债券发行审核工作的通知》，对企业债券发行申请，将按照“加快和简化审核类”、“从严审核类”及“适当控制规模和节奏类”三种情况进行分类管理。

4 月 25 日，中央国债登记结算有限责任公司暂停信托理财产品、券商资管产品、基金专户在银行间债市开户，暂停开户意味着这三类机构再发行新的理财产品暂时不能投资债券市场，包括私募债产品都会受到影响。

4 月 27 日，“第二届中国公司金融论坛”在济南大学举办，论坛主题为“资本市场与金融创新”。论坛围绕中国资本市场制度创新研究、股票私募发行研究、IPO 发行制度改革与研究、中小企业直接融资问题研究等热点经济问题展开，吸引了众多经济学领域的知名专家前来参与。中国证监会研究中心主任祈斌发表了“未来十年，中国经济转型与突破”的主题演讲；中国人民大学金融与证券研究所所长吴晓求教授对中国资本市场制度变革与政策调整的 10 大问题进行了一一阐述。来自中国证监会、中国银监会、中国社科院、中国人民大学等专家学者，省内各级政府金融办负责人和金融机构等共 400 多人参加了本届论坛。

5 月

5 月 6 日，国务院常务会议研究决定再取消和下放一批行政审批事项。主要包括：提出稳步推出利率汇率市场化改革措施，提出人民币资本项目可兑换的操作方案；建立个人投资者境外投资制度，制定投资者尤其是中小投资者权益保护相关政策，出台扩大中小企业股份转让系统试点范围方案，规范发展债券、股权、信托等投融资方式等方面。

5 月 7 日，中央国债登记结算有限责任公司公布《关于对非金融机构法人债券账户暂停有关业务的通知》。通知要求，即日起非金融机构法人债券账户除卖出、履行未到期结算合同、转托管已持有的债券外，暂停办理其他业务。

5 月 8 日，2013 年度证券公司创新发展研讨会在京召开。证券业协会专业委员会颁布了 19 大类共 74 项重点工作，范围涉及场外市场、固定收益、投行业务等证券行业各项业务领域。会议围绕“总结、交流、巩固、提高”的主题，10 余家证券公司代表从不同角度对证券公司产品和业务创新、盈利模式转型、柜台市场发展等问题进行了总结和交流，对行业发展创新发展中需要进一步巩固和提高的问题进行了深入的探讨，并提出了相关政策建议。

5月10日，中国证监会表示，“万福生科（300268）案”行政调查已经终结。万福生科承认2008年至2011年累计虚增收入7.4亿元左右，虚增营业利润1.8亿元左右，虚增的净利润是1.6亿元左右。对于其保荐机构平安证券，证监会处以暂停其保荐机构资格3个月的处罚，没收该项目发行上市业务收入2555万元，并处以2倍的罚款，为保荐制度推出以来最为严厉的处罚。

5月14日，中国外汇交易中心暨全国银行间同业拆借中心颁布公告规范债券关联交易，要求同一金融机构法人债券账户间不得进行债券交易。

5月22日，“万福生科”（300268）收到中国证监会的行政处罚告知书。中国证监会决定处罚如下：一是责令万福生科改正违法行为，给予警告，并处以30万元的罚款；二是对龚永福给予警告，并处以30万元的罚款；三是对严平贵给予警告，并处以25万元的罚款；四是对蒋建初、张行、杨荣华、肖德祥、邹丽娟、单杨、程云辉、刘炎溪、王湛淅、张苏江、文会清给予警告，并分别处以20万元的罚款；五是对马海啸给予警告，并处以15万元的罚款；六是对黄平、叶华、肖明清、肖力、李玉强给予警告，并分别处以10万元的罚款；七是对杨满华给予警告，并处以5万元的罚款。

5月24日，上海证券交易所和中国证券登记结算有限责任公司联合颁布《股票质押式回购交易及登记结算业务办法（试行）》，规范股票质押式回购交易。根据该办法，股票质押回购的回购期限不超过3年；股票质押回购的交易时间为每个交易日的9:30至11:30、13:00至15:00。上海证券交易所会对参与股票质押回购的证券公司实行交易权限管理。证券公司可以向上交所提出申请，终止股票质押回购交易权限，但有待购回或尚未处置完成的股票质押回购的情形除外。

5月30日，深圳前海股权交易中心正式开业。前海股权交易中心有限公司8家股东是：中信证券、国信证券、安信证券、深圳证券信息有限公司、深圳市创新投资集团、深圳市远致投资、深圳联合产权交易所以及深圳市前海开发投资控股有限公司。首批挂牌展示企业达1200家，同时签署了9大类、25单业务，并与71家机构建立合作关系。

5月31日，“绿大地”（002200）收到中国证监会的行政处罚告知书。中国证监会决定处罚如下：一是对绿大地在2007年、2008年、2009年年度报告中虚增资产、虚增业务收入的行为，责令绿大地改正，给予警告，并处以60万元罚款；二是对赵国权、胡虹、黎钢、钟佳富、普乐、罗孝银、谭焕珠、毛志明、徐云葵、陈德生给予警告，并分别处以30万元罚款；三是对郑亚光给予警告，并处以10万元罚款。绿大地原高管何学葵、蒋凯西最终被市场禁入。

6月

6月1日，新修订《证券投资基金法》实施。此次修法亮点之一在私募证券投资基金获合法地位，私募、券商、保险等各类资产管理机构都将在公募基金行业相互竞争。此外，基金投资者权益将得到更全面的保护，对基金业发展具有重大意义。

6月4日，上海期货交易所公布新修订的黄金、白银和螺纹钢三个期货品种标准合约，并公布新修订的《上海期货交易所结算细则》、《上海期货交易所交易细则》、《上海期货交易所风险控制管理办法》等细则。上期所指出黄金期货合约交割月份需要做适当调整，将合约交割月份调整为“最近三个连续月份的合约以及最近11个月以内的双月合约”。

6月6日，上海银行间同业拆放利率大幅攀升，隔夜拆放利率大涨135.9个基点至5.98%，1周拆放利率升39.80个基点至5.13%，2周拆放利率升36.90个基点至5.24%，1月拆放利率升57.80个基点至5.09%。月内拆借利率都升至5%以上，短期流动性趋紧。

6月13日，中央银行净投放资金920亿元，为6月以来连续第二周净投放。中央银行罕见暂停公开市场操作，被视为安抚市场资金面的举动。公开市场净投放与小长假落幕并未带来资金面改善，13日质押式回购市场除21天品种外，其余期限回购利率均再度走高。

6月17日，工商银行（601398）、农业银行（601288）、中国银行（601988）和建设银行（601939）颁布公告，四家公司于13日在A股市场获中央汇金公司增持。其中，汇金公司分别增持工商银行（601398）1932万股、农业银行（601288）4293.49万股、建设银行（601939）2449万股、中国银行（601988）1847万股。

6月19日，李克强主持召开国务院常务会议，部署金融支持经济结构调整和转型升级的政策措施，决定再取消和下放一批行政审批等事项。加快发展多层次资本市场，将中小企业股份转让系统试点扩大至全国，鼓励创新、创业型中小企业融资发展。

6月20日，银行间市场资金短缺进一步加重，银行间质押式回购市场上，1个月以内的各期限品种最高成交利率均超过10%，其中基准的隔夜和7天回购最高成交为30%和28%。

7月

7月8日，中国金融期货交易所就《5年期国债期货合约》及其相关细则、《中国金融期货交易所交易规则》及其实施细则修订稿向社会公开征求意见。为配合国债期货推出并适应未来产品创新需要，中金所对现行业务规则体系进行了重构。

7月20日，中国人民银行宣布全面放开金融机构贷款利率管制，这标志着我国的利率市场化进程、全面深化金融机构体质改革迈出了关键性的一步。

7月24日，中国证监会对“紫光古汉（000590）”2005年至2008年年度报告会计信息存在虚假记载，未如实披露《合资协议之补充协议》签订并实际执行相关情况对紫光古汉给予公开谴责、通报批评的处分。

国家发展改革委颁布《关于加强小微企业融资服务支持小微企业发展的指导意见》，该意见提出了11项措施来缓解小微企业融资的困难，包括清理规范涉及企业的基本银行服务费用，加快设立小微企业创业投资引导基金，扩大小微企业增信集合债券试点规模等。该意见指出，支持符合条件的创业投资企业、股权投资企业、产业投资基金发行企业债券，专项用于投资小微企业。逐步扩大中小企业集合债券发行规模，扩大小微企业增信集合债券试点规模。

7 月 26 日，深圳证券交易所颁布《深圳证券交易所交易规则（2013 年修订）》，对大宗交易制度进行了优化完善，并明确债券 ETF 实行当日回转交易。其中，A 股、B 股、基金大宗交易的最低交易股数和金额降至原标准的 60% 左右。

8 月

8 月 8 日，国务院办公厅颁布《国务院办公厅关于金融支持小微企业发展的实施意见》。意见从八个方面对金融支持小微企业发展做出具体要求，并逐条明确要求各相关部委按职责分工负责。确保实现小微企业贷款增速不低于各项贷款平均水平、增量不低于上年同期水平“两个不低于”的目标，加快丰富和创新小微企业金融服务方式，着力强化对小微企业的增信服务和信息服务，积极发展小型金融机构，大力拓展小微企业直接融资渠道，切实降低小微企业融资成本，加大对小微企业金融服务的政策支持力度，全面营造良好的小微金融发展环境。

8 月 12 日，中央国债登记结算有限责任公司颁布《关于进一步完善银行间债券市场结算业务的通知》。通知明确已开立债券账户的结算成员应当通过同业拆借中心报价系统达成债券交易，交易达成后，由同业拆借中心将成交数据传输到中债登公司债券系统自动生成待确认的结算指令，结算双方后台部门应分别通过债券系统客户端对结算指令进行审核和确认。

8 月 20 日，国务院批复了中国人民银行《关于金融监管协调机制工作方案的请示》，同意建立由人民银行牵头的金融监管协调部际联席会议制度。联席会议由人民银行牵头，成员单位包括银监会、证监会、保监会、外汇局，必要时可邀请发展改革委、财政部等有关部门参加。联席会议重点围绕金融监管开展工作，不改变现行金融监管体制，不替代、不削弱有关部门现行职责分工，不替代国务院决策，重大事项按程序报国务院。

8 月 28 日，国务院常务会议研究决定进一步扩大信贷资产证券化试点。进一步扩大信贷资产证券化试点，是落实金融支持经济结构调整和转型升级决策部署的具体措施，也是发展多层次资本市场的改革举措，可以有效优化金融资源配置、盘活存量资金，更好地支持实体经济发展。

国家发展改革委颁布《关于进一步改进企业债券发行工作的通知》，决定将目前由国家发展改革委进行的企业债预审工作，委托省级发展改革部门负责，国家发展改革委今后将做好政策指导、业务培训和资格管理工作。

9 月

9 月 3 日，中国金融期货交易所公布 5 年期国债期货转换因子和应计利息计算公式，以及将首批挂牌上市的 TF1312、TF1403、TF1406 等 5 年期国债期货合约可交割国债范围及其转换因子。中国金融期货交易所同日还颁布《关于 5 年期国债期货可交割国债有关事项的通知》，该通知明确了 5 年期国债期货可交割国债范围有关事项。

9 月 4 日，中国证监会公布《公开募集证券投资基金投资参与国债期货交易指引》。指引不仅明确了基金参与国债期货的投资策略以套期保值为主，严格限制投机，而且对其投资比例做出严格限制，但对于基金专户理财业务参与国债期货，该指引并未做出硬性规定。

9 月 6 日，国债期货正式挂牌交易。首批挂牌上市的国债期货合约为 TF1312、TF1403 以及 TF1406。而新上市合约的挂盘基准价已由中金所于上市前一天提前公布：TF1312 合约的挂盘基准价为 94.168 元；TF1403 合约的挂盘基准价为 94.188 元；TF1406 合约的挂盘基准价为 94.218 元。

9 月 11 日，中国重工（601989）披露公司非公开发行预案，拟注入超大型水面舰船、大型水面舰船、军用舰艇等军工重大装备总装业务及相关资产，开创了军工重大总装资产证券化之先河。

9 月 13 日，沪深证券交易所同时颁布《关于配合做好并购重组审核分道制相关工作的通知》，明确中国证监会自 2013 年 10 月 8 日起正式实施并购重组分道制审核。其中，对符合标准的并购重组申请，实行豁免审核或快速审核。该通知的颁布将彻底改善以往我国上市公司不论企业所在行业、资质均需统一排队等候并购审核的低效状态，对提高我国上市公司并购重组效率、促进资本市场资源有效配置起到了积极作用。

9 月 14 日，上海证券交易所对华锐风电科技（集团）股份有限公司予以通报批评。经查明，“华锐风电（601558）”在信息披露、规范运作等方面存在虚报、造假违规行为。

9 月 16 日，中国证监会宣布，批准上海期货交易所上市石油沥青期货合约。

9 月 23 日，郑州商品交易所颁布《关于动力煤期货合约上市交易时间及挂牌基准价的通告》。该通告指出动力煤期货合约自 26 日起上市交易。首批上市交易合约为 TC312、TC401、TC402、TC403、TC404、TC405、TC406、TC407、TC408、TC409，各合约挂牌基准价均为 520 元/吨。

9 月 27 日，国务院颁布《中国（上海）自由贸易试验区总体方案》。在金融、航运、商贸、专业、文化、社会等服务领域均提出了具体的开放措施。根据该方案，自由贸易区的主要任务是加快政府职能转变，扩大投资领域开放，推动贸易发展方式转变，深化金融领域的开放创新，完善法制领域的制度保障。

9 月 29 日，上海自由贸易试验区正式挂牌。试验区总面积为 28.78 平方公里，相当于上海市面积的 1/226，范围涵盖上海市外高桥保税区（核心）、外高桥保税物流园区、洋山保税港区和上海浦东机场综合保税区 4 个海关特殊监管区域。自由贸易区管委会向自贸区企业和机构代表颁发证照，并公布了 36 家首批入驻企业名单。

10月

10月7日，上海证券交易所颁布并正式实施《上海证券交易所上市公司信息披露工作评价办法（试行）》。办法适用于上交所上市公司信息披露及其相关工作的评价，包括上市公司与信息披露相关的规范运作情况和上市公司董事、监事及高级管理人员等相关主体的信息披露或规范运作情况。

10月18日，全球首个实行实物交割的铁矿石期货合约在大连商品交易所挂牌交易，标志着“中国版”铁矿石期货正式启航。该品种是大商所上市交易的第11个期货品种，由此我国期货品种增加到36个。成交首日，铁矿石期货所有合约成交量达338700手，持仓量达78656手。

中国证监会批准郑州商品交易所上市粳稻、晚籼稻期货，批准大连商品交易所上市纤维板、胶合板期货。根据郑商所公布的粳稻、晚籼稻期货合约草案，粳稻、晚籼稻期货交易代码分别为JR、LR，交易单位为20吨/手，最小变动价位为1元人民币/吨，最低交易保证金为合约价值的5%。

10月24日，国内首只中小企业可交换私募债在深圳证券交易所备案并完成发行。这是继2012年中小企业私募债推出以来，交易所债券市场又一次产品创新突破。

10月25日，贷款基础利率集中报价和颁布机制正式运行。全国银行间同业拆借中心为贷款基础利率的指定颁布人，首批报价行共9家，分别为工商银行、农业银行、中国银行、建设银行、交通银行、中信银行、浦发银行、兴业银行和招商银行。

11月

11月8日，大连商品交易所鸡蛋期货合约挂牌交易，这是大商所今年上市交易的第三个期货品种。鸡蛋期货获批开创了中国农产品期货新领域，使得我国畜牧期货产品开发迈出实质性步伐。

中国证监会和中国银监会联合颁布《关于商业银行发行公司债券补充资本的指导意见》，允许境内外上市以及正在排队等待境内上市的商业银行发行公司债券以补充资本。该指导意见自11月6日起施行。

11月9日，十八届三中全会在北京开幕，全会通过了《中共中央关于全面深化改革若干重大问题的决定》。该决定提出，健全多层次资本市场体系，推进股票发行注册制改革，多渠道推动股权融资，发展并规范债券市场，提高直接融资比重。

11月14日，因“8·16事件”涉嫌利用内幕信息进行交易，光大证券（601788）收到证监会处罚书，证监会决定没收光大证券（601788）ETF内幕交易违法所得1307.08万元，并处以违法所得5倍罚款；没收股指期货内幕交易违法所得7414.35万元，并处以违法所得5倍的罚款。上述两项罚没款共计5.23亿元。

11月20日，大连商品交易所颁布《关于纤维板、胶合板期货合约上市交易有关事项的通知》，确定纤维板、胶合板期货合约自12月6日起上市交易。

11月30日，中国证监会颁布《关于进一步推进新股发行体制改革的意见》，这是逐步推进股票发行从核准制向注册制过渡的重要步骤。意见紧紧围绕两个核心层面展开：第一个核心层面是推进从“核准制”向“注册制”过渡，第二个核心层面是遏制新股发行改革的“三高”问题，即高价发行、高市盈率和超高募集资金。

中国证监会颁布《关于在借壳上市审核中严格执行首次公开发行股票上市标准的通知》，该通知规定，借壳上市条件与IPO标准等同；不得在创业板借壳上市。旨在遏制市场对绩差股的投机炒作，抑制创业板上市公司二级市场炒作和内幕交易、市场操纵等违法违规行为，抑制创业板的“三高”问题。

国务院颁布《国务院关于开展优先股试点的指导意见》，宣布开展优先股试点，这是《股份有限公司规范意见》出台时隔21年后，优先股在我国正式重启。

12月

12月2日，中国人民银行颁布《关于金融支持中国（上海）自由贸易试验区建设的意见》，意见以“服务实体经济，便利跨境投资和贸易”为指导思想，坚持开放创新、先行先试，探索投融资汇兑便利，着力推进人民币跨境使用，稳步推进利率市场化，深化外汇管理改革。

12月10日，中央经济工作会议在北京举行。习近平在会上发表重要讲话，分析了当前国内外经济形势，总结了2013年经济工作，并提出了2014年经济工作的总体要求和主要任务。

全国人大财经委员会召开证券法（修改）和期货法起草组成立暨第一次全体会议，正式启动证券法修改和期货法立法工作。

12月13日，国务院颁布《关于全国中小企业股份转让系统有关问题的决定》。决定明确境内符合条件的股份公司均可通过主办券商申请在全国股份转让系统挂牌，公开转让股份，进行股权融资、债权融资、资产重组等。决定确认了“新三板”作为上海证券交易所、深圳证券交易所之外的第三家全国性证券交易场所的地位。

12月20日，针对2013年末货币市场出现的新变化，中国人民银行已连续三天通过SLO累计向市场注入超过3000亿元流动性，银行体系超额备付已逾1.5万亿元，为历史同期相对较高水平。

12月27日，国务院办公厅颁布《关于进一步加强资本市场中小投资者合法权益保护工作的意见》，意见提出了健全投资者适当性制度、优化投资回报机制、保障中小投资者知情权、健全中小投资者投票机制、建立多元化纠纷解决机制、健全中小投资者赔偿机制、加大监管和打击力度、强化中小投资者教育、完善投资者保护组织体系等九条意见。

12月30日，中国证监会颁布《关于进一步加强保荐机构内部控制有关问题的通知》。通知提出，保荐机构应建立健全公司内部问核机制，进一步完善关于问核的具体制度，明确问核内容、程序、人员和责任。

12月31日，最后一个交易日，上证综指收于2115.98点，最高2120.27点，最低2087.42点，上涨18.45点，涨幅为0.88%，振幅为1.57%，成交额为714.56亿元；深证综指收于1057.67点，最高1057.67点，最低1045.43点，上涨3.45点，涨幅为0.33%，振幅为1.16%，成交额为902.29亿元；中小板指收于4979.86点，最高4985.69点，最低4920.18点，上涨29.72点，涨幅为0.60%，振幅为1.32%，成交额为107.80亿元；创业板指收于1304.44点，最高1309.34点，最低1288.94点，下跌3.55点，涨幅为-0.27%，振幅为1.56%，成交额为108.90亿元。

夯实资本市场发展的基础

（代后记）

孙国茂

2014 年 5 月 9 日，国务院出台《关于进一步促进资本市场健康发展的若干意见》（“新国九条”）提出：到 2020 年，基本形成结构合理、功能完善、规范透明、稳健高效、开放包容的多层次资本市场体系。“新国九条”是在十八届三中全会提出“发挥市场在资源配置中起决定性作用、深化经济体制改革和建立现代市场体系”的背景下出台的。回顾以往国家出台的各项重大政策可以看出，自十六大以来，党中央和国务院一直把发展资本市场作为实施国家战略的重要组成部分。然而，和其他领域的改革一样，我国资本市场在发展中也积累了很多带有制度性缺陷的问题。在过去几年里，作为世界最大的股票市场之一，中国股市一直是全球表现最差的市场——这与中国宏观经济持续增长的事实严重背离。统计显示，华尔街金融危机之后，美国股市从 8000 点左右上涨到目前（截至 2014 年 6 月）的 17000 点（道琼斯指数），上涨幅度超过 100%，而中国股市却始终在 2000 点（上证综指）上下徘徊。对中国股市存在的问题，社会各界一致的认识就是，扭曲的制度体系导致了资本市场的基本功能逐步丧失，如果不能从根本上消除制度性缺陷，资本市场在新一轮经济社会改革中就难以发挥作用。“新国九条”还提出：“建立和完善以信息披露为中心的股票发行制度。……逐步探索符合我国实际的股票发行条件、上市标准和审核方式”。事实上，发行制度是股票市场的基础性制度，只有首先改革和完善股票发行制度，才能夯实资本市场发展的基础。

纵观近年来股票发行改革不难发现，证券监管部门一直在不停地出台与股票发行有关的各种规定。过去四年中推出了三次股票发行重大改革，却始终不见效果。从表面上看，虽然新一轮股票发行的改革涉及内容很广，但是都没有触及市场存在的根本问题，也就是说，改革的本质仍无法切断利益者的利益链条。正如前期颁布的新股市值配售以及优先股改革方案等内容，这些所谓改革所附带的条件对相关利益者的利益形成了强大的保护。于是，在这种不痛不痒的、碎片化的改革进程中，利益者的切身利益并没有受到丝毫的动摇，反而得到了进一步的保护。相反，对中小投资者而言，改革后的政策似乎与他们越来越疏远，自身的权益也越来越没有保障。因此，在过去几年里股票发行体制改革势必是越改越糟。十八届三中全会提出，要推进股票发行注册制改革，这无疑给几乎绝望的广大投资者带来了新的期盼，于是，社会各界迫不及待地呼吁股票发行实行注册制，寄希望于通过注册制来彻底改变长期以来股票发行市场存在的问题。但事实果真如此吗？注册制能够一蹴而就，从根本上解决股票发行市场存在的问题吗？现有的制度体系和制度环境是否支持股票发行注册制？在这些问题的背后隐藏着一个包括监管层在内至今没有搞清楚的问题就是，股票发行审核的本质是什么？或者说中国股票市场存在问题的根本原因是什么？只有把这个问题搞清楚了，其他所有问题才能找到答案。只有把这个问题作为制度设计的逻辑起点，才有可能从根本上改革股票发行制度。

股票发行审核制度的本质是什么

股票发行审核制度是一个国家证券监管部门对股票市场进行监管的具体体现。由于股票的公开发行与上市是股票市场的入口，因此，对上市公司实施准入监管也是证券监管的一项基本制度，股票发行审核制度也就自然成为证券监管制度的基础和核心部分。目前，世界上凡有股票市场的国家均采用不同形式的股票发行审核制度。尽管业界和学界对股票发行审核制度的分类并不统一，但绝大多数的分类是依照立法理念，将股票发行审核制度划分为两大类：一类是以欧洲大陆国家《公司法》为代表的，以准则主义原则为基础形成的股票发行核准制（the approval system）；另一类是以美国 1933 年《证券法》（也称为《证券真实法》，*Truth in Securities Law*，）为代表的以公开主义原则为基础建立的股票发行注册制度（the registration system）。

股票发行核准制是指证券监管部门在审查证券发行人的发行申请时，不仅要求其充分公开披露企业的真实情况，而且必须符合法律和证券监管部门规定的必备条件；发行股票的申请经过证券监管部门或证券监管部门授权机构的审查并获批准后，发行人才可以发行股票的发行审核制度。核准制有四个基本特征：其一，只有经过证券监管部门批准的企业才能获得发行股票的权利。核准制体现了行政权力对公司发行股票的控制，发行人的发行权是由证券监管部门以法定的形式授予。发行人必须事先取得发行审核机关的授权文件才能进行股票发行活动，如果没有获得证券监管部门或其授权机构的批准，股票发行即为违法，不仅发行的股票无效，发行人和参与的各中介机构都可能受到严厉的处罚。其二，核准制要求发行人公开披露与股票发行相关的信息。核准制并不排除注册制所要求的信息披露，同样重视对发行人提供的各种信息的审查，发行人必须提供真实、完整、准确的相关信息。在各国的监管实践中，实行核准制的国家和地区同样重视公开原则，其强调程度并不亚于注册制。我们以英国为例，证券监管部门要求发行人必须编制股票发行申请书和招股说明书，详细披露包括公司的名称、历史沿革、经营情况、财务报表、股票发行种类、数量和金额等内容。其三，强调实质管理原则（merit regulation philosophy）。核准制规定股票发行的实质条件，证券监管部门除进行对信息公开要求的形式审查外，还对股票发行条件进行实质审查，并据此做出发行人是否符合发行条件的价值判断和是否核准申请的决定。核准制的实质条件通常在《公司法》或证券监管部门其他相关规定中载明，主要包括：发行人的营业性质以及股票发行上市的意义，发行股票筹集资金的使用是否合理，发行人的经营能力，发行人资本结构的合理性，发行人所得报酬的合理性，各类股票权利、义务及出资是否公平，投资人将承担风险的程度、发展前景、发行数量和发行价格等。只有发行人符合信息公开要求和实质性条件并经证券监管机关批准后，才能取得发行资格，最终发行股票。在核准制下，对于不符合规定条件的股票发行申请，证券监管部门有否决的权利。其四，核准制强调事前审查与事后审查并重。尽管核准制强调以证券监管部门依法规定的实质条件作为证券发行的事前审查，但是证券监管部门具有事后审查和撤销核准的权利，也就是说，即使发行人获得核准，如果证券监管部门发现所核准的事项存在虚假、舞弊等违法行为，有权对已做出的核准予以撤销，并追究发行人及相关责任者的法律责任。

股票发行注册制是指发行人如果发行股票进行融资，必须首先向证券监管部门进行申报，提交真实、客观、全面的公司资料以及法律要求公开的与股票发行相关的一切信息并承担相应的责任；证券监管部门只对申报文件的全面性、准确性、真实性和及时性做出形式审查，而不对发行人及证券进行实质性审核和价值判断；发行人提供的申报材料符合形式要件，即可发行股票的证券监管制度。注册制遵循完全公开原则（full disclosure philosophy），发行人向证券监管部门申报并依法公开公司财务、业务等信息，证券监管部门对其申报公开的材料只做形式审查而非实质审查。注册制也有四个基本特征：首先，股票发行的权利是法律赋予而非政府授予。注册制下，发行人发行股票是一项固有权利，无须经过政府批准或进行授权。发行人在提交申请后的法定期限内，如果证券监管机构未提出不同意见，那么股票的发行注册自动生效，发行人即可发行股票。注册制意味着发行股票是一项普遍的权利，法律保障履行法定义务的发行人都有接受市场选择的机会。也就是说，无论是发行绩优股或是发行垃圾股，只要履行法定披露义务，即可任意发行股票。其次，证券监管部门对发行人的申报材料只做形式审查。由于股票发行权利的法定性和普遍性，证券监管部门的职责并非审批股票发行，而是从形式上和程序上保证发行人信息的公开，创造良好的市场选择环境。因此，证券监管部门只对申报材料的全面性、准确性、真实性和及时性做出形式审查，防止发行公司公开披露的信息中出现虚假、缺漏、错误或容易导致投资人产生误解的信息。证券监管部门要求发行人提供尽可能充分的真实信息，但对于发行人及股票的价值等实质性问题不做审查和判断。投资者根据证券监管部门所保障的充分信息自行做出投资决策。再次，注册制遵循公开主义原则。注册制的基本理念是信息公开主义，通过强制性信息披露要求发行人将所有与发行人和发行股票相关的信息完全公开，不得有虚假、误导和重大遗漏，否则证券监管部门可以阻止其发行，并且发行人要承担民事甚至刑事责任。最后，强调事后审查和处罚。只要发行人符合形式上的法律规定，经过法定时间注册自动生效，申请人即可发行股票。毫无疑问，注册制下的股票发行人更容易获得股票发行的机会。那么，如何保障发行人遵守公开原则，保护投资者的利益呢？事后审查和处罚起到有效的约束作用。事实上，事后对造假者和欺诈者的严厉惩罚，对其他发行人也有强大的威慑力。

尽管核准制与注册制从特征上看有较大差别，但如果进一步从立法理念上分析，核准制与注册制在本质上确实是相同的。核准制强调法律的实质管理，在一定程度上排除了行为者的行为自由——公众投资者的自由选择权利。但核准制的实施目的是以制度上的硬约束，寻求法律功能上的公共利益和社会安全。尽管这种法律和制度上的约束是以阻碍经济活动和增加交易成本为代价，但是毕竟国家以法律的形式将质量差的公司排除在股票公开发行之外，这为经济活动提供了可预见性或支持性的保障措施。因此，大多数新兴市场国家在股票发行和上市监管方面往往采用核准制，在这些国家的证券监管部门看来，注册制下的强制信息公开披露制度和事后对发行欺诈的严厉处罚仍不足以规范新兴的证券市场，而政府推动证券市场发展的强烈愿望要求证券监管部门既是证券市场的“监管者”，又是证券市场的“监护者”，新兴国家证券监管部门力求通过事前干预，将质量差的公司拒之于证券市场之外，以达到降低市场系统性风险和保护投资者（protect investors）的目的。相比之下，注册制的立法理念反映了市场经济的自由性、市场主体的自主性和政府监管的规范性以及降低交易成本提高市场运行效率。根据这一理念，作为市场经济中最重要和最活跃组成部分的证券市场，只要信息完全、真实、及时公开，市场机制与法律制度健全，投资者会择优选择。如果监管者过多地进行行政干预，往往会破坏这种择优选择，导致更高的监管成本和市场无效率，但实施注册制的前提是法律体系的完善和法律执行的严厉。因此，注册制为世界各成熟市场国家证券监管所采纳。正如曾经担任中国证监会首席顾问的梁定邦所说：“美国注册制发展的这一段历史背景关键是依靠监管部门的执法能力，包括证监会的执法能力、法院诉讼本身，即依靠的是一个非常完善的法律制度，才可以来实行注册制”。实际上，美国股票发行的注册制分为两个层面：联邦层面的证券发行审核是以信息披露为基础的注册制，但是州层面的证券发行审核是以实质审核为基础的注册制。注册制始于1933年美国《证券法》，并由美国证监会（SEC，1934年成立）监督执行；但是，州层面的发行审核制度1911年已经在堪萨斯州建立，后来美国其他各州纷纷效仿。应当说，美国联邦的注册制在建立之初是对州实质监管的补充。因此，从严格意义上讲，美国证券发行上市监管制度的准确名称应该是“双重注册制”。笔者在美国宾夕法尼亚大学沃顿商学院学习《证券法》时，著名法学教授威廉·泰森（William C. Tyson）说，美国之所以实行注册制，是因为在州的实质审核的基础上，联邦《证券法》才能够建立信息披露的监管哲学。这种“双重注册制”背后的核心思想和监管哲学正是基于对投资者的保护。美国历史上担任大法官职务最长的威廉·奥利弗·道格拉斯（William Orville Douglas，1934）就认为：“保护小投资者的唯一办法是控制股份进入市场”。

从以上分析不难理解，采用核准制还是注册制，这只是股票发行审核制度的形式而已。股票发行审核制度的本质是对投资者利益进行保护——这是由股票发行本身所决定的，因为从本质上说，股票发行是在制度提供的信用基础上进行的一种自由而公平的交易，股票发行人和投资者作为交易的双方应处在相对平等的位置上，交易的所有参与者应当维护交易的公平性。交易的公平性一旦丧失，交易的合理性和正当性也就不复存在。

中国股市存在问题的根本原因

众所周知，作为市场经济的重要组成部分，股票市场具有价格发现、资源配置、直接融资和财富管理（财富效应）四种基本功能。遗憾的是，当前中国股市除了直接融资外，其他功能几乎丧失殆尽，尤其是财富管理功能已经异化为毁灭财富的功能了。1992年，邓小平在南巡讲话中说过：改革也是解放生产力。作为中国改革开放的总设计师，邓小平的话可以引申理解为：改革就是创造财富。按照这样的逻辑，那么股票市场就是中国改革开放以来最失败的事物，因为它在持续不断地吞噬和毁灭大量的社会财富！一个只具有融资功能而不具有财富增值功能的股市，其实早已沦为社会财富再分配的工具和场所，它将大量投资者的财富转移到融资者手中，并为很多机构和个人提供“寻租”机会。如果说证券监管部门只保护融资者是一种制度性缺陷的话，那么，“存量发行”作为发行制度改革的结果，为上市公司大股东套现和攫取巨额财富提供机会只能理解为荒唐，它所展示的是中国股市创造出全世界绝无仅有的“体制性造富”现象（刘纪鹏，2011）。这也从另一个方面解释了为什么会有那么多的上市公司愿意选择违法和财务造假。这种财富再分配方式本来就不具有正当性，其结果势必进一步加剧社会不公。这样的股市不仅失去了存在的意义，也失去了存在的合理性。

从表面上看，中国股市存在着两个问题，一是市场功能严重扭曲，融资功能过度发挥，成为典型的圈钱市场。发行人为了达到融资的目的，甘冒违法风险，财务造假和披露各种虚假信息的现象司空见惯。二是投资者利益得不到保护。在一个公平和成熟的股票市场上，投资者和融资者应当处在相对平等的位置，但是在中国股市，由于投资银行、会计师、律师以及股票发行审核人员都能从融资者那里直接或间接得到利益，因而结成一个强大的利益共同体，相比之下，众多中小投资者的劣势地位越来越明显、越来越严重。

一个人尽皆知的事实是，中国股市自诞生之日起就被定位于服务国有企业。看看总股本构成就知道，股市主体部分是国有上市公司。国有上市公司，尤其是央企上市公司的股东是政府，这些上市公司的高管本来就是政府高官，在此情况下，证券监管部门对上市公司的监管就变成了全世界股市中独一无二的政府监管政府的现象。这意味着，证券监管的内涵和逻辑已经改变，监管者行为必然发生异化。从两个方面我们可以清楚地看到监管者行为的异化。首先，央企或国有上市公司在股权融资、公司治理、信息披露和红利分配等方面一直享受着“超国民待遇”，因此，公平、公正、公开的原则在股市无法得到体现；其次，监管者对股票发行不承担任何责任。早期中国股市实行股票发行审批制，审批制实际上是一种计划体制下的审核制。因为股票发行实行额度计划管理，凡是获得股票发行额度的公司（国有企业）其实已经具有了政府对公司发行股票的授权，在此情形下，由证券监管部门组成的发行审核机构对发行公司进行的发行审查不过是一种形式而已，因此，发行审核机构不必承担任何责任。但是，随着股票发行额度的取消和核准制的实施，发行审核机构对股票发行不承担任何责任就使投资者失去了起码的保护。

进一步考察我们发现，在实行股票发行核准制的国家，对证券监管部门或发行审核机构是否应当承担股票发行连带责任这一问题，长期以来一直存在巨大争议。一些人认为，既然证券监管部门对发行人进行了实质审查后做出核准发行的决定，就意味着监管者对发行人真实性予以肯定和对股票价值予以保证，如果股票发行后发现发行人不符合发行条件，那么证券监管部门或发行审核机构应当对投资者由此产生的投资损失承担连带责任。但也有人认为，证券监管部门或发行审核机构对股票发行所做的任何决定，都不代表其对发行股票的价值或投资者收益进行实质性判断或承诺，所以，证券监管部门或发行审核机构没有义务对股票发行行为承担民事责任，即所谓民事责任豁免。但笔者认为，对中国股市而言，正是因为在股票发行过程中，包括证券监管部门或发行审核机构在内的任何机构都不对股票发行承担连带责任，才导致了股票发行乱象丛生、上市公司造假盛行的状况。证券监管部门先验性地意识到监管者责任这个问题，所以，在由审批制改为核准制时，推出了发审委制度和保荐人制度。很显然，监管者希望将监管责任转嫁给发审委和保荐人，但悲哀的是，由于没有硬约束发审委和保荐人对股票发行承担相应的责任，致使部分发审委员进行寻租，有的保荐人成为上市公司造假的帮凶。因此，股票发行过程中的责任缺失才是股票市场存在问题的根本原因。要改变中国股市现状，就必须从制度设计入手，把保护投资者利益放在首位，从制度上设计上解决谁应该为不当股票发行承担责任的问题。过去几年里，股票发行制度改革越改问题越多、越改越失败、越改越令投资者失望的原因正是回避了最根本的问题——究竟谁应该为不当股票发行承担责任？所谓的股票发行制度改革，如果不解决这个问题，只能是打着改革旗号的伪改革。从这个角度理解，要从根本上解决中国股市存在的问题，仅靠证券监管部门的监管转型显然是不够的，监管者首先必须承担起应当承担的监管责任！

对股票发行制度改革的建议

对股票发行审核制度的分析表明，不论采用什么形式的发行审核制度，保护投资者利益才是发行审核的本质。要实现十八届三中全会提出的目标，建立股票发行注册制将是一个漫长的过程，绝不可能一蹴而就。然而，宏观经济改革和新一轮金融改革都要求中国股市尽快回复基本的功能。因此，我们对股票发行制度改革提出以下建议。

第一，首先将股票发行审核过程向公众公开，然后改发审制度为聆讯制度。美国著名大法官、《别人的钱：投资银行家的贪婪真相》（*Other People's Money – and How Bankers Use It*，1914）一书作者，路易斯·布兰代斯（Louis Brandeis）曾经说过：“公开是现代社会及工业弊病的救生药，阳光是最好的防腐剂，电灯是最有效的警察”。根据这一思想，即使采用核准制，也应将股票发行审核过程透明化。如果将以往和今后证券监管部门以及发行审核机构对股票发行审核的过程全部公开，将大大有利于投资者和全社会对于所有参与股票发行的机构和当事人（包括发审委委员）进行监督。投资者如果因为投资不当发行公司或财务造假公司而蒙受损失，可以起诉上市公司以及包括保荐机构和发审委委员在内的利益相关方。即使无法形成判例，也将对保荐机构和发审委员产生巨大的道德压力和责任压力。

第二，从根本上保护投资者利益，建立股票市场民事诉讼和民事赔偿制度。首先，建立集团民事诉讼制度，为众多中小投资者伸张权利、维护自身利益提供制度上的可能；同时，引进国外的举证倒置制度，取消投资者起诉上市公司的立案前置条件，降低投资者维权成本；对披露虚假财务信息、骗取股票发行资格的上市公司主要责任人进行严厉打击，追缴上市公司第一大股东或实际控制人的个人财产用于民事赔偿，提高股票市场的违法成本，让违法者在经济上面临灭顶之灾。其次，修改和完善现行存量发行机制，对于存量发行获利的股东征收股市平准基金。作为发行制度改革的重点内容之一，现行存量发行机制无疑是东施效颦的典范。现行的存量发行机制不仅没有解决股票发行过程中的任何问题，如“三高问题”，反而极大地扭曲和异化了股票市场的基本功能。本来，股市的直接融资功能是指为上市公司筹集发展资金，但存量发行却为大股东套现并攫取巨额超级利润提供了机会。一个“奥赛康事件”足以让所有人相信，中国股市所谓的发行制度改革和保护投资者利益就像“皇帝的新装”一样，其实并不存在。

第三，先上市，后发行。在过去10年里，证券监管部门和专家学者一直将中国股市定义为“新兴+转轨”，在2014年初的“全国证券期货监管工作会议”上，证监会主席肖钢认为中国股市仍处在“新兴+转轨”时期。在这样的市场中过早实行注册制，其结果难免令人质疑。笔者担心，如果制度设计和执法能力不匹配、股票发行审核责任不落实，实行股票发行注册制将给中国股市带来灾难性后果。因此，在实施注册制之前，作为一种过渡性制度安排，可以实行先上市后发行的办法，首先安排目前正在排队等候IPO的几百家公司上市交易。上市首个交易日即实行集合竞价，规定老股东可以出售一定比例（如15%）的股票。在上市后的一段时间内（如24个月以内）再公开发行股票，发行价格取发行前一段时间（如3个月）的交易平均价。实行先上市后发行的办法不仅可以使存量发行、市场化定价和解决“三高问题”得到统一，而且还能从根本上防止询价机构合谋，操纵发行价格。

第四，建立股市平准基金。一个正常的股票市场应该包含三种运行机制：对冲机制（也称做空机制）、平准机制和投资者破产保护机制。目前，中国股市已经建立了对冲机制和投资者破产保护机制，但缺乏平准机制。股票二级市场的持续下跌和高波动性与缺乏平准机制有直接关系，对此，笔者和业内人士多年来一直呼吁证券监管部门尽快建立股市平准基金。经验和现实都说明，建立平准基金对于中国股市不仅必要而且可行，经过20多年的发展，中国股市已经具备建立平准基金的条件。股市平准基金的资金募集有多个渠道，在此，我们强烈建议对存量发行老股东获利部分征收股市平准基金，征收比例可参考个人所得税征收办法（千万不要将征收股市平准基金理解为资本利得税，笔者坚决反对征收资本利得税）。本来，存量发行给老股东带来的获利全部来自投资者，而投资者的资金只应当用于上市公司发展和股市发展，不应用于股东和个人暴富。对存量发行老股东获利部分征收股市平准基金可以真正实现“取之于股民用之于股民”。按照中国股市的现状，经过1~2年的积累，股市平准基金规模就会达到100亿元以上。从长远看，经过专业化管理，股市平准基金资产也会不断增值。股市平准基金的建立不仅能为证券监管部门创造巨大的监管资源，也将对全社会各种带有公共性质的金融资产（如社保基金和企业年金等）管理产生巨大的示范效应。

孙国茂，经济学博士、金融学教授、博士生导师，济南大学金融研究院院长、山东高校资本市场创新发展协同创新中心主任，《公司金融研究》执行主编，长期从事公司金融理论、资本市场和制度经济学研究。

致　谢

摆在读者面前的是连续第三年出版的《中国投资银行竞争力研究报告》。尽管从报告的名字上看是关于投资银行的，但实际上报告的内容涉及了中国资本市场的各个方面。2012 年和 2013 年的报告出版后在学术界和业界引起了较大反响。2013 年，济南大学公司金融研究中心参加山东高校协同创新中心申报，该报告受到来自全国专家评委们的高度评价。作为国内唯一由大学研究机构完成的投资银行研究报告，一些大学的金融专业已将该报告列为必读书和教学参考书。两年多来，课题组收到来自证券界、学术界、金融研究机构以及广大社会读者的各种建议和批评，这些建议和批评对课题组完善和改进研究很有帮助。在今年的报告中，我们应读者要求增加了“新三板”和互联网金融的相关内容。

《中国投资银行竞争力研究报告（2014）》出版之际，我们感谢中国证监会原主席周道炯先生，全国哲学社会科学规划办公室杨庆存副主任、徐李孙处长，教育部社科司张东刚司长、徐青森处长、魏贻恒处长和马建通副处长，中国社会科学院金融研究所王松奇研究员，中国证监会创新业务监管部祁斌主任，中国证监会研究中心黄运成副主任，清华大学朱武祥教授，中国人民大学校长助理吴晓求教授，中央财经大学贺强教授，上海证券交易所首席经济学家胡汝银教授，深圳证券交易所综合研究所所长何杰研究员，中国证券业协会副会长林义相博士，中国上市公司市值管理研究中心主任施光耀教授，中国银河证券股份有限公司左小蕾研究员，国泰君安证券股份有限公司梁静研究员等专家学者对本研究的关心、支持和帮助。我们将努力把这项研究做得更好，以回馈社会各界对这项研究的理解和支持。

《中国投资银行竞争力研究报告（2014）》分为 7 个部分。第 1 章由孙国茂撰写；第 2 章由任启平、冯琳撰写；第 3 章由李泽祥、刘敬富和陈国文撰写；第 4 章至第 6 章由孙国茂、冯琳、孙同岩和闫付荣共同撰写；附录部分的“证券市场大事记”由孙国茂、冯琳和陈永法撰写。整个报告由孙国茂统撰定稿。

2013 年，我们的国家和资本市场都发生了很多载入史册的重大事情。尽管我们根据社会各界提出的建议，在 2012 年和 2013 年报告的基础上对 2014 年报告做了很多改进，但是随着研究的持续，我们在感到这项工作的艰辛和复杂的同时，也感到了这项工作的重要性。尽管我们的工作可能无法帮助投资银行在短时间内大幅提高创新能力和竞争力，但是我们愿意对中国投资银行和资本市场进行持续的和更加深入的研究。研究报告中难免存在错误和不足，我们期待各个大学、研究机构和证券行业研究人员继续对我们的研究提出批评和改进意见，同时，我们更希望国内外的专家学者们能以各种方式加入我们的研究，使这项研究做得更好。

我们的联系方式是：Email：ccfri2012@163. com
电话：0531 – 89736905

“中国投资银行竞争力研究”课题组
2014 年 6 月